THE BELT AND ROAD
DEVELOPMENT STUDIES

A SYNERGY APPROACH TO
GLOBAL DEVELOPMENT

"一带一路"
发展学

全球共同发展的理论和实践探索

"一带一路"国际智库合作委员会　编著

新 华 出 版 社

图书在版编目（CIP）数据

"一带一路"发展学：全球共同发展的理论和实践探索 / "一带一路"国际智库合作委员会编著.

北京:新华出版社, 2022.6（2025.2重印）

ISBN 978-7-5166-6313-4

Ⅰ.①一… Ⅱ.①新… Ⅲ.①"一带一路"－经济发展－研究－世界 Ⅳ.①F125

中国版本图书馆CIP数据核字（2022）第115689号

"一带一路"发展学：全球共同发展的理论和实践探索

编　　著："一带一路"国际智库合作委员会

出 版 人：匡乐成		选题统筹：许　新	
责任编辑：张　谦		封面设计：今亮后声	

出版发行：新华出版社

地　　址：北京石景山区京原路8号　　　邮　　编：100040

网　　址：http://www.xinhuapub.com

经　　销：新华书店、新华出版社天猫旗舰店、京东旗舰店及各大网店

购书热线：010－63077122　　　　中国新闻书店购书热线：010－63072012

照　　排：六合方圆

印　　刷：大厂回族自治县众邦印务有限公司

成品尺寸：170mm×240mm

印　　张：21.5　　　　　　　字　　数：280千字

版　　次：2023年11月第一版　　　印　　次：2025年2月第二次印刷

书　　号：ISBN 978-7-5166-6313-4

定　　价：86.00元

今年是我提出共建"一带一路"倡议十周年。这个倡议的根本出发点和落脚点，就是探索远亲近邻共同发展的新办法，开拓造福各国、惠及世界的"幸福路"。①

——习近平

---

① 习近平在欧亚经济联盟第二届欧亚经济论坛全会开幕式上的致辞，2023 年 5 月 24日。

卷首语

共同挖掘智库研究"富矿"
助力"一带一路"高质量发展①

新华通讯社社长　傅　华

在习近平主席提出共建"一带一路"倡议十周年之际，很高兴在第三届"一带一路"国际合作高峰论坛智库交流专题论坛上，与大家共同见证《"一带一路"发展学——全球共同发展的实践和理论探索》智库报告发布。

在第三届"一带一路"国际合作高峰论坛开幕式上，习近平主席发表主旨演讲，全面回顾了共建"一带一路"国际合作取得的丰硕成果，深刻总结过去十年形成的宝贵经验，宣布中国支持高质量共建"一带一路"的八项行动，包括将同共建"一带一路"各国加强智库等领域的多边合作平台建设。习近平主席的主旨演讲，为推动共建"一带一路"进入高质量发展的新阶段，擘画了新的蓝图，也为进一步深化"一带一路"智库交流合作提供了重要指引。

---

① 本文是作者在第三届"一带一路"国际合作高峰论坛智库交流专题论坛上的发言摘要。

　　回顾这十年，习近平主席就"一带一路"发展相关问题作出一系列重要论述。围绕为什么要发展，习近平主席鲜明指出"发展是解决一切问题的总钥匙，推进'一带一路'建设，要聚焦发展这个根本性问题"，强调"发展不平衡是当今世界最大的不平衡，在共建'一带一路'过程中，要始终从发展的视角看问题"。围绕实现什么样的发展，习近平主席提出高标准、可持续、惠民生的目标，指出"一带一路"倡议的根本出发点和落脚点就是"探索远亲近邻共同发展的新办法，开拓造福各国、惠及世界的'幸福路'"。围绕怎样发展，习近平主席提出共商共建共享的原则和开放、绿色、廉洁的理念，精辟提炼以"和平合作、开放包容、互学互鉴、互利共赢"为核心的"丝路精神"，强调要"努力实现政策沟通、设施联通、贸易畅通、资金融通、民心相通"。习近平主席的主张，为推动共建"一带一路"高质量发展提供了重要指引，必将进一步凝聚国际共识，提振发展信心，把"一带一路"这条造福世界的幸福之路铺得更宽、更远。

　　新华社作为中国国家通讯社、世界性通讯社，作为中国国家高端智库，致力于围绕共建"一带一路"等主题开展学术研究，推出了一系列智库成果。《"一带一路"发展学》智库报告，是新华社课题组在认真调研实际情况、全面梳理学界研究、广泛走访专家学者、深入开展学术分析基础上，形成的"一带一路"最新研究成果。

　　——报告梳理了"一带一路"发展学的形成脉络，从现实、历史、未来三个维度出发，分析了共建"一带一路"面临的时代大势，回顾了从古丝绸之路到共建"一带一路"的发展历程，展望了"一带一路"为建设更美好世界提供的新可能，鲜明提出了与时俱进的发展合作新思路。

——报告总结了"一带一路"发展学的实践成效，将理论与实际紧密结合起来，通过具体案例、鲜活故事、翔实数据、专栏图表等多种形式，从突破发展瓶颈、培育增长动能、深化多元合作、开拓新兴领域等四个方面，全方位、多维度、立体式展现共建"一带一路"十年来取得的卓越成就。

——报告探寻了"一带一路"发展学的理论逻辑，构建以"联通"（Connection）、"赋能"（Enablement）、"协同"（Coordination）为动力支撑的 CEC 发展动力模型，提出需要对政府、资本、社会、生态四大发展要素进行定位和功能再优化，强调因地制宜的行动原则和互利共赢、以人为本的价值坐标。

——报告阐释了"一带一路"发展学的世界意义，描绘了沿着共建"一带一路"渐次铺展的全球发展与治理新愿景，聚焦构建人类命运共同体，提出"以合致和"的新型和平发展观、"天下一家、命运与共"的世界观，进一步揭示了世界各国必须同舟共济才能穿越惊涛骇浪、驶向光明未来的道理。

"一带一路"已经成为促进国际合作与和平发展的重要平台，也是智库研究的一座"富矿"。作为共建"一带一路"的重要力量，智库应当加强对"一带一路"重大主题的研究和阐释。新华社愿与世界各国智库一道，持续开展相关学术研究，为共建"一带一路"不断走深走实提供强有力的智力支持。

一是助力"一带一路"进一步成为共同发展、共同繁荣的大道。紧紧抓住发展这个最大公约数，加大对全球发展合作等问题的研究力度，推动更加强劲、绿色、健康的全球发展不断迈上新台阶，共创有利于世界各国共同发展和繁荣的国际环境。

  二是促进"一带一路"进一步成为持久和平、普遍安全的大道。围绕弥补和平赤字、应对威胁挑战、破解安全困境等重要问题提出建设性意见,推动构建人类命运共同体,为变乱交织的国际社会注入稳定性、增添正能量,让世界更加和平安宁,让人类生活更加幸福美好。

  三是推动"一带一路"进一步成为文明互鉴、文明交融的大道。尊重文明多样性,大力弘扬全人类共同价值,研究和传播人类优秀文化,以高水平智库成果促进文明交流互鉴。同时,利用"一带一路"国际智库合作委员会等平台深化智库协作,当好促进文化交流的"使者"。

  正如《"一带一路"发展学》报告结语所说,"一带一路"的愿景,是值得我们为之奔赴的共同事业。共建"一带一路"走过的"金色十年"成效斐然、硕果累累,新的十年更加需要奋楫扬帆、乘风破浪。让我们进一步深化学术交流、拓展智库合作,推出更多高质量研究成果,为推动共建"一带一路"向更高水平迈进贡献新的智慧和力量。

目录

中　篇　"一带一路"智库研究精选

下 篇 高质量共建"一带一路"观点集萃

上　篇

"一带一路"发展学

——全球共同发展的实践和理论探索

导　论

　　2013 年秋，中国国家主席习近平提出建设丝绸之路经济带和 21 世纪海上丝绸之路的重大倡议。有学者说，共建"一带一路"倡议是一个绝妙的创举。随着越来越多合作方积极响应，这一倡议由构想而不断具象，不断演进，如同一棵众人培育下茁壮成长的"生命之树"。

　　10 年来，已有 150 多个国家、30 多个国际组织加入其中，签署 200 多份共建"一带一路"合作文件；相关合作理念和主张写入联合国、二十国集团、亚太经合组织、上海合作组织重要成果文件。"一带一路"还成为近年来国际学界研究的热词。

　　共建"一带一路"已取得"实打实、沉甸甸"的具体成就，并对国际社会更加重视"共同发展"问题作出了重要贡献。

　　通过深入调研"一带一路"建设实践，广泛梳理"一带一路"中外研究，本报告发现，现有的经济学、社会学和政治学理论，难以对这项前所未有的事业提供具有说服力的足够解释，需要以更大视野，结合经济全球化遇到的系列难题以及落实联合国 2030 年可持续发展议程面临的风险挑战，对共建"一带一路"给全球发展事业乃至改善全球治理带来的实践新经验、理论新启发作出更加系统、准确的分析、概括、阐发。

本报告认为，共建"一带一路"正在孕育产生一种更具包容性、实效性的发展学——"一带一路"发展学。在廓清"一带一路"顶层设计、梳理"一带一路"实践成效的基础上，本报告探讨了共建"一带一路"不断演进的历史逻辑、实践逻辑、理论逻辑，并讨论了其因应时代、面向未来的世界意义。

本报告认为，"一带一路"发展学是以共建"一带一路"倡议的基本理念和高质量共建的实践经验为基础，以促进全球共同发展为主要目标的国际合作理论。其基本要义是：顺应经济全球化潮流，以尊重各国制度、文化多样性为前提，遵循互利共赢、以人为本两大价值坐标，通过对政府、资本、社会、生态四大发展要素定位和功能的再优化，实现发展资源更加有效公平的配置，助力参与方获得更多进入市场、发展产业、改善民生的机会。

以"联通"（Connection）、"赋能"（Enablement）、"协同"（Coordination）为动力支撑的发展动力模型（CEC发展动力模型）是"一带一路"发展学的核心内容，它致力于解决全球发展两大关键问题——增长动力不足与发展持续失衡。本报告认为，CEC发展动力模型对基础设施、产业发展以及政府作用的重视，与经济学家们对新自由主义经济政策的反思形成了呼应。

从某种程度上说，"一带一路"发展学是中国在与世界密切互动中所取得的发展经验共享。它强调的是各合作方发展目标的协同，是"合唱"而不是"独奏"；它从古丝绸之路的历史中汲取精神养分，主张文明因交流而多彩，因互鉴而丰富，寻求通过开放合作创造新机遇，拓展发展新空间。

本报告认为，作为广受欢迎的国际公共产品、构建人类命运共同体的重要实践平台，"一带一路"推动平等互利的国际合作、完善全球治理体系、促建"以合致和"新型国际关系，为推动全球发展提供了新路径、贡献了新方案。

在百年变局和世纪疫情交织影响之下，国际合作面临新挑战。我们认为，此时探讨"一带一路"发展学，思考各国如何实现共同发展，具有很强现实意义。

第一章
"一带一路"发展学的形成脉络

共建"一带一路"追求的是发展，崇尚的是共赢，传递的是希望。①

——习近平

什么是 21 世纪全球最大难题和共同追求？发展，依然是发展。对于这项共识，世界少有异议。

新的历史条件下，全球发展的动能、模式、理念和实效都在发生新的变化。如果说 20 世纪的发展合作，尤其是第二次世界大战后的发展合作，主要是由北向南，由发达国家主导，在 21 世纪的今天，发展合作变得更加多元化：由北向南，由南向南，甚至由南向北的合作日益增多，这其中，中国无疑是一个关键行为体。

过去 10 年来，随着中国提出倡议并携手各方推动实践、形成可观成效，世界日益关注到一种与时俱进的发展合作新思路——我们称之为"一带一路"发展学。

① 习近平在博鳌亚洲论坛 2021 年年会开幕式上的视频主旨演讲，2021 年 4 月 20 日。

1.1 因应现实：推动发展合作的新思路

2013 年 9 月和 10 月，中国国家主席习近平先后在哈萨克斯坦纳扎尔巴耶夫大学和印度尼西亚国会，提出共同建设丝绸之路经济带和 21 世纪海上丝绸之路的倡议。

彼时的欧洲，正在因债务危机和金融危机后的二次衰退烦恼；亚洲主要发达国家日本，焦虑于通货紧缩和增长停滞；世界头号经济体美国，在后金融危机和阿富汗战争的泥淖里挣扎。全球总需求萎缩，经济学家萨默斯悲观预言"大停滞"，同时呼吁发达国家"再发展"。

而广大发展中国家，尽管在二战后接受发达国家的发展援助多达数万亿美元，但只有寥寥无几的国家成为发达国家。大量发展中国家仍然面临贫困的考验，在发展的困境中寻路。

2013 年，中国经济增长 7.7%，外汇储备达 3.82 万亿美元，成为 120 多个国家和地区的最大贸易伙伴。在此 3 年前，中国经济规模超过日本，成为全球第二大经济体。2009 年，中国首次成为世界经济增长第一大贡献国，此后中国一直保持领航，持续释放增长红利。中国在世界经济版图上的角色发生历史性改变，在全球发展合作中的作用日益显著。

改革开放以来，中国创造了发展奇迹，但长期高速增长之后，发展模式也亟待应变。随着经济发展进入"新常态"，中国从高速增长阶段转入高质量发展阶段，开始大规模结构调整。

在这样的国际国内形势下，共建"一带一路"既是中国经济发展的内生需要，也契合了国际合作的现实需求。作为最大新兴经济体，中国一端连着最广袤的大陆，一端朝向最广阔的大洋；"世界工厂"

依然稳健，"世界市场"冉冉而升。这样一个不断发展的超大规模经济体，处于全球发展合作的特殊时空交汇点。

1.2 传承历史：谱写丝路精神的新乐章

共建"一带一路"倡议是现实的投射，也是历史的回响。

有学者考证，早在2000多年前西汉时期，中国西部就形成了一条连通东西方的古老商路。当19世纪德国地理学家李希霍芬将其命名为"丝绸之路"时，或许不会想到，这一名词会在21世纪成为擘画全球发展蓝图使用频率最高的词汇之一。

绵亘万里、延续千年的古丝绸之路，凝聚了地球上东西方先辈们对美好生活的追求，促进了亚欧大陆各国互联互通，推动了文明交流互鉴，为人类文明发展进步作出了重大贡献，积淀了以"和平合作、开放包容、互学互鉴、互利共赢"为核心的丝路精神。

为破解当今全球发展面临的多重障碍，共建"一带一路"倡议传承丝路精神，致力于开创发展新机遇，谋求发展新动力，拓展发展新空间，实现共建国家优势互补、互利共赢。

"五通"建设和"三共"原则是共建"一带一路"顶层设计的两大重要支柱。"五通"包括政策沟通、设施联通、贸易畅通、资金融通、民心相通。其中，政策沟通是重要保障，设施联通是优先领域，贸易畅通是重点内容，资金融通是重要支撑，民心相通是人文基础。"三共"原则，即共商、共建、共享，体现了相互尊重、开放协商、互利共赢的国际合作观，回答了全球发展合作中"谁来干""怎样干""为谁干"的重大问题。

2016 年 3 月，联合国安理会第 2274 号决议首次纳入共建"一带一路"倡议内容。2017 年 9 月，第 71 届联合国大会将"共商、共建、共享"原则纳入"联合国与全球经济治理"决议。一种新的国际合作未来轮廓初显，并得到国际社会日益广泛的关注、支持和响应。

1.3 走向未来：协同高质量发展的新探索

从谋篇布局的"大写意"到精谨细腻的"工笔画"，共建"一带一路"崇尚实干，已取得"实打实、沉甸甸"的成就，其建设理念也不断与时偕行、不断完善。

2018 年 8 月，在推进"一带一路"建设工作 5 周年座谈会上，习近平主席提出，在保持健康良性发展势头的基础上，推动共建"一带一路"向高质量发展转变。[①] 次年 4 月，第二届"一带一路"国际合作高峰论坛上，相关国家和国际组织就此达成共识，将高质量发展作为今后共建"一带一路"的主题和基本方向。[②] 高质量共建"一带一路"，就是要践行共商、共建、共享原则，弘扬开放、绿色、廉洁理念，努力实现高标准、可持续、惠民生目标。

面对新冠疫情等新挑战，2020 年 6 月，习近平主席提出"一带一路"建设四个新方向：将"一带一路"打造成团结应对挑战的合作

---

① 《习近平在推进"一带一路"建设工作 5 周年座谈会上强调 坚持对话协商共建共享合作共赢交流互鉴 推动共建"一带一路"走深走实造福人民》，新华社，2018 年 8 月 27 日。

② 胡必亮：《推动共建"一带一路"高质量发展——习近平关于高质量共建"一带一路"的系统论述》，载《学习与探索》2020 年第 10 期，第 102 页。

之路、维护人民健康安全的健康之路、促进经济社会恢复的复苏之路、释放发展潜力的增长之路。2021 年 11 月，习近平主席进一步提出，努力实现更高合作水平、更高投入效益、更高供给质量、更高发展韧性，推动共建"一带一路"高质量发展不断取得新成效。[①]

作为一项宏大的创新型国际合作安排，共建"一带一路"提供了建设更美好世界的新可能。在捷克前总理伊日·帕鲁贝克看来，一个全新的全球经济和政治秩序正在形成，"一带一路"将是促成这种秩序的因素之一。[②]

共建"一带一路"的顶层设计

传承　以和平合作、开放包容、互学互鉴、互利共赢为核心的丝路精神

原则　共商、共建、共享

理念　开放、绿色、廉洁

内容　政策沟通、设施联通、贸易畅通、资金融通、民心相通

目标　高标准、可持续、惠民生

共建"一带一路"

新阶段　迈向高质量发展

新方向　合作之路、健康之路、复苏之路、增长之路

愿景：构建人类命运共同体

©新华社国家高端智库

---

① 《习近平在第三次"一带一路"建设座谈会上强调 以高标准可持续惠民生为目标继续推动共建"一带一路"高质量发展》，新华社，2021 年 11 月 19 日。
② 《互学互鉴的沃土 合作对接的桥梁 互利共赢的纽带——来自"一带一路"国际智库合作委员会的报告》，新华社，2019 年 4 月 29 日。

第二章
"一带一路"发展学的实践成效

从亚欧大陆到非洲、美洲、大洋洲，共建"一带一路"为世界经济增长开辟了新空间，为国际贸易和投资搭建了新平台，为完善全球经济治理拓展了新实践，为增进各国民生福祉作出了新贡献，成为共同的机遇之路、繁荣之路。①

——习近平

英国社会学家马丁·阿尔布劳认为，共建"一带一路"最大的特点是坚持不懈地将各种相关的理论创意与解决人类面临的实际问题密切结合。②在短短10年时间里，共建"一带一路"究竟做成了哪些事？

---

① 习近平在第二届"一带一路"国际合作高峰论坛开幕式上的主旨演讲，2019年4月26日。
② Martin Albrow，"China's Role in a Shared Human Future Towards Theory for Global Leadership"，New World Press and Global China Press，p.35.

2.1 突破发展瓶颈："要致富先修路"

自人类开启工业化进程以来，铁路、公路、港口等基础设施便在经济社会发展中扮演重要角色。令人遗憾的是，无论是工业化先行者还是追赶者，如今仍面临不同程度的"基建赤字"，交通设施、电力能源、通信网络等基建供给严重不足在广大发展中国家尤为突出。[①]

共建"一带一路"将基础设施互联互通作为优先方向。"六廊六路多国多港"[②]的互联互通架构基本成型，为世界经济增长注入新动力。

填补交通设施缺口

肯尼亚非洲政策研究所研究员安泽兹·沃尔经常乘坐蒙内铁路调研沿线中小企业发展情况。她发现，蒙内铁路不仅盘活了沿线中小企业，还带动了相关就业，提升了地区经济活力。科达陶瓷厂行政经理艾利克斯·杰里舒姆告诉沃尔，依靠蒙内铁路，工厂货物运输时间减少了一半。

作为共建"一带一路"帮助肯尼亚实现2030年国家发展愿景的"旗舰工程"，480公里的蒙内铁路解决了东非第一大港蒙巴萨至肯尼亚

---

① 世界经济论坛 2022 年 1 月的一份报告预计，新兴经济体在 2030 年前需获得 66 万亿美元基础设施投资。据全球基础设施中心 2017 年估算，到 2040 年，全球基础设施建设投入总需求将达到 94 万亿美元。

② "六廊"是指新亚欧大陆桥、中蒙俄、中国—中亚—西亚、中国—中南半岛、中巴和孟中印缅等六大国际经济合作走廊。"六路"是指铁路、公路、航运、航空、管道和空间综合信息网络。"多国"是指一批先期合作国家。"多港"是指若干保障海上运输大通道安全畅通的合作港口。

首都内罗毕区间运输"肠梗阻",并使乌干达、南苏丹、卢旺达等东非内陆国家经由肯尼亚的进出海货运更顺畅。肯尼亚还在蒙内铁路和西向延长线内马铁路Ⅰ期沿线建设和规划了多个产业园和新型城镇。肯尼亚非洲政策研究所2021年底发布的报告《共享繁荣:"一带一路"倡议在肯尼亚》中得出这样的结论:共建"一带一路"正在深刻拓展肯尼亚的发展空间。

蒙内铁路客运量、货运量年度数据变化

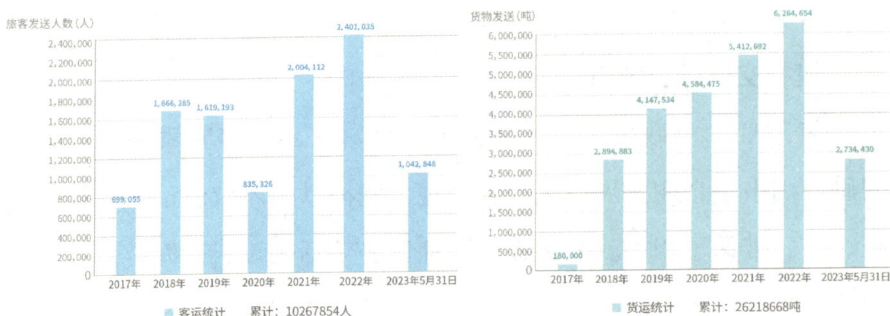

注:2019-2023年度数据为蒙内铁路和内马铁路的运量之和

©新华社国家高端智库

专栏:蒙内铁路、亚吉铁路与"非洲之角和平发展构想"

作为东非地区另一条交通动脉,亚吉铁路同样成为当地经济社会发展的"开路先锋"。它使货物从埃塞俄比亚内地运至吉布提港的时间从7天缩短至12小时,在沿线"催生"了多个产业园区,形成了一条通达红海的经济走廊。2022年1月,"非洲之角和平发展构想"应运而生。这一构想提出,以蒙内铁路和亚吉铁路为主轴,加快红海沿岸和东非沿岸开发,形成"两轴+两岸"发展框架,

提高非洲之角自主发展能力和次区域一体化水平。该构想提出至今，首届非洲之角和平会议已经成功举办，广泛凝聚各方和平共识，积极推动地区热点问题降温。中非合作论坛"九项工程"顺利落地，开展了粮食和农业技术援助、打井供水、抗旱减灾等合作，地区国家的粮食生产能力和经济发展韧性得到切实提高。

非洲之角的发展故事是一个缩影。共建"一带一路"所带来的"交通之变"正重塑世界经济地理空间，带来强劲、均衡、联动发展的新希望。白沙瓦—卡拉奇高速公路打通巴基斯坦中部南北交通大动脉。中老铁路让老挝从"陆锁国"变成"陆联国"，截至 2023 年 9 月，中老铁路已安全稳定运营 21 个月，发送旅客超 2090 万人次、运输货物超 2536 万吨，并实现与中欧班列的联线贯通。佩列沙茨跨海大桥让克罗地亚分隔多年的南北领土实现连通。阿联酋阿布扎比哈利法港与中东地区产业园形成"园港互联"。在不远的将来，匈塞铁路将全线通车，把布达佩斯至贝尔格莱德的旅行时间缩短至 3 个小时，东海岸铁路将成为马来西亚东西海岸"陆上桥梁"。

"要想富先修路，道路通百业兴。"朴素的中国经验在共建"一带一路"实践中得到进一步验证。世界银行报告预测，至 2030 年，共建"一带一路"交通设施建设将使沿线经济体的贸易增加 2.8% 至 9.7%，外国直接投资总额流入增加 4.97%，国内生产总值增加 1.2% 至 3.4%；并将使世界贸易增加 1.7% 至 6.2%，国内生产总值增加 0.7% 至 2.9%。①

---

① 世界银行：《"一带一路"经济学：交通走廊的机遇与风险》中文版，第 52—57 页，2019 年 6 月 18 日。

构建陆海空大通道

在夯实交通设施基础上，共建"一带一路"致力推动铁路、公路、水运、航空等多种运输方式高效联动，使生产端和消费市场的时空距离不断压缩，贸易流通更有质量和效率，更多国家分享互联互通和经济一体化的红利。

以中国西南山城重庆为运营中心的西部陆海新通道为国际产品进入中国市场开辟了新捷径。以前，老挝的商品运到重庆、四川等西部内陆腹地，至少需要 20 多天。如今货物搭乘西部陆海新通道的中老班列，从老挝到重庆只需 4 天。

专栏：西部陆海新通道

西部陆海新通道原名中新互联互通南向通道，以中国西部相关省区市为关键节点，利用铁路、海运、公路等运输方式，向南通达新加坡等东盟国家，是中国西部地区实现与东盟及其他国家区域联动合作、有机衔接共建"一带一路"的对外开放通道。西部陆海新通道运行线路已通达全球 100 多个国家和地区的 300 多个港口，为稳定区域产业链供应链发挥了积极作用。

共建"一带一路"致力于推动陆海联动发展，帮助内陆腹地打破发展外向型经济的区位束缚，摆脱"发展洼地"的宿命。一批内陆城市乘势成为开放新前沿、商贸新枢纽，重庆便是其中的代表。穿梭于亚欧大陆的中欧班列与连接中国西部腹地和东盟的西部陆海新通道在这里无缝衔接，将欧洲、中亚、东南亚、南亚次大陆紧密联系起来。通过中欧班列，全球最大笔记本电脑生产基地重庆以比海运节约 20

多天的时间将产品运抵欧洲市场。依托"西部陆海新通道 + 中欧班列"模式，东南亚生产的无纺布、打印机送达欧洲的物流周期缩短了一半以上。

近年来，共建"一带一路"陆海空立体交通网络为全球供应链稳定发挥了重要作用。通过以中国郑州为节点的"空中丝绸之路"，意大利服装、智利车厘子、菲律宾黄鳝分发至全国各地，中国制造的电子产品、生活用品、机械设备被运往世界各国。截至 2023 年 6 月底，中欧班列历年累计开行已超过 7.3 万列，发送货物近 700 万标准箱。超过 100 个国内出发城市通达欧洲 25 个国家 200 多个城市，中欧班列为世界经贸往来注入源源不断的活力。

完善能源互联网络

目前，全球仍有 12 亿无电人口。在巴基斯坦这样饱受电力短缺之苦的国家，即便是大城市，每天停电时间也曾长达 10 小时。

为确保能源这一人民生活和工业生产的生命线，中巴经济走廊规划了 21 个能源项目，涵盖水电、风电、煤电、核电、太阳能，将为巴基斯坦提供 1.24 万兆瓦的发电能力[①]。截至 2022 年底，中巴经济走廊累计创造 23.6 万个就业岗位，帮助巴基斯坦新增 510 公里高速公路、8000 兆瓦电力和 886 公里国家核心输电网。

"确保人人获得负担得起、可靠和可持续的现代能源"是联合

---

① 根据巴基斯坦计划、发展和改革部中巴经济走廊事务局官网 http://cpec.gov.pk/energy 公布的项目数据计算，21 个能源项目中包含 20 个发电项目（合计 1.24 万兆瓦发电能力）和 1 个输电项目（4000 兆瓦输电能力）。

国 2030 年可持续发展议程 17 项目标之一。共建"一带一路"能源工程为实现这一愿景提供助力。智利蓬塔谢拉风电场利用当地丰富的风能资源，投产后满足了 13 万户家庭的用电需求，每年还能减少 15.7 万吨碳排放。柬埔寨菩萨省格罗戈区光伏离网供电系统建设，结束了当地山区 100 多个村庄不通电的历史，明亮的灯光和散发米香的电饭煲，让挤在狭小铁皮房里的村民看到了新生活的希望。

各国人均年用电量

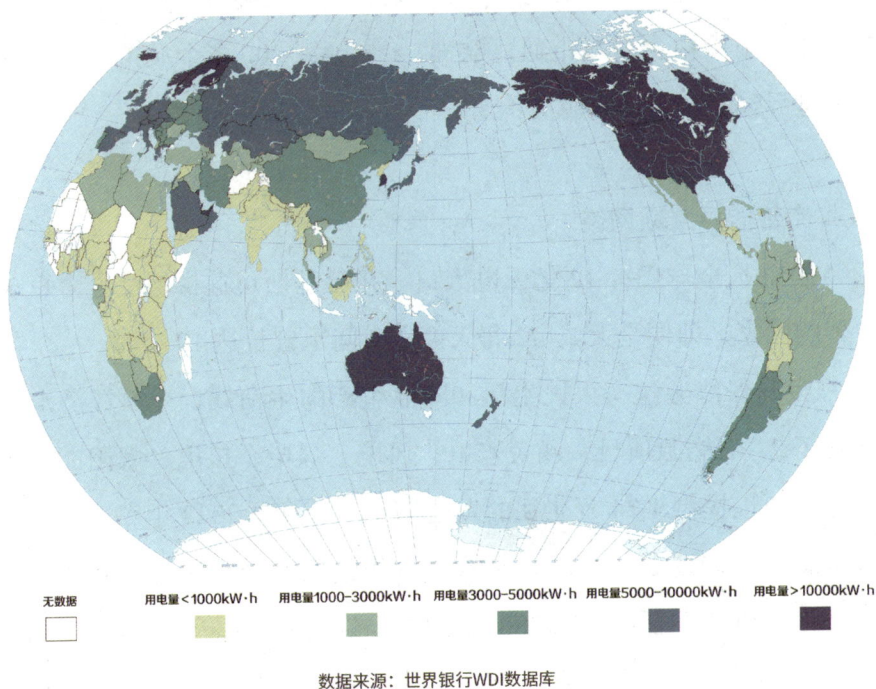

| 无数据 | 用电量<1000kW·h | 用电量1000-3000kW·h | 用电量3000-5000kW·h | 用电量5000-10000kW·h | 用电量>10000kW·h |

数据来源：世界银行WDI数据库

　　能源基础设施跨国、跨区域互联互通是共建"一带一路"能源合作的另一重要方面。中俄东线天然气管道、中国—中亚天然气管道 C 线、中缅原油管道等重大项目以及中国与周边 7 国的电力联网工程，为能源资源互补协作和互惠贸易创造了条件。

2.2 培育增长动能：贸易投资双引擎

2008 年国际金融危机后，加速国际贸易与投资引擎、推动世界经济进入新的增长周期，成为国际社会的紧迫任务。10 年来，共建"一带一路"搭建新的贸易投资框架，推动贸易投资自由化便利化，促进贸易和直接投资与产业合作的融合互动，为全球增长繁荣不断做增量。

建设开放共享的市场

作为首个将共建"一带一路"倡议合作独立成章的自贸协定，中柬自贸协定于 2022 年 1 月 1 日生效实施。柬埔寨的香蕉、芒果、大米、木薯粉等农产品更便捷、更大规模地进入中国市场。中国已经成为柬埔寨大米、香蕉最大出口目的国。截至 2022 年底，中国企业累计对柬各类投资超过 100 亿美元。

缔结贸易协定和扩大市场准入能够有效提振贸易。共建"一带一路"通过创新贸易方式、搭建贸易平台，打通贸易堵点，激活共建国家贸易潜能，为全球贸易大环流注入新动力。这些努力包括：打造以中国国际进口博览会为引领的矩阵式商品展会，同世界共享中国市场机遇；签署或升级自由贸易协定，共同建设自由贸易区网络；推动跨境电商发展，为拓展贸易增长空间提供新可能；深化海关贸易安全和通关便利化合作，提升贸易便利化水平。[①]

---

① 截至 2023 年 5 月，中国已经与 26 个经济体 52 个国家（地区）签署 AEO 互认协议，其中共建"一带一路"国家增加至 35 个。

专栏："丝路电商"扩大贸易增长空间

　　发展"丝路电商"是推进共建"一带一路"经贸合作的重要领域。构架"互联网+"平台、开展跨境电子商务,能够有效减少贸易投资壁垒,降低融入全球价值链条分工体系门槛,扩大贸易增长空间。面对新冠疫情下的人员、物资流动受限,"丝路电商"提供了一个拉近距离、降低成本、加深推动国与国之间贸易流动的新契机。截至2023年9月底,中国已与五大洲30个国家建立了双边电子商务合作机制,同各方共享电子商务发展红利,为全球经济复苏增添新动能。

2013-2022年中国与"一带一路"沿线国家货物贸易额

亿美元

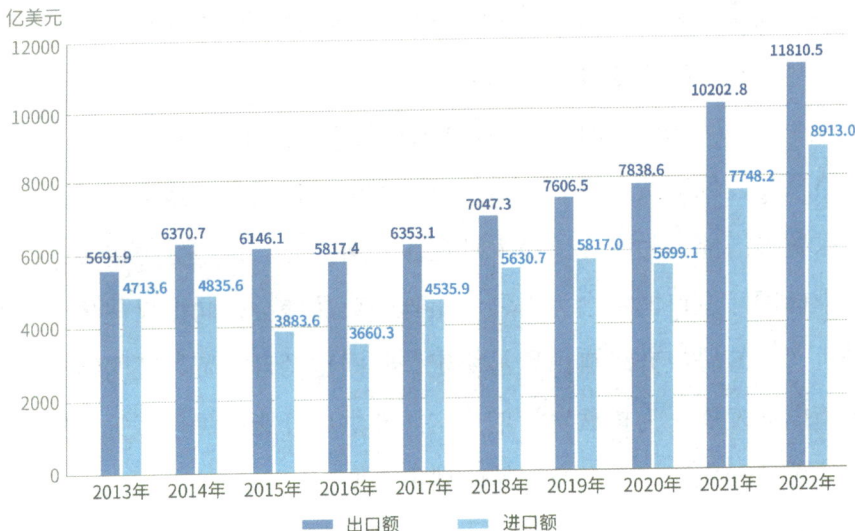

	2013年	2014年	2015年	2016年	2017年	2018年	2019年	2020年	2021年	2022年
出口额	5691.9	6370.7	6146.1	5817.4	6353.1	7047.3	7606.5	7838.6	10202.8	11810.5
进口额	4713.6	4835.6	3883.6	3660.3	4535.9	5630.7	5817.0	5699.1	7748.2	8913.0

资料来源:中国海关、商务部国际贸易经济合作研究院

　　2013年至2022年,中国与"一带一路"共建国家货物贸易额从1.04万亿美元扩大到2.07万亿美元,年均增长8%。未来共建"一带一路"

通过降低关税，带动交易成本、跨境物流成本以及制度成本的降低，加快"一带一路"共建国家标准、规则、法规对接，打造"大通关体制"，从而有望实现"软联通"。[①]

探索产业升级的新路

在共建"一带一路"区域贸易结构中，中间品贸易占比高达61%左右。[②] 这反映了生产网络和国际分工的新变化：广大发展中国家逐渐有机会走出依靠单一资源出口或锁定于低端产业的困境，通过建立自身工业基础，获得制造能力和产业水平的提升。

共建"一带一路"国家的产业合作，推动并强化了这一趋势。中泰新丝路塔吉克斯坦农业纺织产业园，帮助当地从棉花种植向棉纺织全产业链跨越。印度尼西亚摩洛哇丽县的青山工业园区，将曾经偏僻的小渔村变成了全球重要的镍矿开采冶炼和不锈钢产业基地，助力印尼"从卖30美元/吨镍原矿到卖2300美元/吨不锈钢"。在埃及泰达苏伊士经贸合作区，巨石玻璃纤维公司建成年产20万吨玻璃纤维生产线，令埃及成为全球第四大玻纤生产和贸易国，吸引大量上下游企业赴埃投资。

截至2021年底，中国在"一带一路"共建国家设立企业超过1.1万家，约占中国境外企业总量的1/4。2021年，对"一带一路"共建国家直接投资241.5亿美元，创历史新高，占中国全年对外投资流量

[①] 张茉楠：《"一带一路"：凸显新型国际合作框架五个重要特征》，载《全球商业经典》2019年第6期，第84页。

[②] 中国国际经济交流中心：《"一带一路"贸易投资指数（BRTII）》，2019年5月7日。

总额的 13.5%；年末存量 2138.4 亿美元，占存量总额的 7.7%。[①]

改善民生与履行社会责任

进入中策橡胶（泰国）有限公司工作以来，拉拉佟从一名保养工成长为资深设备检修班长。一家人贷款购买了住房，添置了汽车。中策橡胶所在的泰中罗勇工业园，已吸引了 180 家中国制造企业、30 多家配套企业在泰投资，为当地创造超过 4.5 万个就业岗位。

2013-2021年中国对"一带一路"沿线国家投资情况

亿美元

2013年	126.3
2014年	136.6
2015年	189.3
2016年	153.4
2017年	201.7
2018年	178.9
2019年	186.9
2020年	225.4
2021年	241.5

资料来源：2022年11月7日，商务部、国家统计局和国家外汇管理局联合发布《2021年度中国对外直接投资统计公报》

[①] 商务部、国家统计局和国家外汇管理局联合发布《2021 年度中国对外直接投资统计公报》，中国商务部网站，2022 年 11 月 7 日。

专栏：中国的境外经贸合作区

产业园区是工业化的典型标志。经贸合作区、经济特区、工业园区、科技园区等各类产业园区，成为生产要素集聚的空间载体、产业落地生根的公共平台、技术知识扩散的学习土壤。中国商务部数据显示，截至 2022 年底，中国企业在"一带一路"共建国家建设的境外经贸合作区累计投资达 571.3 亿美元，为当地创造了 42.1 万个就业岗位。这些境外经贸合作区包括马来西亚—中国关丹产业园、泰国泰中罗勇工业园、印度尼西亚青山工业园、柬埔寨西哈努克港经济特区、白俄罗斯中白工业园、埃及泰达苏伊士经贸合作区、埃塞俄比亚东方工业园等。

共建"一带一路"经贸合作项目不但帮助共建国家立业兴业，还改善民生，与当地社会建立更紧密的情感纽带。在斯里兰卡，中斯水中心肾病追因研究和卡塔纳供水项目助力当地居民摆脱肾病困扰，缓解饮水困难；在巴布亚新几内亚，中国—巴新友谊学校·布图卡学园为 3000 多个孩童解决上学难题。

共建"一带一路"项目持续加强践行环境、社会、公司治理（ESG）理念，积极融入当地社会，实现自身可持续发展，与共建各方合作共赢。河钢集团塞尔维亚斯梅代雷沃钢厂制定了"用人本地化、利益本地化、文化本地化"原则，保留老厂 5000 多个工作岗位，坚持设备、原材料以欧洲采购为主，投入上百万美元为当地捐资助学、修路供水。紫金矿业刚果（金）科卢韦齐铜矿项目打造花园式矿山，定期邀请民众和媒体代表参观，倾听当地心声。

专栏：共建"一带一路"上的民心相通

民心相通，就是通过不断搭建与共建国家的友好桥梁，让共建"一带一路"更好造福各国人民。如果没有民心相通，没有共建国家对"一带一路"倡议发自内心的认同，跨地域、跨时空的国际发展合作很难落地。随着共建"一带一路"的推进，在文化、教育、旅游、智库合作等多个领域，一系列贴近民众精神和物质需求的民心相通合作项目亮点纷呈，增进了相互理解和认同，为共建"一带一路"奠定了坚实的民意基础。中国与中东欧、东盟、俄罗斯、尼泊尔、希腊、埃及、南非等国家和地区共同举办文化年活动，形成了 10 余个文化交流品牌，打造了一批文化节会，成为推进民间友好合作的重要平台。

2.3 深化多元合作：形成聚合效应

"一带一路""不是中国一家的独奏，而是沿线国家的合唱"[①]。10 年来，从政府部门到国际组织，从私营部门到民间力量，从多边开发机构到机构投资者，共建"一带一路"参与方日益多元，合作方式更加丰富，合作网络不断拓展，聚合效应正在显现。

双多边沟通机制

共建"一带一路"涵盖不同社会制度、发展水平、文化传统的

---

① 习近平主席在博鳌亚洲政坛 2015 年年会上的主旨演讲，2015 年 3 月 28 日。

国家和地区，政府之间加强政策沟通、开展紧密合作尤为重要。中新（重庆）战略性互联互通示范项目是这方面的成功案例。2015年11月，中新两国政府签署项目框架协议，推动中国统筹区域协调发展与新加坡参与中国地方发展对接。双方联合编制了项目总体发展规划和多领域专项规划，建立了联合协调理事会、联合工作委员会、联合实施委员会三级合作机制。截至2023年3月底，中新互联互通项目框架下累计落地各类跨境融资项目折合196亿美元，辐射中国重庆、广西、四川、贵州、云南等10余个省区市，综合融资成本比中国国内低约1个百分点。

目前，共建"一带一路"政府间合作已形成以"一带一路"国际合作高峰论坛为引领、以多双边合作机制为支撑的复合型国际合作架构，共建国家在发展规划、机制平台、合作项目对接中，谋求共识，深化合作，共同发展。在沙特阿拉伯"2030愿景"与共建"一带一路"倡议对接框架下，红海新城储能项目、吉赞产业集聚区等项目助力沙特实现能源和经济多元化。在中老共同推进"一带一路"建设合作规划纲要指导下，中老铁路建成通车，磨憨－磨丁经济合作区建设稳步推进。

专栏："一带一路"国际合作高峰论坛

"一带一路"国际合作高峰论坛是"一带一路"框架下层级最高、涵盖领域最全面、影响力最广泛的合作平台，各伙伴国政府及其他利益相关方在此平台上就高质量共建"一带一路"达成广泛共识，成为共建"一带一路"国际合作的行动指南。首届高峰论坛吸引了29个国家的元首或政府首脑以及140多个国家和80多个国际组织的1600多名代表参加，达成76大项、279多项具体成果。

第二届高峰论坛吸引了 38 个国家的元首和政府首脑以及 150 多个国家和 92 个国际组织的 6000 余名代表参加，达成 6 大类 283 项具体成果，签署 640 多亿美元的合作协议。

2030年可持续发展目标与"一带一路"倡议优先领域之间的关系

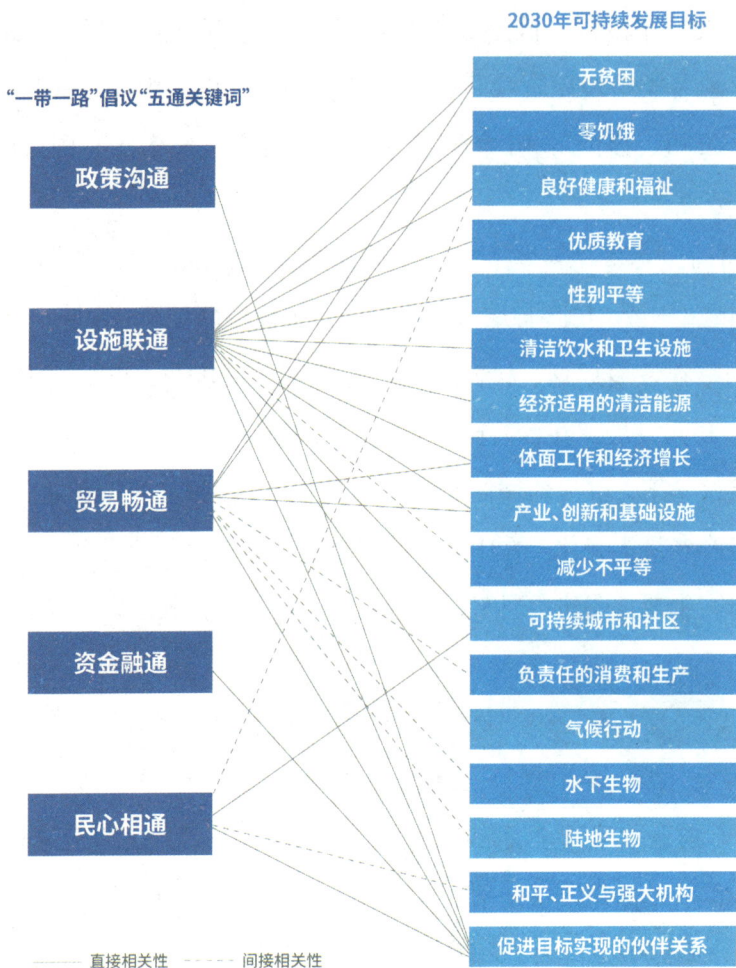

资料来源：《融合投融资规则 促进"一带一路"可持续发展——"一带一路"经济发展报告（2019）》，国开行、联合国开发计划署

共建"一带一路"倡议积极对接各区域和全球层面的发展规划和倡议，其中包括联合国 2030 年可持续发展议程、《东盟互联互通总体规划 2025》、非盟《2063 年议程》等。特别在南南合作领域，共建"一带一路"与联合国各机构合作卓有成效，展开了"海陆丝绸之路城市联盟"、发展中国家青年领袖培养等对接项目。

多层次投融资体系

国际货币基金组织数据显示，发展中国家在健康、教育、道路、电力等方面的资金缺口每年约为 2.6 万亿美元。新冠疫情令发展中国家融资难题更加凸显。

共建"一带一路"积极开拓多元化、多层次融资渠道，为新兴经济体和发展中国家经济增长"输血"。亚洲基础设施投资银行（亚投行）、丝路基金、中国开发性和政策性银行及商业金融机构，与世界银行、欧洲复兴开发银行、亚洲开发银行等多边开发机构以及国际和本地金融机构积极合作，形成透明、高效、互利的共建"一带一路"投融资朋友圈。

专栏：丝路基金

丝路基金是服务于"一带一路"的中长期投资基金。截至 2022 年底，丝路基金累计签约项目 70 余个，承诺投资金额超过 200 亿美元，其中有 18 个项目纳入两届"一带一路"国际合作高峰论坛成果清单，现已全部落地。丝路基金还与欧洲投资基金等比例出资设立中欧共同投资基金，专项扶持对中欧合作具有促进作用、商业前景较好的中小企业。丝路基金成立后投资的首个项目——卡洛特水电站已投入运营，将解决巴基斯坦旁遮普省数百万人用电难题，是中巴经济走廊框架下的重要项目。项目建设期和经营期长达30年，在传统国际融资体系内获得稳定融资难度很大，正是共建"一带一路"，让卡洛特水电站建设成为可能。

专栏：亚洲基础设施投资银行

2016年1月16日正式开业的亚投行，旨在促进亚洲区域的建设互联互通化和经济一体化的进程。截至2023年6月，亚投行成员已达106个，分布在六大洲，数量仅次于世界银行。为孟加拉国配电系统升级改造提供独立融资贷款，助力格鲁吉亚巴统修建绕城公路，为土耳其伊斯坦布尔地震风险缓解和应急准备项目提供主权贷款……亚投行累计批准了227个项目，融资总额超过436亿美元。国际三大评级机构皆给予亚投行3A级的最高信用评级，巴塞尔银行监管委员会也给予亚投行零风险权重。在印尼智库亚洲创新研究中心主席班邦·苏尔约诺看来，"没有政治色彩"是亚投行的一大魅力所在。"贷款无附加条件、资金来自各个成员，亚投行提高了资金使用效率，真正做到富帮穷、强助弱，降低地区内不同国家的发展差距。"

在西非规模最大商港加纳特马港扩建项目中，世界银行集团下属国际金融公司（IFC）和中国银行密切合作。中国银行汲取了IFC深耕西非市场多年的经验，同时也为银团筹组工作的顺利完成提供有力支撑。加纳政府也在不加重财政负担的条件下获得项目建设资金，推动了经济增长。

随着共建"一带一路"综合效益持续显现,越来越多的国际金融机构加入其中。汇丰、花旗、渣打银行专门设立"一带一路"工作组,并加入了"一带一路"银行间常态化合作机制(BRBR)。英国伦敦国王学院中国研究院院长克里·布朗认为,共建"一带一路"项目的运作方式没有固定模式,具有充分的灵活性。[①]这一点在共建"一带一路"投融资合作中得到生动体现。

第三方市场合作模式

共建"一带一路"首创第三方市场合作模式,为不同发展阶段国家搭建合作平台,致力于实现"1+1+1 > 3"的合作效果。

中法第三方市场合作起步于 2015 年,喀麦隆克里比深水港项目是其中的代表案例。中国港湾、法国博洛雷集团、法国达飞海运集团和喀麦隆当地企业共同组建克里比集装箱码头运营公司,联合运营港口一期。深水港关税收入从 2019 年约 126 万美元飙升至 2021 年约 2.5 亿美元。截至 2022 年 3 月 31 日,喀麦隆 53% 的集装箱运输经由克里比集装箱码头。2022 年 2 月,中法达成第三方市场合作第四轮示范项目清单,包括基础设施、环保、新能源等领域 7 个项目,总金额超过 17 亿美元,合作区域涉及非洲、中东欧等地。

第三方市场合作并不拘泥于"三方"。中缅天然气管道项目由

① Kerry Brown, "Looking for the 'China Model'," in Common Prosperity: Global Views on Belt and Road Initiative, compiled by China Watch, Beijing: Wuzhou Communication Press, 2019, p.47.

中国石油、韩国浦项制铁大宇公司、印度石油海外公司、缅甸油气公司、韩国燃气公司、印度燃气公司"四国六方"共同出资建设，各方实现互补增益。目前，我国与法国、新加坡等14个国家签署了第三方市场合作文件。

2.4 开拓新兴领域：健康、绿色、数字、创新

面对突如其来的新冠疫情、愈发严峻的环境压力、日益澎湃的新工业革命浪潮，共建"一带一路"不断调整丰富合作内容，将建设"健康丝绸之路""绿色丝绸之路""数字丝绸之路""创新丝绸之路"作为重点开拓的新领域。

健康合作，守护生命安全

中国积极推动"健康丝绸之路"建设，2023年是中国援外医疗队派遣60周年。60年来，中国向全球76个国家和地区累计派出了3万人次中国医疗队队员，诊治患者超过2.9亿人次。同时，共建"一带一路"国家积极推动中医药中心建设，开展草药种植及加工合作，守护人民"健康"成为共建"一带一路"建设的重要目标。

在全球抗击新冠疫情的关键时刻，中国多次呼吁打造"健康丝绸之路"，提出"人类卫生健康共同体"理念，同31个国家一道发起"一带一路"疫苗合作伙伴关系倡议。危机面前，共建"一带一路"呈现出强大韧性与澎湃活力，为各国抗击疫情、恢复经济、改善民生注入宝贵力量。

共建"一带一路"的"绿色"机制和平台

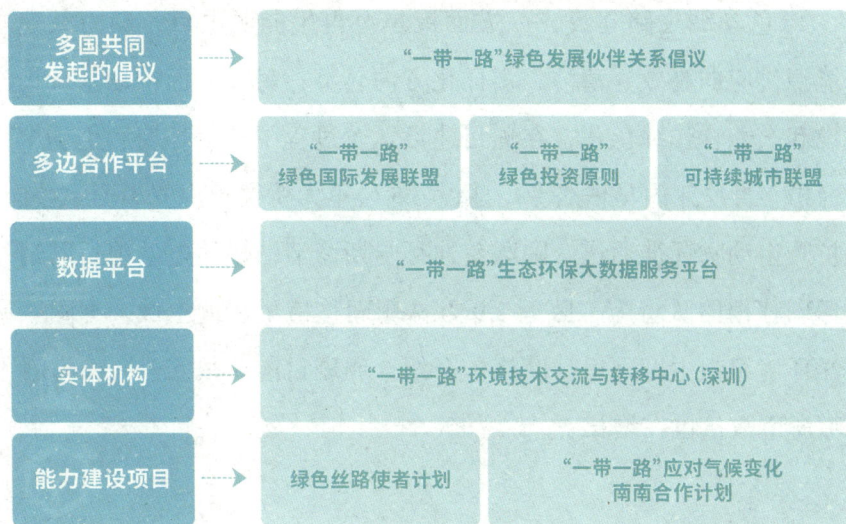

多国共同发起的倡议	→	"一带一路"绿色发展伙伴关系倡议	
多边合作平台	→	"一带一路"绿色国际发展联盟	"一带一路"绿色投资原则	"一带一路"可持续城市联盟
数据平台	→	"一带一路"生态环保大数据服务平台	
实体机构	→	"一带一路"环境技术交流与转移中心(深圳)	
能力建设项目	→	绿色丝路使者计划	"一带一路"应对气候变化南南合作计划

©新华社国家高端智库

绿色转型,迈向"碳中和"

美国企业公共政策研究所数据显示,从2014年到2020年,中国在"一带一路"建设项目中可再生能源投资占比大幅提升近40%,超过化石能源投资。近年来,共建"一带一路"将生态因素纳入贸易和投资战略,加强绿色基建、绿色能源、绿色金融等领域合作,助力实现更加强劲、绿色、健康的全球发展。

"地中海之心"马耳他的能源结构曾以重油为主。矗立在马萨施洛克海滨的德利马拉电站排出浓浓黑烟,在附近的柠檬上落下斑斑黑点。上海电力加入后,将重油机组改造成天然气和轻油双燃料机组。中方还与马耳他政府合作,在戈佐岛打造欧盟第一个试点"零碳岛"。双方还携手开拓第三方市场,在黑山共和国建设莫祖拉风电站,每年可提供 1.12 亿度清洁电能，减少 9.5 万吨温室气体排放。

　　绿色丝绸之路建设，一方面聚焦可再生能源项目，助力共建国家能源供应向高效、清洁、多样化方向转型；另一方面推动基础设施建设和产能合作绿色化，在项目建设运营过程中注重环境和生物多样性保护。肯尼亚内马铁路专门建设 6.5 公里大桥穿越内罗毕国家公园，保护野生动物迁徙通道。阿联酋迪拜哈斯彦清洁燃煤电站项目聘请专业珊瑚移植团队将施工区近 2.9 万株珊瑚移植至邻近水域，据阿联酋海洋环境组织主席阿里·萨格尔介绍，珊瑚目前"很安全"，海滩上鹰嘴海龟数量也在增长。

数字赋能，拥抱新工业革命

　　数字丝绸之路在世界不断延展，为广大发展中国家创造了推进工业化和信息化协同发展的新机遇。中菲 4G/5G 通信基站项目使菲律宾成为东南亚首个开通 5G 网络的国家；中非合作建设的无线站点及高速移动宽带网络帮助非洲 600 万家庭实现宽带上网。从巴基斯坦的港口运营到缅甸的土地规划再到文莱的智慧旅游，北斗卫星系统为共建"一带一路"国家产业赋能。

专栏："中非数字创新伙伴计划"

　　"中非数字创新伙伴计划"涵盖数字基建、数字经济、数字教育、数字包容性、数字安全、搭建数字合作平台 6 个方面。中国企业参建多条连接非洲和欧、亚、美洲的海缆工程；与非洲主流运营商合作基本实现非洲电信服务全覆盖；建设了非洲一半以上无线站点及高速移动宽带网络，累计铺设光纤超过 20 万公里，帮助

600 万家庭实现宽带上网,服务超过 9 亿非洲人民。肯尼亚国际问题学者卡文斯·阿德希尔表示:"中非携手打造'数字非洲'、共同制定并实施'中非数字创新伙伴计划'等,将帮助非洲在网络信息领域实现跨越式发展。"

从数字基建到数字产业化,再到产业数字化,"数字丝绸之路"推动共建国家搭上互联网和数字经济发展新快车。2017 年,中国与 6 国共同发起《"一带一路"数字经济国际合作倡议》。截至 2022 年底,中国已与 17 个国家签署数字丝绸之路建设合作谅解备忘录,与 18 个国家和地区签署《关于加强数字经济领域投资合作的谅解备忘录》。

创新驱动,加强科技交流合作

创新是发展的重要驱动力,不但孕育着健康、绿色、数字等新兴经济,也贯穿传统产业的转型升级。

2017 年共建"一带一路"科技创新行动计划启动,中国与共建国家在科技人文交流、共建联合实验室、科技园区合作、技术转移等方面开展合作,共同迎接新一轮科技革命和产业变革。

截至 2021 年 4 月,中国科技部共支持与共建"一带一路"国家联合研究项目 1118 项;在 30 个共建国家启动建设了 33 家"一带一路"联合实验室;与共建国家联合建立了 31 个双边或多边国际技术转移中心。①

---

① 赵磊:《"一带一路":"硬联通""软联通""心联通"齐头并进》,《光明日报》,2022 年 3 月 18 日,第 12 版。

共建"一带一路"10年来，致力打造开放、公平、公正、非歧视的科技发展环境，在网络基础设施建设、科技创新联动、基地平台搭建等方面交流合作，助力共建国家特别是发展中国家创新驱动发展能力的提升，近年来更加强在大数据、云计算、智慧城市建设、数字经济、知识产权保护等领域合作，促进科技与产业、科技与金融的深度融合，推动更广泛地共享科技创新带来的发展新机遇。共建"创新丝绸之路"正驶入快车道。

第三章

"一带一路"发展学的理论逻辑

推进"一带一路"建设，要聚焦发展这个根本性问题，释放各国发展潜力，实现经济大融合、发展大联动、成果大共享。[①]

——习近平

现代经济的增长繁荣并没有改变财富和社会不平等的深层结构，正如法国经济学家托马斯·皮凯蒂在《21 世纪资本论》中指出的，"21 世纪的今天依然重复着 19 世纪上演过的资本收益率超过产出与收入增长率的剧情"。[②] 如何在经济增长的同时让更多民众、更多国家分享到发展的果实，是 21 世纪的最大发展课题。

"一带一路"发展学是以共建"一带一路"倡议的基本理念和高质量共建的实践经验为基础，以促进全球共同发展为主要目标的国

[①] 习近平在"一带一路"国际合作高峰论坛开幕式上的演讲，2017 年 5 月 14 日。

[②] （法）托马斯·皮凯蒂：《21 世纪资本论》，巴曙松等译，中信出版社，2014 年 9 月版，第 2 页。

际合作理论。其基本要义是：顺应经济全球化潮流，以尊重各国制度、文化多样性为前提，遵循互利共赢、以人为本两大价值坐标，通过对政府、资本、社会、生态四大发展要素定位和功能的再优化，实现发展资源更加有效公平的配置，助力参与方获得更多进入市场、发展产业、改善民生的机会，推动全球发展，助力构建人类命运共同体。

其中，以"联通"（Connection）、"赋能"（Enablement）、"协同"（Coordination）为动力支撑的发展动力模型（CEC 发展动力模型）是"一带一路"发展学的核心内容。自上世纪 70 年代以来，新自由主义经济学家一直建议政策制定者减少对公共领域、实体经济和基础设施领域的干预，将发展私营部门和政府机构改革列为优先方向。这一发展模式并未在广大发展中国家取得预想成效。CEC 发展动力模型对基础设施、产业发展以及政府作用的重视，与国际经济学界对新自由主义经济政策的反思形成了呼应。

3.1 CEC 发展动力模型

CEC 发展动力模型，致力于解决全球发展两大关键问题——增长动力不足与发展持续失衡。其中，"联通"是"牵引器"，通过以基础设施互联互通为主的"联通"，为更多国家拓宽进入世界市场的大门，在全球范围带动经济要素自由流通。"赋能"是"核心处理器"，在"联通"基础上，通过以产业合作为主的"赋能"，助力发展中国家重塑要素禀赋结构和比较优势，更好参与国际分工，同时实现全球生产链价值链的优化与重塑。"协同"是"加速器"，通过以政府间合作、规则标准对接为主的"协同"，推动"联通"与"赋能"进程，增进合作效能，形成联动发展。

CEC发展动力模型

©新华社国家高端智库

联通（Connection）：激活要素流通

尽管现代化基础设施已将很多地区连接成一体化的市场体系和网络化的"小世界"，但全球仍有数十亿人口没有进入这一现代化体系。[①] "一带一路"发展学认为，基础设施建设及其互联互通，能为更多国家拓宽进入世界市场的大门，在全球范围促进经济要素和发展资源顺畅流通、高效配置，是推动增长、加快发展的重要引擎。

基础设施既具有公共产品属性，又属于经济发展先导产业，外部溢出效应十分显著。联合国项目事务署和牛津大学的一项研究表明，

---

① 刘卫东、Michael Dunford、高菠阳：《"一带一路"倡议的理论建构——从新自由主义全球化到包容性全球化》，《地理科学进展》，2017 年第 11 期。

基础设施状况影响了 92% 的可持续发展目标。[①]铁路、公路、港口、机场等交通基础设施,可直接降低全球运输成本,提高运输效率。电力等能源基础设施可为交通、产业等提供动能支持。同时,基础设施联通能够促进国际贸易与投资;在建设和运营时期为当地创造就业机会,激发新的消费需求。有研究显示,传统全球化中的关税减让,最多能推动世界经济增长 5%,而新型全球化中的互联互通,将推动世界经济增长 10%—15%。[②]

当前全球基础设施投资市场存在严重"期限错配",发展中国家基础设施建设及其联通普遍滞后。共建"一带一路"基础设施互联互通使众多"陆锁"地区通江达海,为其提供经济起飞的跑道。中老铁路让中国与老挝、泰国、柬埔寨等中南半岛国家拥有了便捷陆运新通道,内陆货运时间大幅缩短,货物通过铁铁、铁公联运,仅需一天即可抵达泰国曼谷等中南半岛主要城市。目前,以陆海空通道和信息高速路为骨架的共建"一带一路"基础设施网络正在形成,越来越多的共建国家与世界联通,共享经济全球化红利。虽然受疫情影响,但是"一带一路"完工的项目地理范围之广、社会经济价值之大让人叹为观止,这对中国乃至世界社会经济发展也具有举足轻重的意义,中国用实际

---

① University of Oxford—led Infrastructure Transition Research Consortium (ITRC), UNOPS: Infrastructure: Underpinning Sustainable Development, p.41, Oct.22, 2018.
② 王义桅:《"一带一路"开创包容联动共享的新型全球化》,求是网,2017 年 5 月 15 日。

行动推动落实了联合国 2030 年可持续发展议程。[①]

赋能（Enablement）：重塑比较优势

二战后，广大发展中国家摆脱殖民地、半殖民地地位，开始追求本国工业化、现代化，不少国家先后尝试过结构主义和新自由主义等各种药方，但效果不彰。据统计，在二战后约 200 个发展中经济体中，只有 2 个从低收入水平进入高收入水平。[②]不少发展中国家长期陷入"资源诅咒"困境，只能依靠出口资源和初级产品维持低水平经济发展。

基础设施建设能不能致富，取决于有没有产业发展。共建"一带一路"积极推动产业合作，通过"基础设施 + 产业合作"的系统工程，帮助发展中国家优化资金、技术、劳动力等要素禀赋，帮助其摆脱静态贸易模式，形成新的动态比较优势，以更有利地位参与国际分工，获得更强劲经济增长。亚吉铁路带动沿线产业园区快速发展，其中阿瓦萨工业园是非洲最大纺织服装工业园，被誉为"埃塞俄比亚工业化的里程碑项目"。[③]

产业是经济之本。二战后的数轮产业转移为承接国创造了实现工业化、现代化的机遇。世界银行前首席经济学家林毅夫认为，共建"一带一路"的产业转移和产业合作具有规模庞大的新特点，能够创造一个"让'一带一路'沿线 60 多个国家中收入水平在中国人均 GDP 一

---

① 王文、刘英、郭方舟：《后疫情时代的"一带一路"建设与展望》，《扬州大学学报（人文社会科学版）》，2021 年第 25 卷第 6 期，第 58 页。

② 林毅夫：《中华民族伟大复兴和"一带一路"倡议》，《上海对外经贸大学学报》，2018 年第 6 期，第 7 页。

③ 蔡昉、（英）马丁·雅克主编：《"一带一路"手册 2020》，中国社会科学出版社，2021 年 7 月，第 225 页。

半以下的国家，再加上非洲国家，同时进入工业化、现代化的窗口机遇期"。"国际产能合作是推动全球经济、重塑全球价值链的创新方式。"①共建"一带一路"国家经济发展水平不同，存在一定的产业梯度，通过产业合作，可形成互补互促的分工体系。例如，钢铁、水泥、玻璃、纺织等产能合作，对一些共建国家基础设施建设、工业化起步至关重要。合作过程中，先发国家积累的工业技术、产业标准、管理经验加快向后发国家转移，实现互利共赢。

协同（Coordination）：增进合作效能

经济全球化不断加深各国发展关联度和经济依存度。但各国发展目标、经济政策常难有效协同，国家之间发展落差的"势能"难以充分转化为共同发展的"动能"。

各国相互协作、优势互补是生产力发展的客观要求，也代表着生产关系演变的前进方向。②共建"一带一路"搭建双多边合作机制，推动各国深入开展政策沟通，通过发展目标、宏观政策相互协调，促进合作体系内政策配置优化，降低合作制度性成本；推进贸易、投资、环保、数字、创新等领域的规则和标准对接、互认，缓解规则标准碎片化，减少市场合作壁垒，激活商品、资金、技术、人员跨区域流动；加强法律合作、文化交流，为各国经济协作提供法治保障和社会支持。

---

① （美）卡里·托克：《"一带一路"为什么能成功》，中国人民大学出版社，2022年1月，第117页。
② 习近平在二十国集团领导人第十三次峰会第一阶段会议上的发言，2018年11月30日。

世界各国资源禀赋各异、发展阶段有别，具有各自比较优势，存在相互借力、协同增效的巨大潜力。共建"一带一路"推动各国协同规划基础设施、产业合作等重大项目，引导整合各方资金、技术、产能、资源，服务各自发展优先事项，产生"1+1＞2"的合作效果。在哈萨克斯坦江布尔州，由中哈共同投资，中资企业承建的札纳塔斯100兆瓦风电项目，每年可生产3.5亿千瓦时清洁电能，极大缓解了哈萨克斯坦南部地区缺电状况。这正是共建"一带一路"倡议与哈萨克斯坦"光明之路"新经济政策对接合作的成果。

3.2 四大发展要素再优化

确保 CEC 发展动力模型有效运行，需要对政府、资本、社会、生态四大发展要素进行定位和功能再优化，即让政府成为资源配置的协调者，让更多资本成为长远发展的利益攸关方，让更多社会成员成为现代化建设的生力军，让生态环境成为高质量发展的新潜能。

四大发展要素

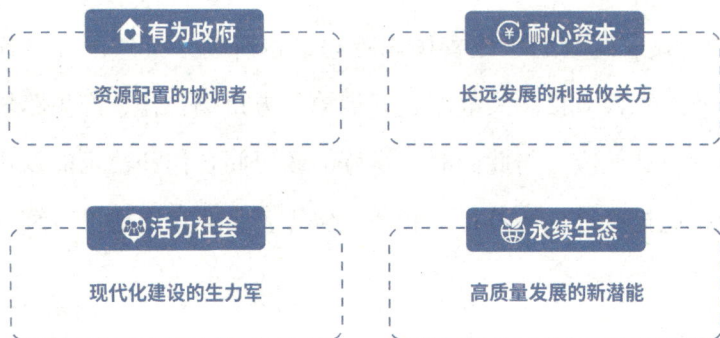

有为政府	耐心资本
资源配置的协调者	长远发展的利益攸关方
活力社会	永续生态
现代化建设的生力军	高质量发展的新潜能

©新华社国家高端智库

　　"一带一路"发展学认为，四大发展要素再优化，有助于实现发展资源更加高效合理的配置，有助于实现公平与效率、经济增长与生态治理的动态平衡，有助于实现全球共同发展。

有为政府（Enabling Government）：资源配置的协调者

　　政府究竟"在经济大戏里扮演无言的配角"，还是"发挥不可回避的巨大创造性作用"？[①] 东亚国家的经济故事让人们重新思考政府角色。正如英国剑桥大学教授、发展经济学家张夏准所说，如果我们相信只有私营部门的优胜劣汰才能带来成功，最终就会忽视由公共领导或公私合力促成的各种各样可行的经济发展。[②]

　　"一带一路"发展学认为，让市场在资源配置中起决定性作用的同时，应发挥政府积极协调者角色，这对市场配置资源机制尚不完备的国家尤为重要。在以下广泛领域，政府作用被认为是不可或缺的：建立基础设施、制定产业政策、提供出口激励、营造稳定的宏观环境、减少贫困和不平等现象。在瓜达尔港经济特区，巴基斯坦政府专门出台能源保障、税收减免、一站式服务等政策，鼓励投资。

　　有为政府既有助于改善国内治理，也有助于推进国际合作。相关国家政府积极对接发展战略、开展第三方市场合作，产生跨境、跨区域联动发展效应。与此同时，良好的政府间合作和稳定的双边关系能够为企业投资提供政策指引和环境保障，企业在当地可持续发展也

---

① 　（英）凯特·拉沃斯：《甜甜圈经济学》，闰佳译，文化发展出版社，第51页。
② 　转引自（英）凯特·拉沃斯：《甜甜圈经济学》，闰佳译，文化发展出版社，第52页。

会使项目投资国和所在国同时获益，形成政府与企业互惠型合作伙伴关系。

耐心资本（Patient Capital）：长远发展的利益攸关方

在国际投资界，私营资本通常基于项目生命周期的贴现方法进行项目评估，因此更青睐短期项目、注重短期收益。尽管国际开发性金融机构为各国提供了数量可观的发展融资，但由于资金缺口依然巨大，基础设施和工业化项目"融资难"在发展中国家仍相当突出。

资金是经济发展的血脉。共建"一带一路"通过创新收益共享、风险共担的投融资模式，充分撬动中国开发性和政策性银行、多边开发银行、机构投资者、私人投资者等各方资金，形成巨大的"资金聚合池"，为各国特别是发展中国家的基础设施建设和产业结构升级提供更具长远眼光、着眼后代福利的中长期资本。

有学者指出，与西方所理解的效率目标是为投资者带来最大回报不同，中国关于效率的目标是实现可持续发展。[①] 可持续发展也是共建"一带一路"投资的"效率目标"。这使其能够克服债务可持续框架（DSF）的局限，以辩证的眼光看待投资与债务。其中的理念是，发展可持续性有助于债务可持续性，用于消除发展瓶颈的投资虽在建设期间导致债务增加，但建成后帮助借贷国实现经济增长，还债能力随之增强。

---

① （美）卡里·托克:《"一带一路"为什么能成功》，中国人民大学出版社，第17页。

活力社会（Dynamic Society）：现代化建设的生力军

突如其来的新冠疫情损害过去 10 年的全球减贫成果，联合国《2023 年可持续发展目标报告：特别版》显示，全球 30 年来减少极端贫困的稳步进展陷入停滞，极端贫困人口在一代人的时间里首次出现上升。据《世界人口展望 2022》报告预测，2050 年世界人口将达到 97 亿，超过一半的全球人口增长将集中在刚果（金）、埃及、埃塞俄比亚等 8 个发展中国家。

庞大的贫困人群究竟是"人口的包袱"，还是现代化建设参与者？"一带一路"发展学提供了一个看待这一问题的新视角。它将个人置于家庭、村庄、社区网络之中，通过水、电、路、网等领域的建设改善其生活环境。因为有了水塔，塞内加尔妇女可以用原来步行汲水的数小时时间编织手工制品。因为有了地铁，巴基斯坦年轻人扩展了选择工作的地理半径。人们从繁杂劳动中解放出来，有更多时间、以更经济的方式投入到创造社会财富的劳动之中。

更重要的是，共建"一带一路"采用"授人以鱼不如授人以渔"的方法，通过发展鲁班工坊等职业教育，帮助贫困人口进行能力建设，提高人力资本水平。本地化是共建"一带一路"的鲜明特征。共建"一带一路"为不少来自乡村的农民和走出校门的学生提供了走进车间和办公室的机会，进而成为全球化大市场和国家现代化建设中的一分子。贫困人口和新增人口发展能力建设，不但为全球经济壮大了生产者队伍，更壮大了消费者队伍。麦肯锡咨询公司报告预测，到 2050 年，共建"一带一路"有望新增中产阶层 30 亿人，这无疑是世界经济的发展新增量。[①]

永续生态（Sustainable Environment）：高质量发展的新潜能

自进入工业文明以来，如何处理经济增长和生态治理之间的关系始终是一道难题。广大发展中国家对资源依赖程度较高，经济发展方式较为粗放，在全球碳减排背景下，发展与环境之间的张力更加突出。

大多数共建"一带一路"国家是发展中国家和新兴经济体，涵盖了大部分全球生物多样性热点地区，生态环境较为脆弱。共建"一带一路"以绿色为底色，在理念上推动从"先污染后治理"到"边保护边发展"的转换，在现实中提供科学技术、基础设施、资源配置等支持，助力发展中国家把生态环境这一"增长天花板"转化为可持续发展新潜能。

10年来，得益于绿色先进技术的推广和应用，一些共建"一带一路"国家开始探索"生态产业化、产业生态化"的绿色发展之路。在传统能源短缺但水、风、光资源富集的地区，大批可再生能源项目建成并投入使用，实现了经济效益与生态效益兼得。共建"一带一路"把节水梯田模式带到埃及，助力西奈半岛山区涵养水源；在非洲，中国技术支持绿色屏障建设，阻止撒哈拉沙漠南侵；在尼泊尔发展绿色化肥试验区，促成小麦等农作物增产。

---

① Mckinsey&Co Estimates from Bloomberg News.China's Silk Road Cuts Through Some of the World's Riskiest Countries.October 25,2017.

3.3 一项行动原则与两大价值坐标

"一带一路"发展学所追求的发展是全球共同发展。在行动原则上，它强调因地制宜，兼容不同的制度文化和发展路径；在价值遵循上，它奉行互利共赢、以人为本的宗旨，致力实现各国共同发展、增进各国人民福祉，创造更加普惠、更具活力的全球发展图景。

行动原则：因地制宜

在汲取既有经验基础上，共建"一带一路"探索发展合作新方式，它强调"学习而不是重复，创新而不是标准化"，每个国家都可以"贡献自己走向全球的方式"[①]。

"一带一路"发展学认为，没有一模一样且一成不变的发展方案，每个国家都应从自身实际和需求出发制定发展政策，包括因时因地因势确定基础设施和产业政策的优先方向。在刚果（布），共建"一带一路"以完善交通基建为突破口，横贯东西的"国家1号公路"串联起全国65%的人口，促进了沿途农业、林业、旅游业发展。在哈萨克斯坦，共建"一带一路"重点开展农业合作，建在粮食产区北哈州的爱菊农产品物流加工园区采取"订单农业"方式，有效解决当地农民"卖粮难"问题，在提升农业加工能力之后，园区与中欧班列形成联动，进一步扩大哈萨克斯坦农产品出口规模。

---

① Martin Albrow, "China's Role in a Shared Human Future Towards Theory for Global Leadership", New World Press and Global China Press, p.34.

价值坐标：互利共赢与以人为本

发展不平衡是当今世界最大的不平衡。世界银行数据显示，1982 年高收入国家与低收入国家人均 GDP 之比为 26∶1，2020 年上升到 63∶1。

"各国一起发展才是真发展，大家共同富裕才是真富裕"。[①] 共建"一带一路"遵循互利共赢的价值坐标，将相关国家发展进程协同、联动起来，在助力发展中国家加快现代化进程中，推动南北各方实现普遍利益增值，形成水涨船高、各得其所的发展局面，实现各国共同发展。

以人为本是共建"一带一路"另一价值坐标，强调为各国民众创造人人参与、人人发展、人人享有的新机遇。共建"一带一路"摆脱单纯追求经济增长的狭隘发展观，致力于改善提升各国人民自我发展条件，将经济增长、社会进步、生态永续视为相互依存的体系，推动人类社会健康、可持续发展。它不仅为各国民众提供维持生存所需要的基本物质资料，更关注创造人之为人的体面生活。

---

① 习近平在第二届联合国全球可持续交通大会开幕式上的主旨讲话，2021 年 10 月 14 日。

第四章
"一带一路"发展学的世界意义

共建"一带一路"顺应了全球治理体系变革的内在要求,彰显了同舟共济、权责共担的命运共同体意识,为完善全球治理体系变革提供了新思路新方案。[①]

——习近平

世纪大疫仍存困扰,地区冲突又投下新的阴霾,人类面临多重挑战。面对和平之殇、发展之困、治理之窘,各国越来越意识到,大家"不是乘坐在190多条小船上,而是乘坐在一条命运与共的大船上"[②]。

如何在动荡变革中增进稳定,在分化分裂中熔铸团结,如何实现全球共同发展以及地球家园的长久安宁?共建"一带一路"以跨越

---

① 《习近平在推进"一带一路"建设工作5周年座谈会上强调 坚持对话协商共建共享合作共赢交流互鉴 推动共建"一带一路"走深走实造福人民》,新华社,2018年8月27日。

② 习近平在2022年世界经济论坛视频会议的演讲,2022年1月17日。

千年的大视野关照现实，以天下一家的大理想构想未来，为深化国际合作、完善全球治理、推动人类和平与发展事业提供了新的理念和行动方案，成为构建人类命运共同体的坚实实践平台。

4.1 全球发展与治理新愿景

进入 21 世纪以来，伴随经济全球化的推进以及新兴力量的成长，全球发展与治理的话语范本、实践模式出现越来越多"几何变数"。世界"经济基础"和"上层建筑"之间的不匹配、不适应日益突出，不断加剧"全球大分化"。①

经过 10 年实践积累，一幅关于全球发展与治理的新愿景沿共建"一带一路"渐次铺展。它以"发展导向""开放合作""多边协商""和谐共生"为底色，描绘了一个迈向广泛繁荣、互利共赢、公正合理、包容互鉴的新世界。

发展导向，追寻广泛繁荣的梦想

面对越来越长的"世界问题单"，共建"一带一路"提供了一种由"发展"破题的新思路。它不搞地缘政治博弈，不搞意识形态争辩，不搞身份政治对立，聚焦发展这一各国治理的核心命题，遵循"干实事"的行动哲学，一心一意搞建设、谋发展。

共建"一带一路"致力的发展是更加均衡的发展。它拓展了广

---

① 中国外交部原副部长、前驻美大使崔天凯在博鳌亚洲论坛年会"弥合全球大分化"分论坛上的发言，2022 年 4 月 21 日。

大发展中国家发展方案的选择范围，助力更多发展中国家实现现代化梦想。更多的资源和力量被注入基础设施和产业发展领域。在保持决策自主的同时，广大发展中国家实现了更多人口的减贫脱贫，汲取了更加强劲的发展动力。世界银行的一项研究显示，在全球层面，"一带一路"倡议相关的投资能够使 760 万人口摆脱极端贫困，还能使高达 3200 万的人口脱离中度贫困。[1]

共建"一带一路"致力的发展是与安全相互促进的发展。安全是发展的保障，发展是安全的基础。美国学者卡里·托克认为，中国在非洲的投资将创造更多就业，"大大减少欧洲的非法移民"。[2]

开放合作，成为互利共赢的伙伴

现有国际关系理论视域下，占主流的是强制度下的同质性合作，强调合作参与方必须达到同样的标准，遵循同样的制度[3]。与此不同，共建"一带一路"创造了一种更具弹性和开放性的合作模式。它包容不同地域文化、政治体制、发展阶段的国家，向一切有志于发展的国家敞开大门。

共建"一带一路"既是中国扩大开放的重大举措，也是推动构建开放型世界经济的行动方案。"一带一路"建设跨越不同地域、不

---

① 世界银行：《"一带一路"经济学：交通走廊的机遇与风险》，中文版，第 59 页，2019 年 6 月 18 日。

② （美）卡里·托克：《"一带一路"为什么能成功》，中国人民大学出版社，序言第 4 页。

③ 孙吉胜：《"一带一路"与国际合作理论创新：文化、理念与实践》，《国际问题研究》，2020 年第 3 期，第 12—13 页。

同发展阶段、不同文明，成为一个开放包容的经济合作平台、载体和渠道。① 通过共建"一带一路"，中国进一步形成了全面开放新格局；世界经济也获得了更多的"开放动能"，资金流、技术流、产品流、人员流多重循环更加健康，也更具活力。

开放合作的另一层含义是，即使面对竞争，也展现出建设性合作姿态。中国明确表示，欢迎一切帮助发展中国家建设基础设施、促进共同发展的倡议，愿同各国、各区域和全球性的发展倡议、规划对接，发挥各自优势，为促进各国互联互通及全球可持续发展作出积极贡献。

多边协商，塑造公正合理的秩序

"昔先圣王之治天下也，必先公，公则天下平矣。平得于公。"② 公正是古今中国的价值理念，也是当今国际社会的关键议题。

作为一个有过百年屈辱史的国家，中国对建立更加公正的国际秩序、实现更加民主的全球治理有着更深沉的热望。共建"一带一路"秉持共商共建共享的原则，并在实践中积极践行。亚投行的决策机制是例证之一。亚投行行长金立群说，在亚投行，"不管股份、投票权多少，有事大家商量"。

全球治理的本质，是在没有世界政府的情况之下，全世界形成一

---

① 陈文玲：《"一带一路"将为人类带来更加美好的明天》，《全球化》，2019年第12期，第16页。
② 出自《吕氏春秋·贵公》。

种管理全球公共事务的机制。①不同于冷战后"霸权主导下的治理"②，共建"一带一路"高举多边主义旗帜，倡导多元主体协商合作，强调"大家的事由大家商量着办"，既顺应世界秩序迈向"深度多元主义"的发展大势，也有助于团结各方力量、更好推进国际合作。

和谐共生，建设包容互鉴的世界

在毛里塔尼亚宏东综合渔业基地，穆斯林祈祷室和中国妈祖像相望相守。"你做你的礼拜，我敬我的妈祖，我们不冲突。"西非海岸的这一景象揭示了共建"一带一路"在经济合作之外的深远意义：它树立了不同文化文明和谐相处的新范本。

每种文明都有其独特的光芒。承认制度、文化、发展道路的多样性，是共建"一带一路"合作的起点和基石。共建"一带一路"不追求以所谓"普世主义"改造他者，不宣扬某一制度是"历史终结"，它的行动坐标是"和而不同"，即在尊重差异性和多样性的基础上创造合作空间、建设和谐关系。

共建"一带一路"平等、互鉴、对话、包容的文明观，将共建国家人民"心联通"作为重要基础，追求文明交流超越文明隔阂、文明互鉴超越文明冲突、文明共存超越文明优越。英国剑桥大学教授彼得·诺兰说，"一带一路"推动世界各国文化深入共存、双向交流，

---

① 《王灵桂："一带一路"与全球治理》，华中科技大学国家治理研究院官网，2019年11月16日。
② 秦亚青、魏玲：《新型全球治理观与"一带一路"合作实践》，《外交评论》，2018年第2期，第3页。

在千丝万缕的历史织锦中融汇交织。①

4.2 以合致和，迈向人类命运共同体

共建"一带一路"形成了一份解决全球发展难题的行动答卷，在更大意义上，也为回答"如何实现和平""应该建立怎样的国际秩序"这些根本性问题提供了理念启示。在和平与发展的时代主题面临严峻挑战的当下，这些理念启示愈显强烈的现实意义。

共建"一带一路"的"和平发展观"

自古以来，实现和平是全人类共同的夙愿。为东西方架起沟通桥梁的丝绸之路，承载着人类实现持久和平的梦想。100多年来，人类经历了惨烈血腥的热战、两强争霸的冷战，世界并不太平，实现铸剑为犁、永不再战的联合国理想任重道远。

和平和睦和谐是中华民族的文化基因。中国在结束被侵略的苦难、完成现代国家建构之后坚定走和平发展的道路。共建"一带一路"承继了中华民族的"和"基因，开创了和平型、共赢型大国崛起新方式，为世界和平发展事业贡献了"以合致和"新方案。

共建"一带一路"的"以合致和"方案，从"发展是解决一切问题的总钥匙"这一基本理念出发，遵循以互利合作实现共同发展的行动逻辑，最终实现不同族群、不同国家的和谐共存、繁荣共享，承

---

① 蔡昉、（英）马丁·雅克主编：《"一带一路"手册2020》，中国社会科学出版社，2021年7月，第一版序二第3页。

载着从"丛林竞争"走向"和合共生"的人类理想企盼，是一种新型"和平发展观"。

命运与共：鼓舞人心的愿景

"万千雪花竞相开放，万千你我汇聚成一个家。"2022年北京冬奥会开幕式上，将所有参赛实体融合为一朵大雪花的意象，让观众畅想一幅世界大同、天下一家的美好愿景。

天下一家、命运与共，是中国人世界观的生动表达，也是共建"一带一路"的政治伦理底色。共建"一带一路"遵循共商共建共享的原则，每一个共建国家都是平等一员，都是全球共同发展事业的建设者、受益者。借助共建"一带一路"东风，中国对外开放的脉络进一步向中西部内陆延伸，带动自身区域经济协调发展；中国企业拓展了海外发展空间，在全球竞争与合作中更加国际化、本土化；与此同时，高质量共建"一带一路"与中国自贸区建设深入互动，也有助于中国国内营商环境的改善和改革开放进程的推进。得益于共建"一带一路"，众多共建国家缓解了融资难题，填补了"基建赤字"，积极建设基于本国资源禀赋的产业，在与世界的互联互通中培养或增强自身比较优势。对整个世界而言，伴随资金流、技术流、产品流、人员流而来的，是发展机遇、发展经验的共享，如古丝绸之路，让不同文化文明交汇融合，孕育新机。

与"中心—外围"的世界经济旧格局不同，共建"一带一路"致力于编织互利共赢的全球伙伴关系网络，构建多元平等的利益共同体、责任共同体、命运共同体。"幸福不应该是一个独立单元的享受，而应该是全人类共同的感受"。① 毫无疑问，这是一种关于全球未来秩序的鼓舞人心的构想。

坐上人类命运共同体的大船

步入 21 世纪 20 年代，世界被各种难题和困境持续搅动。国际秩序会坍塌吗？世界会陷入分裂吗？全球化会被逆转吗？未来是变得更美好还是更糟糕？这样的问题，叩问着每个人，牵动着每个人。

和平不会自动降临，发展也不会一片坦途。与其坐等和旁观，不如行动与合作。正如习近平主席在博鳌亚洲论坛 2022 年年会开幕式上所指出："世界各国乘坐在一条命运与共的大船上，要穿越惊涛骇浪、驶向光明未来，必须同舟共济，企图把谁扔下大海都是不可接受的。"②

共建"一带一路"是什么？面对时代挑战，共同坐上命运与共的大船，驶向更加美好的未来——这便是共建"一带一路"的真义与使命。

---

① 《习近平：世界大同，和合共生》，新华网，2018 年 4 月 11 日。
② 习近平在博鳌亚洲论坛 2022 年年会开幕式上的主旨演讲，2022 年 4 月 21 日。

结　语

　　曾饱受穷困之苦的中国，深知发展对于民族成长和民生福祉的重大意义。中国国家主席习近平 2017 年在联合国日内瓦总部发表题为《共同构建人类命运共同体》的主旨演讲时强调："我提出'一带一路'倡议，就是要实现共赢共享发展。"①

　　摆脱贫困、走向繁荣，是不懈奋斗的历程。面对疫情冲击、发展受困，2021 年 9 月，习近平主席在第七十六届联合国大会一般性辩论上郑重提出全球发展倡议，对全球发展合作进行"再动员"。中国愿同各国并肩前行，共同构建全球发展共同体。

　　古丝绸之路见证了人类历史的一段繁盛时光。不同生产方式、宗教信仰、文化传统的族群借由绸缎的织纹、香料的气味、圣贤的典籍，展开对彼此的想象，形成跨越地域的精神鸣响。商品的流通避免了兵戈之争，文化的流动带来了新知与启蒙。这是人类建构世界秩序

――――――――――

① 习近平在联合国日内瓦总部的演讲，2017 年 1 月 18 日。

的一次伟大尝试，[①] 它缔造了和平，创造了富足。

有学者说，历史学就是未来学。诞生于新时空的"一带一路"，赓续了古丝路的精神传统，也打开了新的和平与发展之门。它重塑现代的地理空间和物质世界，也在催动人类整体的精神成长，即在尊重"你""我"不同的基础上，通过信任、合作与分享，建设和平和谐的共同未来。在这个意义上，"一带一路"不是具体的"路"，而是无形的"道"。

在聚散离合、跌宕起伏中，人类必将走向更加紧密的联结。我们相信，全球化逆流以及所谓"历史终结"的预言只是文明画卷上的浮尘。"一带一路"正以各美其美、命运与共的方式，开启人类历史新的篇章。

越是艰难时刻，越需要理想的烛照。"一带一路"的愿景，是值得我们为之奔赴的共同事业。

（《"一带一路"发展学——全球共同发展的理论和实践探索》智库报告课题组组长何平、傅华；副组长张宿堂。课题组成员包括：刘刚、班玮、徐玉长、曹文忠、崔峰、李月、陈小彬、张文娟、陈瑜、陆晓明、张桂林、胡柳、刘红灿、郭洪海、余蕊、瞿淑睿、郝薇薇、柳丝、宿亮、刘兵、李慧颖、熊琳、魏一骏、张斌、杨皓等。刘丽娜、桂涛、申丽、刘明霞、王乃水、于宏通、黄莹、史春姣、曹家宁等也参与了报告修改、写作。）

---

① 有学者指出，古代丝绸之路是欧亚大陆最早形成的世界秩序的产物，这种秩序是中国、印度、伊朗、罗马等文明古国与周边各游牧民族共同缔造的。参见：王灵桂主编：《"一带一路"：理论构建与实现路径》，中国社会科学出版社，第61页。

中　篇

"一带一路"
智库研究精选

编者按

　　2023 年 1 月，"一带一路"国际智库合作委员会面向全球智库发起征文活动，得到热烈响应，征集到大量优秀研究报告。10 月，来自全球各地 40 多个国家的 300 多名嘉宾欢聚北京，参加"一带一路"国际智库合作委员会大会等系列智库交流活动，围绕高质量共建"一带一路"主题建言献策，形成"一带一路"研究新高潮。我们精选部分优秀作品，辑录于此，以飨读者。

深入实地调查研究　讲好"一带一路"故事

胡必亮

（北京师范大学"一带一路"学院执行院长）

摘要：本文为对我国3省10市"一带一路"建设情况的实地调查，调查表明，共建"一带一路"具有强烈的客观需求，发展前景乐观可期，地方开展"一带一路"建设取得一定成效，仍存在三个重要问题需认真思考和尽快解决。

关键词："一带一路"建设；实地调研

毛泽东同志1930年提出了"没有调查，没有发言权"的著名论断。2017年，习近平总书记指出："调查研究是我们党的传家宝，是做好各项工作的基本功"；今年6月8日，习近平总书记在内蒙古考察时又指出："要大兴务实之风，抓好调查研究"。因此，我想主要地基于前段时期参与对江苏、浙江、广东3省10市（南京、苏州、太仓，杭州、金华、义乌，深圳、广州、东莞、湛江）"一带一路"建设情况的实地调查，谈谈我对"一带一路"建设的基本感受。

一、共建"一带一路"具有强烈的客观需求，发展前景乐观可期

在调查浙江"义新欧"班列时，当地领导和经营者们都说"义新欧"是被逼出来的。为什么呢？因为浙江省是产能大省，服装、玩具、电子、手机、汽车配件、机械设备、光伏产品、新能源汽车等超过万种产品的产量年年大幅增长，因此就必须加大出口力度，但仅仅依靠传统的港口运输，一方面运力不够，宁波舟山港、上海港经常出现货物积压现象，另一方面是海运时间太长。他们也曾将大量货物用卡车拉到新疆口岸后再出口，但成本高，而且货拉到新疆的口岸后，也是大量积压。于是，他们就坚定地选择了通过跨境铁路运输的方式来解决产品出口的问题，"义新欧"班列终于于 2014 年 11 月 18 日正式开通运营。到 2022 年底，运营线路已达 22 条，其中到达欧洲的线路 18 条、中亚 2 条，其他方向 2 条。已累计运行班列 6724 列，累计发送货物 55.2 万标箱，其中 73% 的货源来自浙江本省。

"义新欧"的情况在很大程度上也代表了江苏和广东的情况，因此中欧班列在江苏和广东的客观需求也十分强劲，因为这两个省也是产能大省。

这是来自国内十分强劲的客观需求，国外的需求也很强劲。我 2019 年到老挝调研中老铁路，老挝人讲，我们是一个内陆国家，不临海，只有一条 3.5 公里的货运铁路线，远远满足不了我们的现实运输需求，因此必须修铁路。2021 年 12 月 3 日中老铁路正式开通后，老挝一下子就变成了一个拥有 422 公里铁路线的国家了。

正是基于现实的客观需要，不论是"义新欧"、还是中老铁路，不论是我在江苏、浙江、广东调研时调研过的一些城市、港口、企业，

还是我曾经实地调研过的泰中罗勇工业园、埃塞俄比亚东方工业园、中白工业园等，在共建"一带一路"过程中，都从中得到了实实在在的好处。因此，大家认识一致，态度积极，情绪高涨，形成了一股合力。这样，共建"一带一路"的最终结果应该是比较确定的，大概率是会成功的。

二、地方开展"一带一路"建设的主要工作

基于对 3 省 10 市的实地调查，我归类梳理出地方"一带一路"建设工作，发现主要都是在做以下 6 件事。

一是努力打造国际交通运输通道。由于江苏、浙江和广东 3 省都是沿海省份，因此 3 省都把港口建设放在了拓展全球"一带一路"交通网络的优先位置。江苏已开通国际集装箱航线 75 条，浙江省的集装箱航线累计已达 120 条，广东省已累计开通国际集装箱班轮航线共 496 条，绝大多数都是联通共建"一带一路"国家的航线。

二是大力发展中欧班列。中欧班列"江苏号"现已开通线路共23 条，覆盖欧洲 17 个国家的 20 多个城市；浙江省的"义新欧"运营线路已达 22 条；广东省的中欧班列目前联通了 30 多个"一带一路"共建国家。

三是积极推进"一带一路"产业园区建设。江苏在 6 个国家建设了 7 家境外园区，其中 3 家国家级园区；浙江省投资建设的境外经贸合作区共有 18 家，全国最多，其中国家级合作区 4 家；广东省建设的境外经贸合作区有 7 家，都是省级境外经贸合作区。

四是稳步推进"一带一路"贸易合作。江苏省 2022 年对"一带一路"

共建国家进出口 2233.6 亿美元，占其全部进出口总额的 27.3%；浙江省与"一带一路"共建国家之间的货物贸易进出口额十年间年均增长 11.9%；广东省十年间与"一带一路"共建国家之间的货物贸易进出口额从 1.1 万亿元增加到 2.3 万亿元，年均增长 8.2%。

五是积极开展"一带一路"双向投资。"一带一路"共建国家 2022 年在江苏新增企业 281 家，对江苏的实际投资额为 33.6 亿美元，同比大幅增长 128.4%；江苏省 2014 年对"一带一路"共建国家的投资只涉及 38 个国家，现在增加到了 56 个国家，投资的行业也从 37 个增加到了 73 个。广东省十年累计在"一带一路"共建国家设立企业（机构）1468 家，实际投资 48.4 亿美元；"一带一路"共建国家十年累计在广东投资了 9659 个项目，累计实际投资 540.3 亿元人民币。

六是加强"一带一路"人文交流。江苏省发挥其高校多的优势，扩大从共建"一带一路"国家招收留学生的数量，同时也主动地"走出去"举办境外教育项目；江苏省也重视科技合作，与新加坡、奥地利、捷克等国在科技产业研发方面的合作已经 10 多年，主要是在生物医药、电子信息、能源环境等领域；江苏省也继续在推进缔结友好城市工作，尽管已是我国缔结国际友好城市最多的省。浙江省累计在"一带一路"共建国家建设了 42 家省级国际科技合作载体，并获批 4 家国家级"一带一路"联合实验室；浙江省成功地举办了 G20 峰会和第 19 届亚运会和亚残运会等重大国际活动。在广州中新知识城，中国和新加坡建立了中新国家联合研究院，对生命健康、新材料、人工智能、新能源、污染控制与环境修复、绿色建筑、智慧城市等开展联合研发。

三、需重视的三个问题

通过这次实地调研，我觉得有三个重要问题需认真思考和尽快解决。

1. 在推动共建"一带一路"高质量发展过程中，如何处理好加强与完善中央宏观调控和地方深化改革开放搞活的关系问题。对于前者，我们必须进一步做好；对于后者，我们也应该予以充分重视。在这次实地调查过程中，我发现很多问题都涉及如何处理这两方面关系的问题，譬如说我们调查的三个省的中欧班列开行数量配额都存在一个太少的问题；又比如说，关于建设中欧班列集结中心的问题，三省都有强烈的要求；还有资本市场开放问题、数据跨境流动问题、高端人才引进及其所得税问题，等等。这些问题，很多都涉及中央事权，但又都对地方推进"一带一路"建设意义重大。我的看法是要坚持两个基本点：一个基本点就是按照习近平总书记提出的"大胆试、大胆闯、自主改"的要求，进一步推进我国全面深化改革和扩大开放的程度；另一个基本点就是同时加强宏观统筹、协调和管理，中央宏观决策部门应根据客观现实需要，在深入调查研究的基础上，通过试验取得经验后可以适当地向地方授权、放权，以搞活基于"一带一路"建设的深化改革开放工作。

2. 中欧班列对于共建"一带一路"具有十分重要的意义，必须采取有效措施进一步促进中欧班列高质量发展。目前需要重点研究和解决的具体问题主要有三个：一是要大力加强中欧班列集结中心建设；二是要根据地方需求，进一步增加中欧班列发运配额数量；三是要进一步完善中欧班列运行机制，包括规范补贴、有效监管低价揽活和盲目竞争等问题，以及民营企业参与中欧班列经营的问题，等等。

3. 对于境外经贸合作区建设问题，不论是国家层面，还是省级层面，可以考虑适当地增加一些数量，让我国企业走向共建国家的机会再多一些，至于境外园区是否发展得好，那就主要由市场和企业来决定了。

"一带一路"如何构建人类命运共同体?

王义桅

（中国人民大学教授）

摘要： 人类命运共同体引领"一带一路"建设的世界观和方法论，"一带一路"建设丰富了人类命运共同体精神谱系。在人类命运共同体的引领下，"一带一路"致力于实现共商共建共享的新型全球治理，开创人类文明新形态，推动人类共同现代化，助力世界共同现代化事业。

关键词： "一带一路"建设；人类命运共同体

共建"一带一路"倡议是习近平主席顺应世界发展大势和时代进步要求，着眼推动构建人类命运共同体提出的重大倡议。十年来，共建"一带一路"倡议从理念转化为行动，从愿景转变为现实，成为当今世界规模最大的国际合作平台和最受欢迎的国际公共产品，既彰显了中国式现代化的世界意义，也是实现"世界版共同富裕"的生动实践，推进人类共同现代化伟大事业，让世界更加美好。

回顾过去，第一届"一带一路"国际合作高峰论坛强调发展导向，发展是解决一切问题的总钥匙；第二届强调在发展中规范，在规范中发展，推动"一带一路"高标准、高质量发展。第一届讲问题导向：和平、发展、治理三大赤字，第二届讲目标驱动：构建人类命运共同体。2023 年 9 月，在第三届高峰论坛前夕，中国发布《携手构建人类命运共同体：中国的倡议与行动》白皮书指出，"一带一路"倡议助推发展中国家现代化的进程，促进跨大洲协力合作进入新时代。构建人类命运共同体既有生动实践，又有目标方向，也有实现路径。

一、共建"一带一路"倡议是构建人类命运共同体的生动实践

"一带一路"推动构建人类命运共同体遵循了"各美其美，美人之美，美美与共"的逻辑。

从历史维度看，"一带一路"开启了文明各美其美的前景。"一带一路"肩负推动人类文明大回归的历史使命。不仅修订内陆文明从属于海洋文明、东方从属于西方的西方中心论，重塑均衡、包容的全球化文明，更重要的是，告别了西方垄断现代文明的普世价值神话，还原了文明多样性的世界原貌，推动欧亚大陆回归人类文明中心。其次是改变边缘型国家崛起的近代化逻辑，重塑全球地缘政治及全球化版图。"一带一路"推动大河文明和内陆文明复兴，正在改变近代边缘型国家崛起的历史，纠偏海洋主宰大陆、边缘主宰核心的局面。以综合性立体互联互通将人类四大文明串联在一起，以文明共同复兴的逻辑超越了现代化的竞争逻辑。在文明共同复兴基础上，"一带一路"开创文明秩序，以文明交流超越文明隔阂，以文明互鉴超越文明冲突，以文明进步超越文明优越感，实现了国际政治从地缘政治、地缘经济到地缘文明的跨越。因此，"一带一路"的关键词不只是丝绸之路，

而是 21 世纪新时代；不是简单地复兴古丝绸之路，而是借助古丝路记忆，在 21 世纪复兴丝路精神，推动中华文明转型，解决人类面临的普遍性问题。

从现实维度看，"一带一路"倡导美人之美，打造包容性全球化。从美的自信到美的自觉，"一带一路"以"五通"和"三统"（陆海统筹、内外统筹、政经统筹），纠偏单向度全球化，实现多维度再平衡，通过抓住发展这个最大公约数，改变了广大发展中国家的二元经济结构，不仅造福中国人民，更造福各国人民。"一带一路"倡议是以人民为中心的全球化，是"南方国家"的全球化，让老百姓在其中有更多的参与感、获得感和幸福感。"一带一路"作为开放包容的国际合作平台，推动的不是只为少数国家服务的全球化，而是更加包容、普惠、平衡的全球共同发展，扬弃西式全球化，引领主场全球化。共建"一带一路"旨在促进经济要素有序自由流动、资源高效配置和市场深度融合，推动沿线各国实现经济政策协调，本质上是通过提高有效供给来催生新的需求，支持共建国家推进工业化、现代化和提高基础设施水平的迫切需要，实现世界经济再平衡。

从自身维度看，"一带一路"构建全球互联互通伙伴网络，实现美美与共。如果自己都觉得不美，美美与共就可能成为空话。成为自己，而非成为西方；命运自主，而非命运依附。蒙内铁路在肯尼亚的官方名称是"MadarakaExpress"。"Madaraka"在斯瓦西里语中的意思是"自治""自立"。由此可见，蒙内铁路更重要的意义在于增强了肯尼亚人自我发展的信心，让他们感到自豪。命运自主、命运与共、命运共同体，成为"一带一路"推动构建人类命运共同体的三部曲。人类命运共同体是引领时代潮流和人类前进方向的鲜明旗帜，是人间正道。将"一带一路"的目标定位为构建人类命运共同体，充分彰显了中国共产党人"为人类谋进步、为世界谋大同"的初心。《易经》里有一句话，"穷则变，变则通，通则久。"中国式现代化就是在"一穷二白"的情况下推进的，穷生变；"变"的目的是"通达天下"。所以，"一带一路"的逻辑是"通世界"，通的目的是"成久远"，最终构建人类命运共同体。

二、构建人类命运共同体是世界各国人民前途所在

党的二十大报告指出，构建人类命运共同体是世界各国人民前途所在。只有各国行天下之大道，和睦相处、合作共赢，繁荣才能持久，安全才有保障。"一带一路"十年建设，致力于实现政策沟通、设施联通、贸易畅通、资金融通、民心相通，正在克服平等赤字、发展赤字、安全赤字、治理赤字、信任赤字五大问题，把基础设施"硬联通"作为重要方向，把规则标准"软联通"作为重要支撑，把同共建国家人民"心联通"作为重要基础，解决不联不通、联而不通、通而不联、被联通的问题。

"一带一路"建设的核心是构建全球互联互通伙伴网络。怎样实现互联互通呢？构建全球互联互通伙伴关系，关键在联通，核心在伙伴。今天，以互联互通为核心的"一带一路"通过包容性技术和制度，正在帮助发展中国家实现弯道超车、变道超车和共同复兴，摒弃旧式全球化，开创包容性全球化3.0版。"一带一路"让天堑变通途，才能天涯若比邻，体会天涯共此时——人类命运共同体。

人类命运共同体的核心要旨就是，世界命运应该由各国人民共

同掌握，国际规则应该由各国共同书写，全球事务应该由各国共同治理，发展成果应该由各国共同分享。十年来，"一带一路"取得丰硕成果，将中国传统"天地人"思维拓展到"天地人海空网"，实现人机交互、天地一体，万物互联，打造 21 世纪人类新文明，推动中国成为新的领导型国家，通过再造世界从而再造中国，充分说明共建"一带一路"应潮流、得民心、惠民生、利天下"。一句话，"一带一路"源于历史，属于未来；源于中国，属于世界，是推进开放、包容、普惠、平衡、共赢新型全球化的倡议，是践行人类命运共同体的合作平台和深受欢迎的国际公共产品。

三、人类命运共同体引领"一带一路"建设的实现路径

具体而言，构建人类命运共同体的行动路径可以从五个方面展开：坚持对话协商，推动建设一个持久和平的世界；坚持共建共享，推动建设一个普遍安全的世界；坚持合作共赢，推动建设一个共同繁荣的世界；坚持交流互鉴，推动建设一个开放包容的世界；坚持绿色低碳，推动建设一个清洁美丽的世界。如果说"一带一路"主要是解放生产力，人类命运共同体则是重塑生产关系的底层逻辑，而生产关系也会反作用于生产力。

首先，人类命运共同体指明"一带一路"互联互通的时代意义。

人类是你中有我、我中有你的命运共同体。党的二十大报告提出以中国式现代化全面推进中华民族伟大复兴，推动构建人类命运共同体，创造人类文明新形态，其中的逻辑是立己达人，在中国式现代化基础上通过发起共建"一带一路"倡议，推动人类共同现代化事业，

打破西方中心主义的线性进化论。发展中国家无法仿效西方的现代化，而西方又将自己的路推广为普世道路，造成今天世界乱象丛生。"一带一路"鼓励各国走符合自身国情发展道路，告别近代，走出西方，真正生活在同一个地球村里，生活在历史和现实交汇的同一个时空里，你中有我、我中有你，通过互联互通，致力于命运与共。

其次，人类命运共同体赋予中国与"一带一路"国家梦梦与共的伟大使命。

人类命运共同体就是每个民族、每个国家的前途命运都紧紧联系在一起。"一带一路"建设强调共商共建共享原则，倡导发展战略对接，改变了"一带一路"国家被全球化的局面，正在打造主场现代化、主场全球化，把世界各国人民对美好生活的向往变成现实，实现美美与共。"一带一路"建设聚焦发展这一根本性问题，释放各国发展潜力，实现经济大融合、发展大联动、成果大共享。正所谓"利当计天下利"，"一带一路"建设推动相互尊重、合作共赢的新型国际关系，对冲当下脱钩、断供、新冷战，具有鲜明的时代意义。

再次，人类命运共同体激发"一带一路"完善全球治理的迫切追求。

2017年1月18日，习近平主席在联合国日内瓦总部演讲指出，"让和平的薪火代代相传，让发展的动力源源不断，让文明的光芒熠熠生辉，是各国人民的期待，也是我们这一代政治家应有的担当。中国方案是：构建人类命运共同体，实现共赢共享"；"世界命运应该由各国共同掌握，国际规则应该由各国共同书写，全球事务应该由各国共同治理，发展成果应该由各国共同分享"。近年来，美西方鼓噪"基于规则的国际秩序"，仍然指望将中国等新兴国家排除在全球治理规则之外。相反，"一带一路"改变了这种强者逻辑，搭建了广泛参与的国际合作平台，为全球治理体系改革提供了中国方案，在世界发展史上具有重要里程碑意义。从双边到多边，从区域到全球，越来越多的国家和地区与中国签署了命运共同体合作文件，网络空间、核安全、海洋等命运共同体应运而生，可谓志同道合。

　　未来的世界怎么样，很大程度上取决于"一带一路"建设得怎么样。"一带一路"倡议，不仅是为了再现昔日"使者相望于道，商旅不绝于途"的繁华景象，更是对全球化未来的想象，是为了人类的未来更美好。构建人类命运共同体是引领时代潮流和人类前进方向的鲜明旗帜，人类命运共同体致力于构建的持久和平、普遍安全、共同繁荣、开放包容、美丽清洁的世界，引领"一带一路"建设的世界观和方法论。同时，"一带一路"建设所激活的"和平合作、开放包容、互学互鉴、互利共赢"的丝路精神，丰富了人类命运共同体精神谱系。在人类命运共同体的引领下，"一带一路"致力于实现共商共建共享的新型全球治理，开创人类文明新形态，推动人类共同现代化。

依托共建"一带一路"
扩大高水平对外开放

毕吉耀

（中国宏观经济研究院副院长）

摘要： 十年来，共建"一带一路"深入推进全方位互联互通，取得实打实、沉甸甸的成就，已成为中国对外开放的重要支撑和有力牵引，同时也为经济全球化注入了新动能，为各国互利共赢开辟了新路径。未来需以高质量共建"一带一路"促进更富韧性、更大范围、更深层次、更加包容的对外开放。

关键词： 共建"一带一路"；对外开放

2013年，中国国家主席习近平深刻洞察世界发展大势，顺应时代进步要求，着眼推动构建人类命运共同体，创造性地传承弘扬丝路精神，开启了举世瞩目、波澜壮阔的共建"一带一路"进程。十年来，共建"一带一路"根植历史、因应现实、面向未来，坚持共商、共建、共享原则，秉持开放、绿色、廉洁理念，以高标准、可持续、惠民生为目标，深入推进全方位互联互通，取得实打实、沉甸甸的成就，已成为中国对外开放的重要支撑和有力牵引，同时也为经济全球化注入了新动能，为各国互利共赢开辟了新路径。

当前，世界之变、时代之变、历史之变正以前所未有的方式展开。一方面，和平、发展、合作、共赢的历史潮流不可阻挡；另一方面，各种新旧问题与复杂矛盾叠加碰撞、交织发酵。合作还是对抗，开放还是封闭，互利共赢还是零和博弈，人类又一次站在了十字路口。中国历来坚持对外开放的基本国策，不断扩大与世界各国的利益汇合，建设开放型世界经济，以自身新发展为世界贡献新机遇。正如习近平主席反复强调的，中国开放的大门只会越来越大。

下面，我就发挥共建"一带一路"引领带动作用，进一步提升中国对外开放水平，实现中国与共建国家共同发展共同进步，谈几点看法。

第一，以高质量共建"一带一路"促进更富韧性的对外开放。2013 年至 2022 年，中国与共建国家进出口总额累计 19.1 万亿美元，年均增长 6.4%；与共建国家双向投资累计超过 3800 亿美元，其中中国对外直接投资超过 2400 亿美元；中国在共建国家承包工程新签合同额、完成营业额累计分别达到 2 万亿美元、1.3 万亿美元。截至 2023 年 6 月底，中国已同 40 多个国家签署了产能合作文件，共同深化传统行业合作，探索数字经济、新能源汽车、5G 等新兴产业合作；与 80 多个共建国家签署《政府间科技合作协定》，累计支持逾万名共建国家青年科学家来华开展短期科研工作和交流。在全球产业链、供应链深刻重构，单边主义、保护主义明显上升，脱钩、报复、封锁、对抗等各种"不和谐声音"日益严重的背景下，共建"一带一路"有力促进了中国开放型经济量的稳定和质的提升。未来，要持续深化贸易畅通，提高贸易和投资自由化便利化水平，推动货物贸易优化升级，促进贸易由货物为主向货物、服务、技术、资本相结合转变；扩大三方或多方市场合作，协同推动传统行业和新兴产业国际产能合作，优化境外投资结构和布局，鼓励优质产品、技术、服务、品牌、标准走向世界；依托超大规模市场优势，积极扩大进口和吸引世界各国对华投资。

第二，以高质量共建"一带一路"促进更大范围的对外开放。共建"一带一路"以经济走廊和开放通道建设为牵引，以自贸港、自贸试验区、沿边开发开放试验区、跨境经济合作区等平台建设为支撑，强化中国各区域板区间合作交流，在深化沿海开放的同时着力扩大沿边、沿江和内陆开放，有力促进了陆海内外联动、东西双向互济的开放格局加快形成。2022 年中国中西部地区出口占全国比重达到20.9%，比五年前提高 4.7 个百分点。西部陆海新通道铁海联运班列已覆盖中西部 18 个省（区、市），货物流向通达全球 100 多个国家的 300 多个港口。当前，中国区域开放正由渐进式梯度推进、全面布局迈入优化布局、均衡发展的新阶段。未来，要进一步提升基础设施互联互通水平，结合经济走廊建设，巩固东部沿海地区的开放先导地位，形成引领国际合作和竞争的动力源；完善内陆开放布局，更好发挥东部地区对中西部地区的产业辐射带动作用，促进产业梯度转移，形成开放型经济的有力支撑区；深化东北地区对内对外开放，完善营商环境，形成面向东北亚开发的中心节点。

第三，以高质量共建"一带一路"促进更深层次的对外开放。制度型开放是更高层次的开放，是中国对外开放向高水平迈进的必然要求和必由之路。近年来，中国全面实施外资准入前国民待遇加负面清单管理模式，限制措施由最初的 93 项减到 31 项；创新性设立海南自由贸易港和 21 个自贸试验区等重大开放平台，海南自由贸易港已推出 120 多项制度创新成果。截至 2023 年 6 月底，中国已与巴基斯坦、俄罗斯、希腊、埃塞俄比亚、哥斯达黎加等 65 个国家标准化机构以及国际和区域组织签署了 107 份标准化合作文件，共建"一带一路"国家标准信息平台标准化概况信息已覆盖 149 个共建国家。当前，在世界经济的新一轮规则重塑中，国际经贸规则正向着"高标准""边境内"方向演变，服务贸易和数字贸易成为新焦点。未来，要继续深入"软联通"，推进投融资、贸易、能源、数字信息、环保、基础设施等领域规则对接合作，加快中国国内规则、规制、管理、标准同国际通行规则或先进标准的接轨，推动加入《全面与进步跨太平洋伙伴关系协定》和《数字经济伙伴关系协定》，放宽市场准入，积极营造市场化、法治化、国际化的一流营商环境。

第四，以高质量共建"一带一路"促进更加包容的对外开放。十年来，共建"一带一路"坚持以人民为中心，传承和弘扬友好合作精神，积极打造多元互动、百花齐放的人文交流格局，为变乱交织的世界带来更多确定性和稳定性。中国与世界卫生组织签署《关于"一带一路"卫生领域合作的谅解备忘录》，与 160 多个国家和国际组织签署卫生合作协议；与 31 个国家共同发起"一带一路"绿色伙伴关系倡议，与 30 多个发展中国家开展 70 余个减缓和适应气候变化项目；向 70 多个国家和地区派出 2000 多名农业专家和技术人员，向多个国家推广示范菌草、杂交水稻等 1500 多项农业技术。新冠疫情暴发以后，中国向 120 多个共建国家提供抗疫援助。未来，要继续加强共建"一带一路"民心相通工作，形成多方参与、协同推进的民心相通新局面，加大对全球发展合作的资源投入，支持和帮助发展中国家加快发展，维护多元稳定的国际经济格局和经贸关系，为促进世界各国共同发展作出积极贡献。

资金融通赋能"一带一路"高质量发展

刘飞涛

（中国国际问题研究院世界经济与发展研究所所长）

摘要："资金融通"作为"五通"的重要组成部分，充分发挥金融血脉作用，引导"一带一路"共建国家绿色转型，推动"一带一路"金融合作标准化体系的构建，为"一带一路"高质量发展提供重要支撑。建议进一步加强与"一带一路"共建国家开展投融资务实合作，坚持以企业为主体、市场为导向，健全多元投融资体系。

关键词：资金融通；"一带一路"；金融

习近平主席提出共建"一带一路"倡议十周年以来，"一带一路"倡议日益成为 150 多个共建国家共谋发展的高质量平台。10 月 10 日国务院发布《共建"一带一路"：构建人类命运共同体的重大实践》白皮书，明确提出共建"一带一路"以高标准、可持续、惠民生为目标，努力实现更高合作水平、更高投入效益、更高供给质量、更高发展韧性，推动高质量共建"一带一路"不断走深走实。"资金融通"作为"五通"的重要组成部分，充分发挥金融血脉作用，为"一带一路"高质量发展提供重要支撑。

一、资金融通发挥金融血脉作用,推动重大项目落地,帮助"一带一路"共建国家实现基础设施互联互通、贸易畅通、共赢发展

（一）资金融通助力重大项目落地。2013-2022 年,中国与共建国家双向投资累计超过 3800 亿美元,其中中国对外直接投资超过 2400 亿美元;中国在共建国家承包工程新签合同额、完成营业额累计分别达到 2 万亿美元、1.3 万亿美元。资金融通有效弥补"一带一路"共建国家发展差距,通过助力重大项目落地,为资金短缺国家实现基础设施互联互通、产业园区和贸易畅通提供资金支持。10 月 2 日,印尼总统佐科宣布雅万高铁正式启用。雅万高铁的建成通车,将会极大改善当地交通状况、便利民众出行、带动共建产业开发、提升区域经济社会发展水平。

（二）资金融通渠道不断拓宽。亚投行、丝路基金等金融机构快速发展,为共建"一带一路"提供了资金支持。截至 2023 年 6 月底,亚投行已批准 227 个项目,共投资 436 亿美元,惠及基础设施建设、卫生、教育等领域;丝路基金累计签约项目 75 个,承诺投资金额超 220.4 亿美元,其中有 18 个项目纳入两届"一带一路"国际合作高峰论坛成果清单,现已全部落地。中国发起设立中国—欧亚经济合作基金、中拉合作基金、中国—中东欧投资合作基金、中国—东盟投资合作基金、中拉产能合作投资基金、中非产能合作基金等国际经济合作基金,有效拓展了共建国家投融资渠道。

（三）金融服务保障持续完善。国家开发银行、进出口银行分别设立"一带一路"专项贷款，集中资源加大对共建"一带一路"的融资支持。截至2022年底，国开行已直接为1300多个"一带一路"项目提供了优质金融服务，有效发挥了开发性金融引领、汇聚境内外各类资金共同参与共建"一带一路"的融资先导作用；进出口银行"一带一路"贷款余额达2.2万亿元，覆盖超130个共建国家，贷款项目累计拉动投资4000多亿美元，带动贸易超过2万亿美元。中国信保充分发挥出口信用保险政策性职能，积极为共建"一带一路"提供综合保障。

二、资金融通引导"一带一路"共建国家绿色转型，是推动"一带一路"高质量发展、构建人与自然和谐共生的重要动力源泉

（一）绿色金融稳定迈出关键步伐。2019年5月，中国工商银行发行同时符合国际绿色债券准则和中国绿色债券准则的首只"一带一路"银行间常态化合作机制（BRBR）绿色债券；2022年3月，国家发改委等部门发布《关于推进共建"一带一路"绿色发展的意见》，旨在加强绿色能源合作，鼓励金融机构落实《"一带一路"绿色投资原则》。截至2022年底，已有40多家全球大型机构签署了《"一带一路"绿色投资原则》。

（二）为共建国家绿色转型提供重要资金支持。十年来，中国与共建国家金融机构为绿色项目积极提供资金支持，通过政策引导和金融产品创新，撬动更多金融资源配置到绿色低碳领域。2023年5月，进出口银行联合国开行、中国信保等10余家金融机构发布《绿色金

融支持"一带一路"能源转型倡议》，呼吁有关各方持续加大对共建国家能源绿色低碳转型领域支持力度。乌兹别克斯坦锡尔河燃气电站项目总投资超 10 亿美元，巨额投资成本一度成为该项目顺利进展的"拦路虎"。对此，中国银行作为全球牵头协调银行，成功筹组了由多家跨国银行和多边机构组成的国际银团，设计了符合国际惯例的融资结构，为项目落地提供重要资金保障。

（三）为"绿色丝绸之路"搭建有效的金融合作平台。中国积极构建绿色金融发展平台和国际合作机制，与共建国家开展生物多样性保护合作研究，共同维护海上丝绸之路生态安全，建设"一带一路"生态环保大数据服务平台和"一带一路"环境技术交流与转移中心，实施绿色丝路使者计划。同时，中国将绿色金融引入 G20 议题，发起央行与监管机构绿色金融网络（NGFS）、可持续金融国际平台（IPSF），建立"一带一路"银行间常态化合作机制，发布"一带一路"绿色金融指数，积极构筑绿色金融国际合作机制。

三、资金融通推动"一带一路"金融合作标准化体系的构建

（一）资金融通不仅保障了共建国家重大项目的顺利推进，更在构建人类命运共同体理念指引下，协调国际金融机构积极参与高质量共建"一带一路"，推动金融合作标准化体系构建。中国积极参与现有各类融资安排机制，与世界银行、亚洲开发银行等国际金融机构签署合作备忘录，与国际金融机构联合筹建多边开发融资合作中心，与欧洲复兴开发银行加强第三方市场投融资合作，与国际金融公司、非洲开发银行等开展联合融资，有效撬动市场资金参与。

（二）资金融通按照平等参与、利益共享、风险共担的原则，推动共建国家政府、金融机构和企业重视债务可持续性，提升债务管理能力。中国借鉴国际货币基金组织和世界银行低收入国家债务可持续性分析框架，结合共建国家实际情况制定债务可持续性分析工具，发布《"一带一路"债务可持续性分析框架》，鼓励各方在自愿基础上使用。中国坚持以经济和社会效益为导向，根据项目所在国需求及实际情况为项目建设提供贷款，避免给所在国造成债务风险和财政负担；投资重点领域是互联互通基础设施项目以及共建国家急需的民生项目，为共建国家带来了有效投资，增加了优质资产，增强了发展动力。

（三）人民币承载巨大经济体量，为"一带一路"共建国家互联互通提供货币流通保障。"一带一路"倡议提出十年来，我国与"一带一路"共建国家的进出口由 2013 年的 6.46 万亿元，增长到 2022 年的 13.76 万亿元。在此背景下，人民币跨境贸易计价、结算和支付，有利于双方企业规避国际汇率波动风险，降低汇兑成本。截至 2022 年底，我国已与 20 余个"一带一路"共建国家签署了双边本币互换协议，在 17 个共建国家建立了人民币清算安排，人民币国际化使跨境资金流与货物流匹配循环，便利共建国家获取人民币投资，助力"一带一路"行稳致远。

四、以高质量资金融通推动共建"一带一路"高质量发展，需进一步加强与"一带一路"共建国家开展投融资务实合作，坚持以企业为主体、市场为导向，健全多元投融资体系

（一）多元化资本来源渠道，形成更强合力。充分发挥共建"一带一路"专项贷款、亚投行、丝路基金等的作用，创新融资合作框架，不断探索投融资新模式，可由亚投行牵头，与世行、亚行等国际开发银行进行合作，成立"一带一路"国际开发银行合作联盟，形成国际化、规范化、公开透明的"一带一路"投融资体系，鼓励各国民间资本进入，引导商业股权投资基金和社会资金参与共建"一带一路"，拓宽募资渠道与额度，分散资金投资风险、降低项目融资成本、利用各国资本已建立的成熟业务网络，形成更强合力。

（二）立足我国所需，确保战略性融资优先。确立优先保障目标，在"一带一路"跨境金融服务中，围绕战略资源保供、产供链安全稳定、绿色转型、互联互通、产能合作等关键领域，以金融统筹带动中国技术、装备、标准等中国元素和中资企业更高水平"走出去"，保障优质资源更加畅通"引进来"，在更大范围、更宽领域、更深层次推动共建"一带一路"高质量发展，畅通国内国际双循环，服务构建新发展格局。

（三）着眼于惠民生，融资目的，从为"一带一路"工程项目输血重点转向推动工程项目启动运转，并发挥造血功能。推动一批具有重要政治经济意义、国际影响力大、有利于提升共建国家获得感的标志性重点工程落地，并为后续运营提供相应服务；结合"一带一路"共建国家具体国情，抓住数字、绿色等"一带一路"未来发展方向，形成金融与实体企业的良性互动；聚焦孵化经济社会收益良好的"小而美"的精品项目，让共建国民众感受到实实在在的获得感，筑牢并扩大共建"一带一路"的民意基础。

十年来国际社会对"一带一路"的认知变化及启示

于运全

（当代中国与世界研究院院长）

摘要："一带一路"倡议提出十年来，国际社会对其关注度日益增加，倡议的国际影响力进一步加大，不仅成为中国参与全球治理、推动构建人类命运共同体的战略抓手，而且也是中国智慧和中国理念扩大国际影响力的典范。本文调查了"一带一路"共建国家的全球治理观，总结了国际社会对"一带一路"倡议的认知变化。

关键词："一带一路"倡议；国际社会；认知

2023 年是"一带一路"倡议提出十周年。十年来，经过不断发展与完善，倡议主旨不断深化、内容逐渐丰富、项目稳步实施，沿线及域外各国围绕倡议交流合作更加密切。与此同时，国际社会对"一带一路"的关注度日益增加，倡议的国际影响力进一步加大，不仅成为中国参与全球治理、推动构建人类命运共同体的战略抓手，而且也是中国智慧和中国理念扩大国际影响力的典范。

当代中国与世界研究院梳理了十年来国际媒体和智库对"一带一路"的报道和研究成果,总结了国际社会对"一带一路"的认知变化。今年,我们还在"一带一路"24个相关国家组织开展专题民意调查,调查了"一带一路"国家的全球治理观,借此机会和大家分享一些我们的发现。

一、十年来国际社会关注"一带一路"倡议的总体特征

第一,关注度逐年增加,报道量实现了由"量"到"质"的转变。随着"一带一路"倡议内涵丰富深化、国际交流日益频繁、合作覆盖面更广,外媒报道量也逐渐增加,讨论话题日趋丰富多元,国际社会对倡议关注度不断升高,2017-2019年报道量达到高峰后开始逐年下滑,进入平稳阶段。究其原因,一方面受新冠疫情、俄乌危机等事件的影响,国际社会对倡议的关注确有下降;另一方面,随着共建合作走深走实,深度报道有所增加,外媒报道出现了由"量"到"质"的转变。

第二,关注视角向纵深拓展,关注内容更为多元。总体来看,境外媒体十年来对倡议的报道不仅体现量的飞跃,内容上也更加深入,关注视角向纵深拓展:一是由"表"及"里"。随着外界对倡议的了解不断加深,国际社会对倡议从概念性解读逐渐转向关注倡议内涵、政策举措、未来影响等。二是由"虚"到"实"。倡议提出伊始,与"一带一路"相关的内涵外延信息有限,国际社会局限于围绕概念本身进行解读,但随着倡议的落实推动及其带动性影响,国际社会更加关注相关机构动向、具体项目进展等举措抓手。三是由"传"到"论"。

随着倡议推动的项目在共建国家生根发芽，多国民众及精英对其了解逐步加深，国际社会有影响力的政界、学界、企业界人物及智库、研究机构对倡议的评析越来越密集。

第三，共建国家聚焦中微观层面，美西方侧重宏观战略层面。共建国家媒体涉倡议报道常着眼于中、微观层面，聚焦本国或本地区与倡议相关的话题。总体来看聚焦三类话题：一是关注双边领导人互访及以高峰论坛为代表的重要高层活动；二是热议中巴经济走廊、蒙内铁路、跨里海国际运输通道等"一带一路"典型项目的建设与成效，以及亚投行、丝路基金等多边金融机构的筹备和运营；三是评析倡议对本国和区域带来的影响及项目落实过程中出现的问题。相比之下，美西方等国际主流媒体尽管有不少积极肯定倡议意义与影响的深度评论，但也对倡议存在一些负面解读。同时，美西方媒体报道更偏重于宏观角度，更关注倡议的全球影响、地缘政治考量以及对当前国际格局的挑战等。

二、国际社会对"一带一路"倡议认知的阶段变化

总体上看，国际社会对"一带一路"倡议认知的变化大致可分为三个阶段：

初步认识阶段（2013-2016年）。国际社会自此阶段呈现三个动态特征，一是初步实现关注度从常规报道到重点关注的转变，倡议逐渐成为外媒涉华报道常态化议题。二是初步实现从困惑怀疑到理性观望的转变。最早外界对倡议内容、目的和前景并不了解，存在一些质疑，随着项目稳步推进，共建国家热情高涨，间接带动国际社会对倡议的认可。三是初步实现从关注宏观到聚焦微观的转变。外媒视角由

远及近，对相关项目的实施和具体挑战更为关注，对重点案例的报道和研究逐渐出现。

深入了解阶段（2017-2019年）。2017年开始，逆全球化浪潮成为国际舆论的重要关切。同期，"一带一路"国际合作高峰论坛作为我重要主场外交活动吸引国际舆论聚焦，在极大程度上拓宽了外媒报道维度。"一带一路"倡议所倡导的新型经济全球化和推动全球治理的新理念受到众多国家欢迎和支持。

重塑延展阶段（2020年至今）。2020年，新冠疫情席卷全球，中国适时提出打造"健康丝绸之路"，获得了国际社会认可。中国提出的"全球安全倡议""全球发展倡议""全球文明倡议"等，为应对世纪之变提供了中国方案，通过这些方案，国际社会对人类命运共同体理念的认可度提升了。与此同时，中欧班列、中老铁路等共建项目取得新成果，为当地带来了切实的经济和社会效益。在理论和实际两个维度，"一带一路"倡议不断扩大了朋友圈。

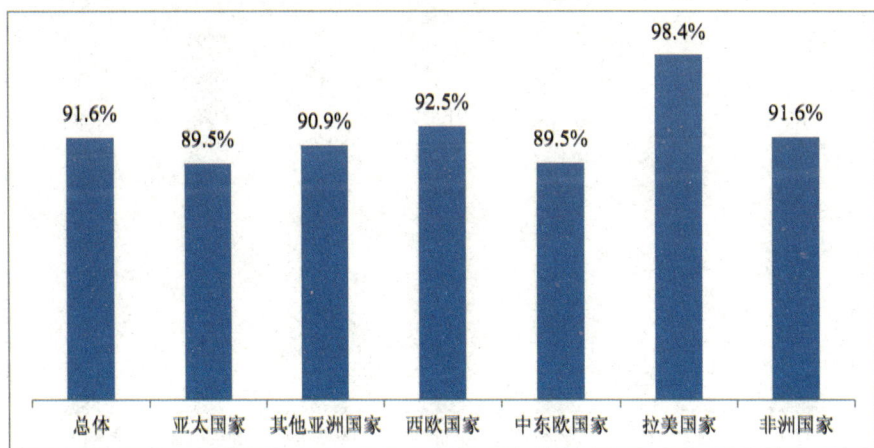

图1　对人类命运共同体理念的认可度

根据当研院进行的《"一带一路"国家的全球治理观》调查，"一带一路"相关国家受访者对人类命运共同体这一理念的平均认同度达到91.6%，认为这一重要理念为各国共建"一带一路"提供了方向指引。拉美国家受访者认同度最高，达到98.4%，西欧、非洲、其他亚洲国家认同度均超过90%。

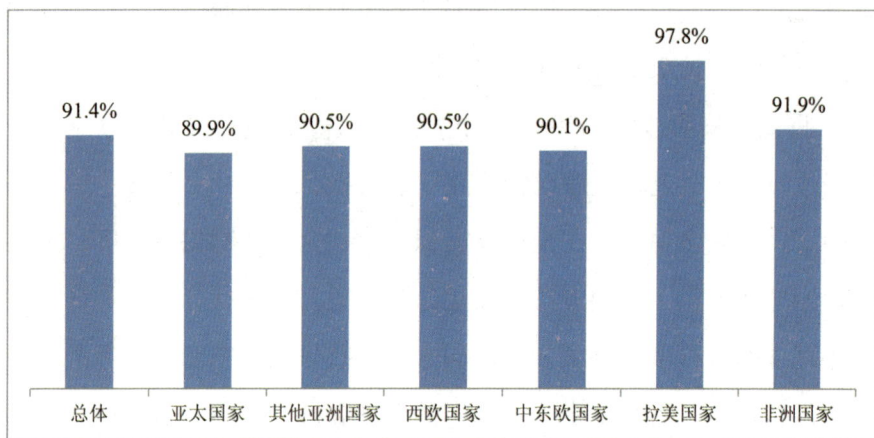

图 2 对全球发展倡议的认可度

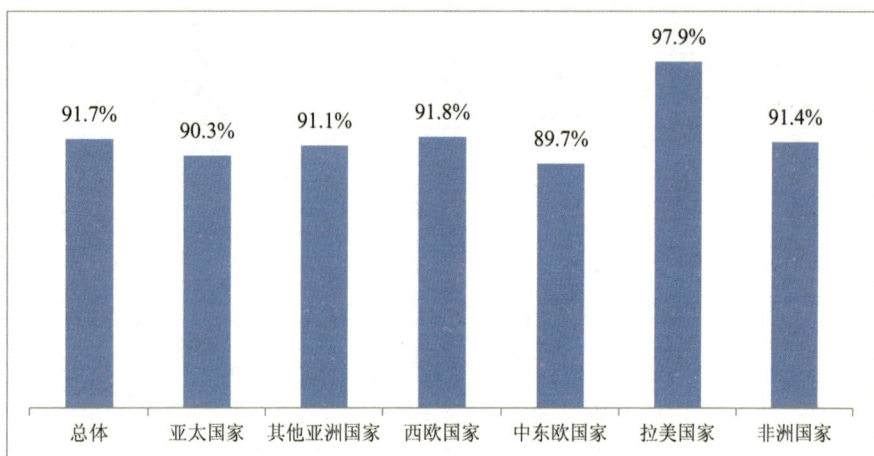

图 3 对全球安全倡议的认可度

中国提出的全球发展倡议得到"一带一路"24国民众积极响应，平均认同度达到91.4%，认为全球发展倡议是中国向世界提供的又一重要国际公共产品，将为推动各国共同发展作出积极贡献。其中，拉美国家认可度达到97.8%，非洲、亚太、西欧、其他亚洲国家民众认可度均超过90%。

24国受访民众认为，中国提出的全球安全倡议有力促进了"一带一路"国家安全合作，维护了全球和地区的和平稳定，各区域平均认同度达到91.7%。分地区看，拉美国家认同度为97.9%，非洲、西欧、其他亚洲国家认同度均超过91%。

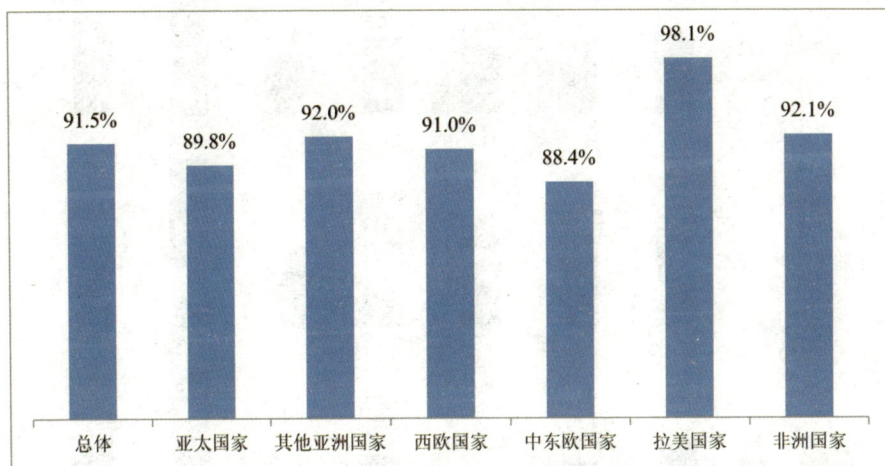

图4 对全球文明倡议的认可度

中国提出的全球文明倡议得到"一带一路"24国受访者高度认可，平均认同度达到91.5%，认为这一重要倡议有力推动了不同文明之间的理解与对话，促进各国民心相通。其中，拉美地区受访者认同度超过98%，非洲、其他亚洲国家受访者认同度超过92%。

	总体	亚太国家	其他亚洲国家	西欧国家	中东欧国家	拉美国家	非洲国家

促进经贸发展
总体 92.5% | 亚太国家 91.5% | 其他亚洲国家 91.4% | 西欧国家 94.5% | 中东欧国家 89.6% | 拉美国家 97.9% | 非洲国家 92.5%

加强基础设施建设
总体 92.6% | 亚太国家 91.5% | 其他亚洲国家 90.6% | 西欧国家 94.3% | 中东欧国家 90.4% | 拉美国家 98.3% | 非洲国家 92.9%

提升民众生活水平
总体 92.5% | 亚太国家 91.3% | 其他亚洲国家 90.9% | 西欧国家 93.6% | 中东欧国家 90.3% | 拉美国家 98.0% | 非洲国家 93.3%

推动文化交流互鉴
总体 92.4% | 亚太国家 90.9% | 其他亚洲国家 90.6% | 西欧国家 93.9% | 中东欧国家 90.3% | 拉美国家 98.2% | 非洲国家 92.9%

维护地区和平稳定
总体 92.5% | 亚太国家 91.2% | 其他亚洲国家 90.6% | 西欧国家 94.3% | 中东欧国家 90.1% | 拉美国家 98.0% | 非洲国家 93.1%

增进政治互信
总体 92.3% | 亚太国家 91.1% | 其他亚洲国家 90.7% | 西欧国家 92.8% | 中东欧国家 90.6% | 拉美国家 97.9% | 非洲国家 92.7%

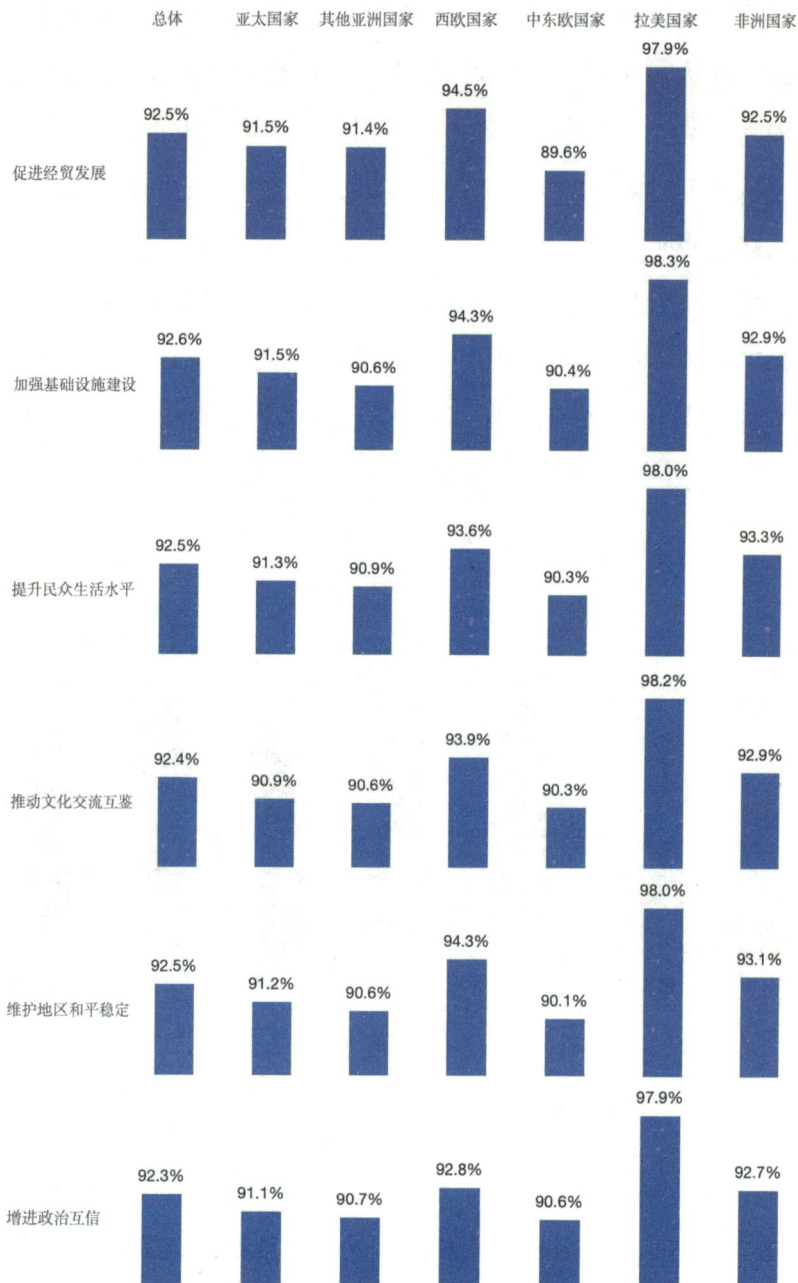

图 5 "一带一路" 共建国家对倡议发挥重要作用的认可度

国际社会涉及"一带一路"倡议的主要共识。"一带一路"提出十年来，倡议从理念到行动，已经成为范围最广、规模最大的国际合作平台和最受欢迎的国际公共产品。倡议所蕴含的中国智慧、中国理念、中国主张得到广泛传播，倡议对世界的重要意义及积极影响获得更多认可与肯定："一带一路"创造全球治理模式"新范本"；"一带一路"构建国家间交往"新范式"；"一带一路"为全球经济增长带来"推动力"；"一带一路"人文交流拓展文化"软实力"；"一带一路"促进地区和平稳定与区域安全；"数字丝路""健康丝路"和"绿色思路"等倡议外延受到广泛聚焦。

"一带一路"24国受访民众认为，共建"一带一路"倡议是广受欢迎的国际公共产品和国际合作平台，对于推动全球发展与稳定有着积极作用，特别是在"加强基础设施建设"（92.6%）、"促进经贸发展"（92.5%）、"提升民众生活水平"（92.5%）等方面作出重大贡献。分地区看，亚太、西欧、其他亚洲国家等地区受访者对于"一带一路"促进经贸发展的成效感受最深；中东欧国家受访者最认可"一带一路"在增强政治互信方面的作用；拉美国家受访民众尤其肯定"一带一路"在加强基础设施建设方面的作用；非洲国家民众最认可"一带一路"提升民众生活水平的积极成效。

三、如何增进国际社会对"一带一路"倡议认同的启示

十年来，"一带一路"倡议的民意基础得到不断巩固、国际认同度持续提升。事实充分证明，"一带一路"倡议必将为世界的可持续发展带来强劲动力。

第一，深化互联互通建设，推动"一带一路"高质量发展。一方面，始终以经贸合作中的互利共赢为原则，根据合作方国家的国情、民意和所处的不同发展阶段，努力创新合作手段和渠道，拓展合作领域，实现贸易畅通和资金融通；另一方面，加强领导人与政府间的广泛沟通与协调，推进共建国家关于"一带一路"建设的多语种图书、期刊、电影、网站等各种文化形式的国际传播，促进共建"一带一路"形成共同价值观，以此获得更多民意支持。

第二，加强媒体传播力度，塑造"一带一路"国际形象。加强与共建各国媒体的合作传播，精准传播有关"一带一路"建设的新闻信息，推动共建国家共同讲好"一带一路"故事；加快布局新型传播平台，建立"一带一路"媒体联盟，积极运用5G等信息技术开展新闻传播实践，形成多渠道、精准化的国际传播，不断扩大媒体的"朋友圈"；加快移动端传播平台建设，创新短视频、微视频、云直播、语音播报等多元信息发布形式，更好向世界展示"一带一路"建设带来的积极变化；创新拓展数字话语平台，用好智媒体、数字媒体等新技术，以元宇宙、NFT等新兴媒介形态实现"一带一路"倡议的互动化阐释和沉浸式表达，通过新形式、新手段、新途径进一步增强"一带一路"倡议的国际影响力。

第三，完善多元合作平台，拓展"一带一路"合作空间。加强机制创新，探索与"一带一路"共建国家互联互通、互学互鉴的制度创新，推进不同国家之间合作交流项目化、常态化、制度化，形成强大合力；加强资源整合，依托智库、高校、跨国企业、海外力量等资源平台，通过实践调研、互访互学、论坛活动等各种形式，拓宽"一带一路"合作交流渠道，积极推动人文交流迈上新台阶；加强调查研究，针对国际社会感兴趣的领域，特别是对"一带一路"倡议不理解、有误读的部分进行重点解析，通过加强务实合作和推进民心相通形成合力，团结更广泛的力量，形成"一带一路"倡议的积极共识。

十年来，150多个国家和30多个国际组织参与共建"一带一路"国际合作，搭建起了全球规模最大的国际经济合作平台，共商共建共享理念原则得到广泛实践，开放绿色连接理念深入人心，倡议成效显著，国际影响力不断提升，得到越来越多的国家、国际组织和民众的支持和认可，为世界的繁荣与发展贡献了中国力量。未来，"一带一路"建设将进一步打通"硬联通""软联通""心联通"，把政策沟通、设施联通、贸易畅通、资金融通、民心相通日益深入地统筹于具体的共建项目和发展合作实践中。共建"一带一路"不仅将使中国更美好，也将使世界更美好。

丝路精神是国际社会珍视的文明资产

赵 磊

（中央党校国际战略研究院副院长）

摘要： 丝路精神不仅是人类文明的宝贵遗产，也已成为国际社会共同珍视的文明资产。它同西方中心主义、文明冲突论、二元对立思维等有本质不同：和平合作是"一带一路"的重要前提，开放包容是"一带一路"的显著特征，互学互鉴是"一带一路"的鲜明底色，互利共赢是"一带一路"的崇高目标，彰显了全人类共同价值。

关键词： 丝路精神；文明资产

2013年秋，习近平主席在访问哈萨克斯坦和印度尼西亚时，先后提出共同建设"丝绸之路经济带"和"21世纪海上丝绸之路"的重大倡议。十年来，"一带一路"倡议彰显出极强的远见卓识、战略定力，转化为有力的国际合作实践，必将成为人类社会发展史上具有里程碑意义的重大事件。"一带一路"倡议以务实合作改变了中国同世界的互动关系，取得扎扎实实的成就，成为深受欢迎的国际公共产品和国际合作平台。

一项事业的伟大之处不仅在于突出的成就，更在于其所弘扬的崇高精神。精神有高度、温度，行动必然有力度。2017年5月，习近平主席在首届"一带一路"国际合作高峰论坛上指出，古丝绸之路绵亘万里，延续千年，积淀了以"和平合作、开放包容、互学互鉴、互利共赢"为核心的丝路精神。丝路精神不仅是人类文明的宝贵遗产，也已成为国际社会共同珍视的文明资产。

当前，世界之变、时代之变、历史之变正以前所未有的方式展开，和平赤字、发展赤字、安全赤字、治理赤字加重，人类社会面临前所未有的挑战。世界又一次站在历史的十字路口，唯有互联互通、命运与共才能帮助人类战胜各种风险挑战、拥抱美好未来。

一、和平合作是"一带一路"的重要前提

从张骞出使西域，到郑和七次远洋航海，再到中外旅行家的"丝路印记"。这些开拓事业之所以名垂青史，使用的不是战马和长矛，而是驼队和善意；依靠的不是坚船和利炮，而是宝船和友谊。一代代"丝路人"架起了东西方合作的纽带、和平的桥梁。古丝绸之路的形成不是靠军队打出来的，是靠共建者一步步走出来的。

今天，"一带一路"的拓展方式靠的不是殖民扩张、霸权输出，靠的是彼此信任、真诚合作。第二次世界大战结束以来，人类社会维持了70多年的总体和平，但威胁世界和平的因素仍在积聚。欧亚大陆战火重燃，局势持续紧张，热点问题此起彼伏，军备竞赛阴霾不散，核战争的"达摩克利斯之剑"高悬，世界面临重新陷入对抗甚至战争的风险。

战乱冲突往往同贫困加剧等民生问题有关，持续冲突会导致国力的剧烈耗竭和敌意的螺旋上升。唯有让老百姓过上好日子，才能从根本上解决经济发展问题，解决政治稳定问题。"一带一路"致力于通过和平合作的方式解决发展难点、治理痛点，寻求共同发展。十年间，中国与共建国家形成 3000 多个合作项目，拉动近万亿美元投资规模，帮助近 4000 万人摆脱贫困。麦肯锡研究报告显示，中国企业在非洲雇员本地化率达 89%，有效带动了本地人口就业，"一人就业全家脱贫"。

以中老铁路为例，这一铁路带给两国的不仅是经贸的增长、友谊的深耕，更种下了和平的种子。中老铁路带动了当地就业，自从铁路开行以来，累计招聘老挝员工 3500 多人，在物流、交通、商贸、旅游等行业间接增加就业岗位 10 万余个。得益于这条铁路，越来越多老挝孩子得以走出大山，拥抱世界。2023 年春，我问乘坐中老铁路来北京游学的老挝小朋友，在他们看来"一带一路"等于什么？孩子们朴实地回答："一带一路"等于世界、等于朋友，他们可以离开小山村来到更大的世界，结交更多的朋友。

二、开放包容是"一带一路"的显著特征

古丝绸之路跨越尼罗河流域、底格里斯河和幼发拉底河流域、印度河和恒河流域、黄河和长江流域，跨越埃及文明、巴比伦文明、印度文明、中华文明的发祥地，跨越佛教、基督教、伊斯兰教信众的汇集地，跨越不同国度和肤色人民的聚居地，不同文明、宗教、种族求同存异、开放包容，并肩书写相互尊重的壮丽诗篇，携手绘就共同发展的美好画卷。

开放包容意味着共建"一带一路"不仅是中国一家的独奏,而是共建国家的合唱;不是"单打独斗",而是"结伴齐飞"。这一倡议以自愿为基础,以共识为纽带,坚持大家的事由大家商量着办,不打地缘博弈小算盘,不附带任何政治或经济条件,反对搞针对特定国家的阵营化和排他性小圈子,一切坦坦荡荡,努力打造全球互联互通的伙伴关系。截至2023年9月,中国已同152个国家、32个国际组织签署了200多份共建"一带一路"合作文件。

企业是"一带一路"建设的主体,中国企业的国际化能力越强,"一带一路"的开放包容水平以及塑造力就会越强。对中国企业而言,"一带一路"就是"飞洋过海的艺术",不仅要走出去、走进去,更要走上去;不仅要产业化、品牌化,更要国际化。2023年,中国有142家企业位列世界500强,美国是136家。世界500强的中国企业数量自2019年起连续五年超过美国,中国企业真正有实力站在世界地图前规划自己的发展,并以自身发展带动共同发展。在产品供给上,古丝绸之路卖出的是"老三样",即丝绸、茶叶、瓷器;今天,"一带一路"新鲜供给的是两类"新三样":第一类是高铁、核电、航天科技,第二类是电动载人汽车、锂电池、太阳能电池。中远海运、商飞、中车、华为、宁德时代等中国企业不仅拥有先进的技术、广阔的市场,更展现世界一流企业的文化与担当。

许多中东欧国家学者对"一带一路"给予高度评价,他们说,过去的欧亚大陆是碎片化的,现在"一带一路"倡议让这一大陆真正连为一体。"一带一路"拥有改变世界的能力,欧洲同亚洲的贸易原来靠海运,时间长,成本高,现在的中欧班列使中东欧国家可以同时联通太平洋、大西洋,有效促进了经贸往来。十年来,中欧班列累计开行 7.7 万列，运送货物 731 万标箱，货值超 3400 亿美元，通达欧洲 25 个国家和地区的 217 个城市，成为国际经贸合作的重要桥梁，不少中东欧国家成为中国游客的首选旅游目的地，成为中国企业的投资热土。

三、互学互鉴是"一带一路"的鲜明底色

古丝绸之路不仅是一条通商易货之道，更是一条知识交流之路。沿着古丝绸之路，中国将丝绸、瓷器、漆器、铁器传到西方，也为中国带来了胡椒、亚麻、香料、葡萄、石榴。沿着古丝绸之路，佛教、伊斯兰教及阿拉伯的天文、历法、医药传入中国，中国的四大发明、养蚕技术也由此传向世界。更为重要的是，商品和知识交流带来了观念创新。

"一带一路"不仅是沙与海的地理奏鸣曲，也是知识与学识的文明交响曲。人类社会进步不仅需要丰裕的物质力量，也需要澎湃的精神力量。互学互鉴的本质是主体间性的精神交往，是尊重文明、道路和发展水平的差异性，并在此基础上相互学习、相互借鉴，构建相互欣赏、相互理解、相互尊重的人文格局。

2021 年 11 月，习近平主席在出席第三次"一带一路"建设座谈会并发表重要讲话时强调，把基础设施"硬联通"作为重要方向，把规则标准"软联通"作为重要支撑，把同共建国家人民"心联通"作为重要基础。在国内，"一带一路"倡议推动了区域国别学等诸多一级学科建设，"一带一路"国际智库合作委员会等多边合作机制先后设立。在国际上，既要做好"一带一路"的事情，也要讲好"一带一路"的故事，要切实提升国际传播效能。

鲁班工坊是天津积极推动实施的职业教育国际知名品牌，它以"大国工匠"为依托，助推先进产能合作，是"软联通"＋"心联通"的优秀案例。2016 年 3 月，第一个鲁班工坊在泰国建成。此后，塔吉克斯坦、英国、葡萄牙、吉布提、埃及等鲁班工坊相继落地，迄今为止已在 20 个国家建成 20 多个鲁班工坊，涉及亚洲、欧洲和非洲。天津职业教育通过这一平台在海外开展学历教育和技术培训，与世界分享中国职业教育的教学资源、专业标准、技术装备。当年，中国以国内市场换先进技术，今天中国以"技术反哺"打开世界市场。

四、互利共赢是"一带一路"的崇高目标

古丝绸之路见证了陆上"使者相望于道，商旅不绝于途"的盛况，也见证了海上"舶交海中，不知其数"的繁华。在这条大动脉上，资金、技术、人员等生产要素自由流动，商品、资源、成果等实现共享。古丝绸之路创造了地区大发展大繁荣。今天，全球经济复苏乏力，单边主义、霸权主义、保护主义肆虐，一些国家构筑"小院高墙"、强推"脱钩断链"、鼓噪供应链"去风险"，经济全球化遭遇逆流。新冠疫情吞噬全球发展成果，南北差距、发展断层、技术鸿沟等问题更加突出。联合国开发计划署 2022 年发布的一份报告强调，超过 90% 的国家在 2020 年或 2021 年的人类发展指数得分下降，超过 40% 的国家连续两年下降。

发展是解决一切问题的基础和关键，共同发展是解决全球治理问题的总钥匙。共建"一带一路"国家大多数属于发展中国家，相对而言，基础设施落后、产业发展滞后、工业化程度低、技术和资金缺

乏、人才储备不足。对此，中国积极向相关国家提供力所能及的帮助，成立国家国际发展合作署，举办国际进口博览会等，真心实意帮助发展中国家加快发展，推动公平、普惠的新型全球化。

互利共赢不是"你输我赢"，是大家添砖加瓦共同营造共赢新生态，不仅要共享成果，也要共担风险。目前，健康丝绸之路、绿色丝绸之路、数字丝绸之路、创新丝绸之路等建设取得积极进展，国际合作空间更加广阔。世界银行《"一带一路"经济学》报告指出，共建"一带一路"有效增强了互联互通，可使全球贸易成本降低 1.1% 至 2.2%，为全球贸易便利化和经济增长作出扎实贡献；到 2030 年，将使参与国贸易增长 2.8% 至 9.7%、全球贸易增长 1.7% 至 6.2%、全球收入增加 0.7% 至 2.9%。共建"一带一路"倡议源于中国，但成果属于世界。

道阻且长，行则将至。丝路精神同西方中心主义、文明冲突论、二元对立思维等有本质不同，他秉持真正的多边主义，践行共商共建共享的全球治理观，彰显全人类共同价值。共建"一带一路"不是道路、桥梁、隧道、园区、港口等项目的集成，而是致力于让全人类共克时艰、共同进步的伟大倡议，是构建人类命运共同体的生动实践。

秉持丝路精神
以"一带一路"高质量发展推动人类文明进步

卢山冰

（西北大学丝绸之路研究院院长）

摘要：丝绸之路的开通，促进了不同文明体的进步，成就了人类历史上的第一次全球化交流。"和平合作、开放包容、互学互鉴、互利共赢"的丝路精神，成为全人类的共同精神财富。

关键词：丝路精神；共建"一带一路"；人类文明

在 2000 多年前，随着丝绸之路的开通，中国、印度、西亚和希腊等古代文明开始了直接交流和相互影响。从此，不同文明形态的发展都不再孤立进行。

丝绸之路的开通，促进了不同文明体的进步。中国历史上的重要文明成果通过丝绸之路向西传播，由此在欧洲出现了中国"四大发明"的说法。其实，中国重大发明远远不止"四大发明"，物质层面，来自西部的苜蓿、西瓜、胡豆、胡麻等物品东传进入中国后，丰富了中华文明体的物质生活；精神层面，佛教传入中国，是世界文明交往史的重大事件，祆教、摩尼教、景教等"三夷教"传入中国，不仅丰富了中国民众的精神生活，也让中国文明包容性发展有了重要机遇。

　　丝绸之路的开通，成就了人类历史上的第一次全球化交流。北方的草原丝绸之路、中间的沙漠绿洲丝绸之路、西南地区的茶马古道，还有沿海的海上丝绸之路，它们所形成的网络，沟通了亚欧大陆。丝绸之路作为沟通亚欧大陆的道路交通网络，使全球化成为现实。观察丝绸之路的历史，我们会发现，陆地丝绸之路与海上丝绸之路是长期并存的。在两条道路并存的时代，文明的传递者可以在两条道路上自由转换。中国历史上的法显、杜环等，就是在陆地丝绸之路和海上丝绸之路上进行文明交流的重要人物。据《马可·波罗游记》记载，意大利人马可·波罗从陆地丝绸之路来到元朝，后参与从海路护送蒙古公主前往波斯完婚的任务，之后返回威尼斯。从西游到东行，人文交流、文明交流和物质交流一道，形成了人类的全球化交流交往的历史。"和平合作、开放包容、互学互鉴、互利共赢"的丝路精神，成为全人类的共同精神财富。

　　共建"一带一路"进一步促进了人类文化交流、文明互鉴。共建"一带一路"，秉持丝路精神，坚持"共商共建共享"的合作原则，推动着"新丝绸之路经济带"和"21世纪海上丝绸之路"焕发出勃勃生机。"一带一路"倡议提出后的十年里，"一带一路"共建国家和地区在政策沟通、设施联通、贸易畅通、资金融通、民心相通上取得了丰硕成果。通过文化交流，促进了文明互鉴，文化交流和文明互鉴又促进了民心相通。文明因多样而交流，因交流而互鉴，因互鉴而发展。从宗教到哲学、从道德到法律、从文学到绘画、从戏剧到音乐……每一种文明都是美的结晶，一切美好的事物都是相通的。在与"一带一路"

共建国家和地区交流和交往中，中国与各个国家在科学、教育、文化、卫生、民间外交等各领域开展合作，通过文化年、旅游年、艺术节、影视桥、研讨会、智库对话等人文合作，我们构建了文化交流文明互鉴的互利合作网络、新型合作模式和多元合作平台。中国正在以更加开放的姿态拥抱世界、以丰富多彩的文明成就贡献世界。

著名历史学家、中东问题研究专家彭树智先生提出的"文明交往论"认为，任何文明都不是孤立存在的，都是在与其他文明交流、交往中得到不断发展。"一带一路"国际合作高峰论坛，为世界文化交流、文明交往提供了重要平台。在这个平台上，来自不同文明形态的学者专家相聚在一起畅所欲言、交流互动。在当今时代，各国命运已经紧密相连，不同文明包容共存、交流互鉴，对于推动人类社会现代化进程、繁荣世界文明具有不可替代的作用。尊重世界文明多样性，弘扬全人类共同价值，尊重文明传承和创新，加强国家间、地区间人文交流合作，促进各国人民相知相亲，共同推动人类文明发展进步，构建人类命运共同体，如此方能开创人类人文交流、文化交融、民心相通新局面。

在构建人类命运共同体理念的引领下，秉持"和平合作、开放包容、互学互鉴、互利共赢"的丝路精神，坚持共商共建共享原则，追求"高标准、惠民生、可持续"的发展目标，在新的十年里，共建"一带一路"高质量发展，一定能够为推动人类文明进步作出新的更大的贡献。

加快建设"一带一路"科技创新共同体

谢科范

（武汉理工大学管理学院教授）

摘要： "一带一路"高质量发展必须依靠创新驱动，其重要途径是加快建设"一带一路"科技创新共同体。我国已启动"一带一路"科技创新行动计划，建设"一带一路"科技创新共同体具备一定基础。未来要加快推进"一带一路"科技创新共同体建设，促进双循环发展的创新驱动。具体措施包括：协商发布"一带一路"科技创新共同体宣言，制定"一带一路"科技创新共同体建设规划，成立"一带一路"科学院和"一带一路"创新院，建设"一带一路"高校联盟，实现"一带一路"科技创新共同体与国内区域科技创新共同体的对接融合。

关键词： "一带一路"；科技创新共同体；双循环

一、"一带一路"科技创新共同体建设的背景

"一带一路"是新时代构建人类命运共同体的重大倡议，也是我国双循环新发展格局中的国际循环的核心组成部分。"一带一路"

的本质之一是创新，即突破人类发展困境、荡涤逆全球化暗流的路径创新、科技创新和制度创新。双循环发展必须依靠创新驱动，建设以国内大循环为主体、国内国际双循环相互促进的科技创新体系，在国际循环方面的抓手之一便是构建国际科技创新共同体。

目前，中国面临比较复杂的外部环境。受美国等西方国家"小院高墙"和"卡脖子"等动作的影响，国际间的科技创新合作存在诸多不确定性，更难形成全球统一的科技创新共同体。未来可能形成分群化趋势，即若干国家按照资源互补、政治立场趋同、合作路径依赖、技术路线相同等基础形成局域合作关系，这些局域合作关系可以孕育出若干个国际科技创新共同体。我国主导的局域的国际科技创新共同体，虽然有基于《区域全面经济伙伴关系协定》（RCEP）、中欧双边投资协定（BIT）、中日韩自贸区等若干选项，但最有基础、最可操作的是在双循环新发展格局下，将"一带一路"倡议作为发起和重点的国际科技创新共同体的基本盘。同时，建设"一带一路"科技创新共同体还具有以下意义：一是可以为人类命运共同体建设提供实际范例；二是可以作为我国应对美欧全球基建计划的一个策略，即布局一场由基建驱动向创新驱动的"一带一路"博弈先手棋；三是可以作为"一带一路"高质量发展和实现高水平对外开放合作的重要举措。

二、"一带一路"科技创新共同体建设的基础

在 2017 年 5 月 14 日的"一带一路"国际合作高峰论坛上，习近平主席宣布启动"一带一路"科技创新行动计划，创新驱动"一带一路"发展成为共识。科技部通过"国际杰出青年科学家来华工作

计划",中国科学院通过"一带一路"产业联盟建设,上海通过"一带一路"科技创新联盟,有力地推动了"一带一路"科技创新合作。

目前,"一带一路"科技创新合作已经出现许多具有代表性的案例。一是中俄科技创新合作。其历史悠久,合作广泛和深入,在食品科技、建筑科技、生物科技、生态环保技术、电力工程技术、激光通信等方面实现了项目、人才、基地的三位一体,两国还互设了数十个中俄科技园。二是中非科技合作。中国有大量的高科技企业进入非洲国家,中国 5G 技术在非洲的推广应用进展比较顺利,中国在非洲设有各类研发中心并有各类共建的科技企业孵化器。三是中国—东盟科技合作和经济共同体建设。中国 – 东盟技术转移中心成为中国和东盟重要的技术转移驿站,其组织的活动、对接的项目、签订的协议、转化的成果从数量和质量上来看都成绩斐然。中国—印尼生物技术联合实验室、中国—泰国高铁联合研究中心运行正常并取得一批重要开发应用成果。

因此,建设"一带一路"科技创新共同体既有一定的制度基础,也有较好的实践支撑。

三、"一带一路"科技创新共同体建设的条件

"一带一路"科技创新共同体,是由"一带一路"国家参与的,基于共同的价值观和愿景,基于共识共循的治理机制,自愿结成创新基础设施共建同用、创新要素充分流动组合、创新活动充分协同参与、创新成果充分协同转化的知识创新与技术创新网络。

不论何种类型的共同体,均有其基本条件,"一带一路"科技

创新共同体需要以下七个方面的条件：1. 地缘连接。"一带一路"科技创新共同体有着几千年"丝绸之路"的历史地理与人文渊源，未来需要按照板块特征，基于各国需求进行科技协同创新的具体定位。2. 整体规划。"一带一路"科技创新共同体秉承人类命运共同体理念，愿景是共创、共享、共赢，需要通过"一带一路"科技创新共同体宣言来彰示。同时，应制定"一带一路"科技创新共同体规划，作为未来的合作创新蓝图。3. 治理机制。包括三个层面：一是"一带一路"国家通过双边或多边协议达成政府间的宏观治理机制；二是各国的区域或部门之间通过协商共识达成的中层治理机制；三是产学研机构之间通过谈判达成的项目层面的管理机制。4. 基础设施。这是"一带一路"合作在前期已经开展得较好的工作，未来需要实现数字化、智慧化、绿色化。5. 合作机构。包括建立"一带一路"科技创新共同体的相关组织，如协调机构、协会学会、研究院所、实验基地、教育机构、服务机构等。6. 开放流动。形成高水平的科技创新开放合作的模式以及创新要素充分流动集聚的机制。7. 合作行动。包括共同开展科技项目研发、研发基地建设、创新创业平台建设以及科技园区开发等。

四、"一带一路"科技创新共同体建设的要求

1. 四位协同。"一带一路"科技创新共同体建设需要企业、大学、科研机构和用户的四位协同。这四个主体直接参与研究开发、成果转化、知识普及等工作，是"一带一路"科技创新共同体建设中的活动主体。政府以及各类平台在"一带一路"科技创新共同体建设中提供相应的服务，例如，政府提供政策服务、信息导航服务和政务服务，

金融机构提供融资、担保和保险服务，技术转移机构提供供需对接、技术交易、专利培育转化服务，孵化机构提供创业辅导、国际创业支持等服务。因此，政府和企业在"一带一路"科技创新共同体建设中起支撑作用。

2. 四链融合。"一带一路"科技创新共同体要以建设国际化分工合作下的创新链为重点，实现创新链、产业链、资金链和人才链的四链深度融合。要围绕产业链部署创新链，围绕创新链布局产业链，强化资金链、人才链以支撑创新链、产业链。要打造高质量创新链，即创新链上中下游各个环节按照比较优势原则和比较效益原则在"一带一路"各国合理布局，强链补链，建设具风险韧性和反卡脖子能力的全创新链。在新的形势下，要积极推进高水平科技对外开放合作，构建适应"一带一路"合作的外向型科技创新政策体系和治理机制。

3. 科教结合。"一带一路"合作，人才是关键，因此"一带一路"科技创新共同体的建设需要教育机构的积极参与，这也是我国各地纷纷组建"一带一路"高校联盟和"一带一路"职教联盟的重要原因。"一带一路"科技创新共同体的建设，一方面要形成科学普及－职业教育－科技教育的合作梯次，另一方面要实现科研与教育的结合，其路径有二：一是已有的高校联盟在合作目标上需要实现由以教育合作为主转变为教育合作与科研合作并举，强化"一带一路"高校在科学研究、技术开发和成果转化方面的合作；二是我国的大学与科研机构应当加强联合，共同参与到"一带一路"的人才培养和科技创新中。

五、加快建设"一带一路"科技创新共同体的若干建议

（一）发布"一带一路"科技创新共同体宣言

建议在相互协商的基础上，按照自愿、互利、共赢的原则，以各方需求为基点，以"一带一路"科技创新行动计划为参照，由"一带一路"共建国家联合发布"一带一路"科技创新共同体宣言，明确"一带一路"科技创新共同体建设的愿景、原则、治理机制、路径和保障体系。

（二）制定"一带一路"科技创新共同体建设规划

科技部等部门于 2016 年制定了《推进"一带一路"建设科技创新合作专项规划》，目前规划已经实施 7 年，建议根据国际国内新形势、双循环新发展格局的要求制定与"十四五"规划相呼应且延展至10 年期的"一带一路"科技创新共同体建设规划。

（三）成立"一带一路"科学院和"一带一路"创新院

按照国际惯例和国际标准组建"一带一路"科学院。"一带一路"科学院由"一带一路"国家共建、共享，负有以下职责：制定科技创新发展规划，开展合作研究，资助科学研究，出版科学刊物，组织学术交流，培养科技人才，构建国际科技创新治理机制，发布科学技术标准规范，开展科技奖励等。在建制上以设立理科方面的院士为主体，适当设立人文社会科学院士衔。

按照工程院的性质成立"一带一路"创新院。采取产学研结合、虚实结合的方式，面向国际技术转移和产业链创新发展，先以虚体方

式进行组建，然后逐步建立各类实体型国际研究中心、联合实验室、联合工程中心等。

（四）建设"一带一路"大学和高校联盟

建议成立"'一带一路'大学"，集聚"一带一路"共建国家的优质教育资源办成名副其实的国际性大学，支撑"一带一路"的科技教育、科技人才培养和科技创新。"'一带一路'大学"采用共建共享共治模式，采用产学研开放合作办学和多语言教学方式。

加快建设"一带一路"高校联盟。早在 2015 年，兰州大学就领衔 47 所高校成立了"一带一路"高校联盟。可以进一步扩大该联盟的参与国家和参与高校，开展产学研深度合作，形成高等教育国内国际共同体。

（五）实现国内区域科技创新共同体与"一带一路"科技创新共同体的对接融合

一是粤港澳大湾区科创走廊，可以与"一带一路"科技创新共同体东盟板块对接融合。将目前 3.0 版的粤港澳大湾区科创走廊提升至 4.0 版本，将环北部湾经济圈纳入粤港澳大湾区科创走廊，从而与东盟相对接，融入"昆明 – 老街 – 河内 – 海防 – 广宁""南宁 – 谅山 – 河内 – 海防 – 广宁"经济走廊和环北部湾经济圈（即两廊一圈）的建设，重点发展家电制造、海洋工程、农牧渔业方面的创新合作，并高水平建设中越农业科技走廊。同时，可以依托东南亚技术转移中心布点若干技术创新驿站，促进科技成果的跨国转化。

二是长三角 G60 科创走廊，可以依托上海作为对外窗口，对接

21世纪海上丝绸之路板块的科技创新合作，重点发展生物技术、声学科技、传感器技术、现代物流科技等方面的合作。特别是可以发挥上海研发总部聚集的优势，将上海建设成为国际研发中心集聚区、国际离岸创新区和"一带一路"创新网络关键节点。

三是京津冀科创走廊，通过其北扩外联来建设中蒙俄科技创新共同体。可以将中蒙俄经济走廊升级为从京津冀到呼和浩特再到蒙古国和俄罗斯的中蒙俄创新走廊。目前需要对设在国内的数十家中俄科技园进行重组，进行提档升级和完善治理机制，夯实资金基础，实现可持续发展。要强化中俄科技园的孵化器、加速器转接机制和天使投资、风险投资、PE接力机制。探讨园中园、园外园、一园多区、离岸创新等灵活多样的运作方式。

"一带一路"东南亚共建国家族群政治风险的评估与防范①

郭雷庆

（中国矿业大学马克思主义学院副教授）

摘要：族群政治风险是"一带一路"建设面临的重大风险之一。作为"一带一路"倡议的重要支点国家，缅甸、菲律宾、泰国、印度尼西亚等东南亚国家深受族群政治问题的困扰。围绕该问题引发的国内族群宗教冲突、民族分离和恐怖主义相互交织，对"一带一路"建设构成重大威胁。因此，应及时跟踪四国族群政治风险的发展变化，充分发挥统一战线"利益整合、凝聚人心、开放包容、争取民心、善于斗争"的作用，以有效应对族群政治风险，更好服务"一带一路"建设。

关键词："一带一路"；东南亚；族群政治风险；统一战线

---

① 中央社会主义学院统一战线高端智库课题"'一带一路'沿线东南亚国家政治风险评估及对策研究"（ZK20190221），国家社会科学基金青年项目"当代多民族国家民族分离主义治理研究"（20CZZ009）。

东南亚是"一带一路"倡议的重点合作区。以江苏省与东南亚的合作为例，2019年上半年，江苏省对印尼投资增长74.7%[①]；在泰国设立境外投资项目132个，中方协议投资额14.8亿美元[②]；2021年上半年，江苏省对东盟进出口总额达到3457亿元[③]。然而，印度尼西亚、泰国、缅甸、菲律宾等东南亚重要支点国家深受族群政治问题的困扰，围绕该问题引发的族群宗教冲突、民族分离和恐怖主义相互交织，对"一带一路"建设构成重大威胁。同时，国际恐怖组织"伊斯兰国"近几年加速外溢，在东南亚影响扩大，就地"圣战"威胁显现。因此，及时跟踪四国族群政治风险的发展变化，研判东南亚地区分离主义和恐怖主义的发展态势，提出相应的族群政治风险防控措施，已成为当前制定相关国家政策和企业战略的迫切需求。

关于此类问题，学界服务国家发展、回应重大实践，主要从政治风险的概念与类型、政治风险的量化评估模型、政治转型风险分析、恐怖主义风险分析、地缘政治风险分析等角度进行研究，但仍存在一些不足。首先，一些量化风险评估模型和风险排名只是在宏观上呈现了相关国家的政治风险程度大小，但缺乏细节性的、具体的风险指示。

---

① 《江苏："走出去"境外投资稳步增长》，中国政府网，访问时间：2022年3月1日，http://www.gov.cn/xinwen/2019-07-26/content_5415398.htm.

② 《泰国成江苏在东盟地区重要投资目的地》，中国贸易新闻网，访问时间：2022年3月2日，http://www.ccpit.org/Contents/Channel_4126/2019/0612/1176189/content_1176189.htm.

③ 《江苏省对"一带一路"沿线国家进出口6102.6亿元，增长25.8%》，江苏一带一路网，访问时间：2022年2月21日，http://ydyl.jiangsu.gov.cn/art/2021/7/21/art_76367_9893674.html.

其次，相关政治风险研究大都集中于政治转型因素的影响，而忽略族群政治问题的影响。最后，目前从统一战线视角研究东南亚地区族群政治风险评估的专题较少，远不能满足"一带一路"倡议在东南亚地区具体政策制定上的迫切需求。

基于此，本文在政治风险概念的基础上进一步提出族群政治风险的概念，即在国际投资过程中，由于东道国境内族群政治问题引发的族群与宗教冲突、民族分离、恐怖主义等给外国投资者造成的投资财产损失甚至人员生命损害。从这一视角出发，本文选取了东南亚地区族群政治风险较大的缅甸、菲律宾、泰国、印度尼西亚为案例进行研究。

一、"一带一路"沿线东南亚国家族群政治风险表现

（一）缅甸

缅甸既是"丝绸之路经济带"南线的必经之地，也是"21世纪海上丝绸之路"西线的主要节点，从而成为"一带"和"一路"的重要交汇处[①]。同时，缅甸的战略位置十分重要，是中国进出印度洋的重要路上通道。

不过，在中国提出"一带一路"之际，中缅关系正处于低谷时期，中国对缅协议投资额从最高峰的 2010-2011 财年的约 140.67 亿美元

---

① 黄爱莲等:《缅甸国情报告(2015-2016)》,经济管理出版社,2017年版,第118页。

下降到 2012–2013 财年的 3.16 亿美元[①]。而且，中国在缅多个大型建设项目被迫停工或延期，甚至被取消。比如，已投资 73 亿元人民币的密松水电站 2011 年被缅甸政府单方面宣布停工，2013 年中国被迫撤出全部设备和人员，造成巨额经济损失；投资 10 多亿美元的莱比塘铜矿项目建设在 2012 年和 2014 年分别遭到当地人的抗议和阻挠，造成严重经济损失和人员伤亡。2015 年至 2020 年缅甸新民选政府时期，缅甸面临着民族和解困境、罗兴亚人难民危机、西方打压和制裁的严重挑战。在这种情况下，昂山素季政府重新调整对华政策，促使中缅关系迎来新一轮发展，缅甸开始积极支持和参与"一带一路"建设。然而，自 2021 年 2 月 1 日以来，缅甸军方发动军事政变，推翻了昂山素季民选政府，3 月 14 日缅甸仰光 32 家中资工厂即遭到暴徒的打砸抢烧，造成两名中国工人受伤，经济损失达 2.4 亿元人民币[②]。

（二）菲律宾

菲律宾总统杜特尔特 2016 年 5 月上台后，积极推动"一带一路"项目建设，并在当选后首次访问中国时与中国达成总价值 240 亿美元的"一带一路"项目协议。根据菲律宾贸易和工业部的数据，与中国达成的首批 73.4 亿美元计划中包括 10 个大型项目，如马尼拉大都会的两座桥梁，菲南棉兰老岛的两个毒品康复中心以及对菲律宾南部城

[①] 卢光盛：《缅甸政治经济转型对中国在缅投资的影响与对策研究》，社会科学文献出版社，2016 年版，第 75 页。

[②] 《缅甸 32 家中资企业遭打砸，"状况十分惨烈"》，红星新闻，访问时间：2022 年 3 月 1 日，https://m.thepaper.cn/baijiahao_11718403。

市马拉维的重建等[①]。这些项目中有相当一部分位于菲律宾南部地区，而这一地区是菲律宾族群政治风险程度最高的地区。摩洛民族分离问题自 1946 年菲律宾独立之初便开始萌发，到 1968 年发展成多个武装组织领导的分离运动，其中，摩洛民族解放阵线与摩洛伊斯兰解放阵线是两个影响最大、组织最严密、武装力量最强的分离组织。对此，菲律宾中央政府除用军事手段打击外，还通过和谈方式试图与两大分离组织达成协议，进而促成民族和解，解决摩洛民族分离问题。然而，历次民族和谈即使能够达成协议，取得一定成果，但最终都走向失败，双方重启战火，摩洛民族分离倾向进一步加剧，一系列恐怖袭击事件频繁发生，对国家安全造成严重威胁。据菲南棉兰老岛穆斯林自治区的人权委员会估计，数十年的冲突导致 6 万人死亡，产生了 200 万名难民，535 所清真寺毁于一旦，200 所学校化为废墟，35 个城镇遭到破坏[②]。

（三）泰国

长期以来的中泰友好合作关系被赋予"中泰一家亲"的美誉，这为"一带一路"在泰国的顺利推进创造了良好的政治环境。中国

---

① Aaron Jed Rabena, The Complex Interdependence of China's Belt and Road Initiative in the Philippines, Special Issue: The Pacific islands in the twenty - first century September 2018, Vol.5, Issue.3, pp.683-697.

② [菲] 梅里·卡巴莱诺－安东尼：《非传统安全研究导论》，余潇枫等译，浙江大学出版社，2019 年版，第 79 页。

2019 年还首次超过日本成为泰国最大的投资来源国 ①，越来越多的中国企业和项目进入泰国。

泰国族群政治风险集中表现为泰南马来穆斯林分离问题，它是困扰泰国七十多年的顽疾，由此引发的民族冲突、军事对抗、恐怖主义严重威胁泰国的安全与统一。据相关统计，泰南地区从 2004 年 1 月到 2021 年 10 月共发生 21235 起分离主义暴恐袭击事件，造成 7294 人死亡，13550 人受伤 ②。有研究表明，在全球恐怖主义指数所涵盖的 158 个国家中，就恐怖主义事件的集中程度而言，泰国的排名高居东南亚第一、全亚洲第五、世界第八，属于恐怖主义事件高度集中的国家 ③。由于中南半岛经济走廊、中泰铁路等一批"一带一路"重点项目大都位于或经过泰南地区，因此该问题也威胁着"一带一路"建设项目的利益与安全。

（四）印度尼西亚

"21 世纪海上丝绸之路"的合作倡议和印度尼西亚佐科政府的"全球海洋支点"构想高度契合，这有力促进了"一带一路"建设在印尼的顺利展开。据印尼投资协调署统计，2012–2017 年中国在印尼共投资 5000 多个项目，累计投资额达 78 亿美元，并有 2000 多家中

---

① 《首超日本中国成泰国最大外商投资国》，观察者网，访问时间：2022 年 2 月 23 日，https://baijiahao.baidu.com/s?id=1655890718128137096&wfr=spider&for=pc.

② Deep South Watch, "Summary of Incidents in Southern Thailand", OCTOBER 2021, https://deepsouthwatch.org/en/node/12815.

③ Institute for Economies&Peace, Global Terrorism Index 2012:Capturing the Impact of Terrorism for the Last Decade, New York：IEP, 2012.

国企业在印尼投资兴业①。从投资地域来看，中国对印尼投资最多的是爪哇岛，其后依次是苏拉威西岛、苏门答腊岛、加里曼丹岛、伊里安岛。

可以说，中国投资遍布印尼各地，这同样需要我们高度重视印尼的族群政治风险。印尼族群政治风险主要来自宗教极端主义和恐怖主义。印度尼西亚发生恐怖主义事件的风险很高，根据全球恐怖主义数据库（2007年）统计，从1970年到2007年，印度尼西亚共发生了421起恐怖主义行为②。2009年到2019年，又先后有雅加达万豪酒店炸弹爆炸案、东雅加达马来村爆炸案、东爪哇省泗水市教堂爆炸案等。从恐怖主义事件的数量来看，恐怖主义已成为印度尼西亚国家安全的头号威胁。

二、"一带一路"东南亚共建国家族群政治风险分析

（一）缅甸少数民族武装割据与政治转型的困局

第一，缅甸少数民族武装势力，包括少数民族政党，主要在各自民族邦中发挥影响力。在长达六十多年的"武装割据统治"之下，少数民族武装势力已基本形成与中央政府对峙的局面。长期以来的武装冲突，使得少数民族地方政府与中央政府之间缺乏基本的政治互信，

---

① 杨晓强：《"一带一路"国别概览：印度尼西亚》，大连海事大学出版社，2018年版，第136页。

② M.Zaki Mubarok and Ahmad Fauzi Abdul Hamid, "The Rise of Radicalism and Terrorism in Indonesia and Malaysia", RISEA, Review Journal of Southeast Asia, Vol.1, No.1, June 2018, pp.29-43.

也使得从前军政府到民盟政府推动的《全国停火协议》与民族和解进程屡屡受挫。在这一过程中，中国一些重大投资项目成为缅甸中央政府与地方少数民族武装势力之间博弈的工具，复杂的利益纠葛和矛盾使得中国企业"进退两难"。一方面，缅北少数民族武装担心这些大型项目会被缅甸政府利用，剥夺其相对独立的地位；另一方面，利益分配问题和对地方传统生活方式造成的影响，也引发了部分当地少数民族的不满。

第二，2011—2016年执政的吴登盛军政府在这段时期加速推进缅甸民主化转型，外交政策逐渐向美国等西方国家倾斜，并且一定程度受到美国对"一带一路"敌视和偏见观点的影响，一些西方媒体也趁机煽风点火，妖魔化"一带一路"倡议。

第三，2016年10月以来，若开邦的罗兴伽人和佛教徒以及缅甸政府爆发严重冲突，迄今已造成上千人死亡，数十万罗兴伽人沦为难民。罗兴伽问题反映了近年来缅甸宗教冲突愈演愈烈的局面，极端佛教徒与极端穆斯林相互血腥报复，族群政治已呈现出宗教恐怖主义的特点，这将进一步加剧缅甸社会的分裂，加剧国内各政治派别间的分歧。

最后，2021年2月以来缅甸的军事政变重挫缅甸的政治转型进程，并将再次重塑缅甸的政治格局，军方势力、民主势力、少数民族武装势力三方将面临新一轮的政治洗牌。这表明缅甸族群政治风险的高度不确定性与高风险性，需要我们未雨绸缪、高度警惕，特别是要认识到缅甸民族问题与政治转型深度、不稳定地互动会对"一带一路"项目造成重大影响。

（二）菲律宾摩洛民族分离问题治理的困境

2016 年上台的杜特尔特政府在推动民族和解方面取得实质性进步，菲中央政府与摩洛伊斯兰解放阵线达成最终和解。2018 年 7 月，国会两院通过已搁置四年之久的《邦萨摩洛基本法》，进一步扩大了摩洛民族的自治权。2019 年 3 月 29 日，棉兰老穆斯林邦萨摩洛自治区成立，这是菲南和平进程中的重要里程碑。然而，菲南和平远未实现，因为菲南地区其他分离势力，如阿布沙耶夫组织已经与菲国内外的恐怖主义势力合流，继续严重威胁着菲律宾的国家安全与统一。

阿布沙耶夫是摩洛民族解放阵线的一个分裂组织，于 1991 年在国际恐怖主义组织"基地"的帮助下成立，从一开始就坚持恐怖主义性质的圣战萨拉菲主义[①]。其既定目标是消除基督教在菲律宾南部的影响，并在棉兰老岛建立一个独立的伊斯兰教国家。它完全拒绝与政府进行和谈，并通过劫持、爆炸、暗杀、纵火等手段疯狂制造恐怖袭击事件，在其成立之初的短短几年内就造成上百人死亡。2016 年 1 月初，阿布沙耶夫组织宣布效忠于国际恐怖主义组织"伊斯兰国（ISIS）"，而"ISIS"则宣布阿布沙耶夫组织的头目伊斯尼隆·哈比伦（Isnilon Hapilon）是其在菲律宾的代言人[②]。

---

① 圣战萨拉菲主义强调回归"纯粹的"伊斯兰形式的重要性，即虔诚的祖先萨拉菲主义。此外，这种意识形态宣传了暴力圣战或斗争是个人宗教责任的观念。See Jones, A Persistent Threat: The evolution of al Qa'ida and other salafi-jihadists, RAND Corporation: Santa Monica, 2014, p.2.

② Superintendent Craig Riviere, The evolution of jihadist-Salafism in Indonesia, Malaysia and The Philippines, and its impact on security in Southeast Asia, CDSS, NOVEMBER 2016.

因此，尽管菲律宾南部两大传统民族分离主义组织"摩解"和"摩伊"都已与菲律宾中央政府达成和平协议，摩洛民族自治权也得到进一步扩大，但菲南民族分离主义问题并未得到彻底解决，传统恐怖主义组织阿布沙耶夫成为分离主义新的代言人，其他分离组织也越来越表现出恐怖主义性质。如"摩伊"内部的一些成员不同意其与政府达成的协议，从而分裂出新的分离组织——"摩洛民族伊斯兰自由战士搏斗"，这一组织更趋向于实施恐怖袭击。因此，"一带一路"项目在菲南地区的族群政治风险程度依然非常高。

（三）泰南民族分离问题的治理困境

第一，自2001年"9·11"事件后，泰南分离主义问题发展的一个重要趋势是宗教极端主义与恐怖主义的合流。如自2015年底以来，不断有报道称"ISIS"威胁泰国，并在泰国最南端的省份活动。尽管尚未有明确的证据，但泰南地区确实存在"ISIS"极端组织扩张的有利条件，如在冲突地区占多数的逊尼派少数民族、穆斯林叛乱、泰国当局频繁的镇压和暴力冲突等[1]。

第二，近年来由于受到境外伊斯兰极端组织的影响与渗透，泰国境内本土极端组织呈现出日趋伊斯兰极端化的倾向[2]。据分离组织北大年联合解放组织（PULO）的一名高级成员称，"伊斯兰教禁止

---

[1] International Crisis Group, Jihadism in Southern Thailand: A Phantom Menace, 2017. https://www.crisisgroup.org/asia/south-east-asia/thailand/291-jihadism-southern-thailand-phantom-menace.

[2] 卢光盛、李江南：《泰国南部恐怖主义发展的新态势：表现、原因及趋势》，载《印度洋经济体研究》2019年第3期，第60页。

对其他宗教发动战争，这场战争是为了马来穆斯林的生存"。一位宗教学者指出，为马来民族主义而战自然就意味着为伊斯兰而战，因为马来民族和伊斯兰教是"一枚硬币的两面"①。这说明，当前伊斯兰旗帜越来越频繁地被泰南分离主义势力所利用，但其分离叛乱的目的仍然是马来穆斯林民族的"独立"和自决②。因此，泰南不安定的根源仍然是泰马民族关系不合。

第三，尽快解决民族冲突并达成和平协议，对泰国政府至关重要，如果南方叛乱进一步扩大为佛教徒和穆斯林之间的冲突，问题的复杂性和严重性将大大增加③。尽管目前为止，这场冲突还没有导致普遍的混乱，但它可能会以某种方式演变，为"ISIS"圣战分子的干预创造更多条件。僵局或误判可能使得一些武装分子采取更大规模的暴力行动，进而导致泰国反穆斯林情绪上升，并引发更广泛的宗派冲突。巴育政府上台后，虽与多个泰南分离主义组织举行了会谈，但成效不大。巴育政府优先考虑国家主权，不考虑对该地区进行任何行政改革，而武装分离组织则坚持主权是其最终目标，即独立是一个必须通过谈判解决的问题。两方事实上已陷入了"零和博弈"的困境之中，泰南

---

① International Crisis Group, Jihadism in Southern Thailand: A Phantom Menace, 2017. https://www.crisisgroup.org/asia/south-east-asia/thailand/291-jihadism-southern-thailand-phantom-menace.
② Virginie Andre, Violent Jihad and Beheadings in the Land of Al Fatoni Darussalam, Religion, Vol.6, 2015, p.1207.
③ S.P. HARISH, Ethnic or Religious Cleavage?Investigating the Nature of the Conflict in Southern Thailand, Contemporary Southeast Asia, Vol.28, No.1, April 2006, pp. 48-69.

和谈进展非常缓慢。

（四）印度尼西亚恐怖主义、极端主义和分离主义的交织

印尼恐怖主义与宗教极端势力密切相关，且历史久远。早在印尼独立初期就有"伊斯兰国运动"（Darul Islam）这样一个宗教极端组织，它于 1948 年成立，其领导人卡尔托苏瓦霍指控世俗民族主义领导人犯有反伊斯兰教的罪行，组织军队开展分离主义叛乱，并蔓延到亚齐、苏门答腊、加里曼丹等多个地区。到 1962 年"伊斯兰国运动"在军事上被击败时，已造成 2.5 万人丧生。然而，支持它的一些组织成员并不甘心被击败，而是转入地下，并且在全国各地建立了联系网。更严重的是，其激进的意识形态已在印尼广泛传播，并刺激了其他恐怖主义组织的产生。如印尼目前最大的恐怖主义组织——伊斯兰祈祷团（Jemaah Islamiyah）共同创始人桑卡尔和巴希尔与"伊斯兰国运动"领袖卡尔托苏瓦霍关系密切，三十多年来他们一直试图将印度尼西亚变成一个伊斯兰国家[1]。据分析估算，截至 2016 年初，该组织成员已达 2000 多人[2]。

随着 2014 年国际恐怖组织"ISIS"的出现，印尼国内极端恐怖组织越发活跃，并纷纷向其表示效忠，部分成员还前往叙利亚和伊拉克为"ISIS"作战。据有关研究，截至 2016 年 1 月，有 250 到 300

---

[1] Bilveer and Singh，The challenge of militant Islam and terrorism in Indonesia，Australian Journal of International Affairs，2004，Vol.58，No.1，pp.47-68.

[2] Barry Desker，Islam and society in South-East Asia after 11 September，Australian Journal of International Affairs，Vol.56，No. 3，November 2002，p.389.

人离开印尼去支持"ISIS"[①]。国内支持者则试图在印尼建立"ISIS"基地。如在 2014 年 2 月，数百个自称为"伊斯兰教活动分子论坛"的伊斯兰组织宣布效忠于"ISIS"领导人阿米尔（Amir）。大众媒体的普及和互联网新技术的发展，也促进了宗教极端思想的快速传播。比如，在互联网上很容易找到各种以捍卫伊斯兰教为借口的"圣战"邀请和教令，成为一名激进的穆斯林既不需要亲自参加圣战组织集会，也不需要阅读大量关于圣战实践的书籍，网络媒体已为他们提供了所需一切[②]。

综上，从"伊斯兰国运动"到伊斯兰祈祷团再到"ISIS"，印尼恐怖主义的发展趋势呈现出国内恐怖主义组织泛滥、国际恐怖主义组织渗透、国内与国际恐怖主义高度互动的特点。此外，印尼的巴布亚分离问题近些年来也日益凸显。2017 年 8 月至 11 月，巴布亚独立组织发动了多起针对平民和安保部门的袭击；2018 年 12 月，该组织枪杀了 30 余名工人并袭击了军队哨所[③]。因此，当前印尼族群政治风险已表现为极端主义、恐怖主义与分离主义三股势力交织的态势。

---

① Sidney Jones, Understanding the ISIS threat in Southeast Asia, Discussion Papers – Regional Outlook Forum 2016, ISEAS Yusof Ishak Institute: Singapore, January 2016, p.2.

② M.Zaki Mubarok and Ahmad Fauzi Abdul Hamid, "The Rise of Radicalism and Terrorism in Indonesia and Malaysia", RISEA, Review Journal of Southeast Asia, Vol.1, No.1, June 2018, pp.29-43.

③ 薛松：《分权与族群分离运动：基于印尼的分析》，载《国际政治科学》2019 年第 4 期，第 158 页。

三、"一带一路"东南亚共建国家族群政治风险应对

当前东南亚族群政治风险呈现三个主要特点：一是民族分离主义的手段由武装斗争越来越转向恐怖主义，二是族群冲突的形式越来越表现为宗教冲突，三是民族分离主义、宗教极端主义、恐怖主义三股势力逐渐合流。及时跟踪东南亚四国族群政治风险的发展变化，运用统一战线的方法，提出相应的防控措施，将有利于保障中资项目人员和财产的安全，降低"一带一路"项目的族群政治风险。

第一，在推动"一带一路"建设过程中发挥统一战线"利益整合"的作用，综合考虑族群政治风险地区不同政治势力的态度及利益，努力促成各方达成共识。具体而言，在制定"一带一路"具体计划时，可以邀请相关国的政府、智库、安全机构、当地民族精英代表等都参与进来，共同制定一个各方都可接受的具体投资计划，包括合作方式、面临的具体问题、项目推进方式和时间表以及利益分配问题等，提高"一带一路"项目的可接受程度，加强可操作性，化解相关人士的质疑和担忧。

第二，在推动"一带一路"建设过程中发挥统一战线"凝聚人心"的作用，团结东南亚华人华侨力量，积极推动"一带一路"项目的落地实施，主动营造"一带一路"建设的良好环境，促进民心相通。同时，既要继续交好华人华侨"老朋友"，也要不断结交当地民族的"新朋友"，充分扩大我们的国际朋友圈。

第三，在推动"一带一路"建设过程中发挥统一战线"开放包容"的作用，尊重差异性，包容多样性，切实尊重当地民众的宗教信仰和风俗习惯，严格按照当地的礼仪标准开展社会交往活动。同时，中国

企业要贯彻落实"共享经济"理念，遵循当地发展规划，遵守当地法律法规，注重吸纳当地员工就业，保障当地工人福利，严守当地环保标准，积极构建与当地社区和谐共处的良好关系；在项目进行过程中，要认真倾听当地百姓意见，履行好企业的社会责任。

第四，在推动"一带一路"建设过程中发挥统一战线"争取民心"的作用，积极利用新媒体技术开展有效宣传，讲好"一带一路"故事。缺乏有效的规模性的宣传是"一带一路"建设中普遍存在的一个问题，可以从国内新闻宣传部门和外国语高等院校中抽调专门人才组成一支外宣队伍，专门进行"一带一路"宣传报道，多讲"一带一路"项目对当地民众生活、经济社会发展所作出的实实在在贡献等，并以中、英和东南亚相关国的语言进行传播。同时，对于西方媒体和当地媒体的一些不当报道，要及时回应和释疑，"有理有利有节"地进行批驳，争取话语主动权，阻止一些媒体企图煽动民族情绪的行为。

第五，在推动"一带一路"建设过程中发挥统一战线"善于斗争"的作用。一方面，深化中国与东盟内部情报部门、警察和边境巡逻队的广泛交流，建立和完善"一带一路"项目风险防控的安全保卫机制、信息收集和通报机制。另一方面，加强对中资企业人员的安全教育培训，增强安保力量，成立专门保安部，在中国国内和相关国招聘业务素质过硬的保安人员，特别是要招聘一定数量的东南亚本地人，提高风险预警和判断能力。此外，中国企业也应积极加入能够承担族群政治风险的国际承保机构，以减少族群政治风险带来的经济损失。

最后，在推动"一带一路"建设过程中，要运用好统一战线这一重要法宝，积极"扩大国际朋友圈，画大海外同心圆"，"在海外讲好中国故事，阐释中国理念，传播中国文化"[1]，降低和化解相关国的族群政治风险。习近平主席在首届"一带一路"国际合作高峰论坛提出"要着力化解热点，坚持政治解决；要着力斡旋调解，坚持公道正义；要着力推进反恐，标本兼治，消除贫困落后和社会不公"[2]。这事实上从政治、文化、经济三个层面点明了东南亚民族分离主义、极端主义和恐怖主义治理的方向。"一带一路"倡议本身就是一个惠民生的重大工程，是解决"和平赤字、发展赤字、治理赤字"的重大举措，对于推动东南亚国家解决民族分离主义、极端主义和恐怖主义问题亦具有重要意义。

---

① 钱再见：《"人心"与"力量"：统一战线的政治使命与治理功能》，载《南京师大学报》（社会科学版）2018年第5期，第75页。

② 《习近平在"一带一路"国际合作高峰论坛开幕式上的演讲》，新华网，访问时间：2022年3月1日，http://www.xinhuanet.com/2017-05/14/c_1120969677.htm.

留学人员助力"一带一路"民心相通优势作用研究

张　梅（北京科技大学副教授）

陶庆华（华夏国际智库理事长）

摘要： 国之交在于民相亲，民相亲在于心相通。我国海外留学人员已经拥有相当大的规模，在助力"一带一路"民心相通中具有语言、文化、情感、传播、资源和可持续等多重优势，已经成为促进我国与"一带一路"共建国家民心相通的重要桥梁和纽带。目前我国海外留学人员参与"一带一路"民心相通工作还存在诸多亟待解决的突出问题。未来应做好政策设计与相关制度安排，建立留学人员参与"一带一路"民心相通的工作机制，将留学人员参与"一带一路"民心相通纳入我国驻外使领馆等相关部门的工作内容，建设留学人员信息数据库，充分发挥留学人员社团组织的作用，加强留学人员重点社团和代表人士的扶持培养，定期发布《中国海外留学人员白皮书》等，将留学人员与"一带一路"深度融合，推动留学人员为"一带一路"民心相通建设作出更大贡献。

关键词： "一带一路"；留学人员；民心相通

为了更好地适应全球新局势，统筹国内外发展，2013 年 9 月和 10 月习近平主席在出访中亚和东南亚国家期间，先后提出了共建"丝绸之路经济带"和"21 世纪海上丝绸之路"（简称"一带一路"）的重大倡议。民心相通是实施"一带一路"国际合作的社会基础，有助于增进相互了解、信任和友谊。本文深入探讨在实施"一带一路"国际合作的过程中，留学人员助力"一带一路"民心相通建设所具有的独特优势和作用，分析当前国际形势和时代背景下留学人员在开展民间外交和民心相通建设中所面临的挑战和主要问题，并提出有针对性和可操作性的对策建议，以更好地将广大留学人员的智力优势、资本优势和人文优势转化为服务"一带一路"国际合作的工作优势。

一、留学人员在"一带一路"民心相通建设中的独特优势和作用

近年来，留学群体日益受到各国政府的重视，并逐渐成为世界各国开展民间外交所依靠的重要力量。留学人员是中华文化的海外载体，是中外交流的重要桥梁和纽带，也是开展民间外交，推进"一带一路"民心相通建设的重要依靠力量。当前，留学人员在推进"一带一路"民心相通建设中的独特优势和作用主要体现在以下方面。

（一）规模和资源优势

40 多年前，伴随着改革开放，新中国掀起了一波"出国留学"的热潮。根据教育部的相关统计，从 1978 年到 2019 年底，各类出国留学人员累计达 642.42 万人，尤其是在 2017 年，我国的出国留学人

数首次突破 60 万人的大关，连续十年位居世界上最大的留学生生源国。2018 年共有 66.21 万人出国留学，同比增长 8.83%，足迹遍及世界 100 多个国家和地区。截至 2018 年，有 153.39 万人正在国外进行相关阶段的学习和研究；432.32 万人已完成学业；365.14 万人在完成学业后选择回国发展，占已完成学业群体的 84.46%。

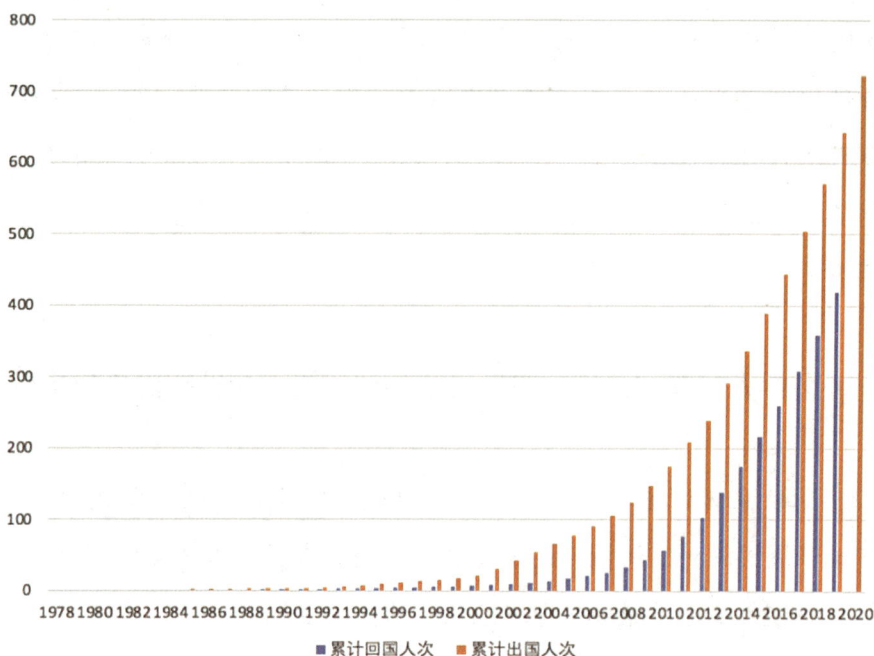

图 1 1978-2020 年我国历年累计出国、回国留学生人数（万人）

数据来源：1978-2017 年来自国家统计局，2018 年来自国家统计年鉴。

2019 年我国出国留学人数达 71 万人①。根据预测，截至 2020 年

---

① 2019 年我国出国留学及海归人才发展现状「组图」，https://baijiahao.baidu.com/s?id=1660647515470151138&wfr=spider&for=pc，2023 年 5 月 28 日访问。

5 月，全球有 12 亿学生受到新冠病毒影响 ①，但是有 70% 的学生表示疫情并没有改变其留学意向 ②。

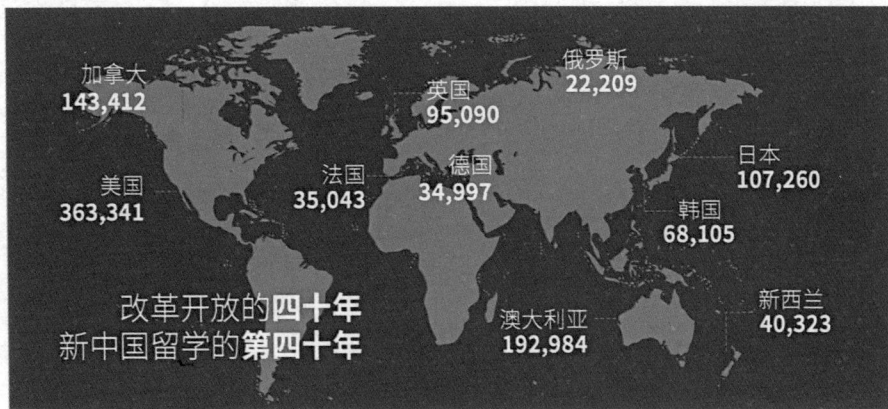

图 2 2017-2018 学年中国留学生世界分布图

数据来源：《2019 中国留学生白皮书》

从中国留学生的留学国别和地区来看，美洲、亚洲、欧洲、大洋洲和非洲是主要目的地。2018 年中国留学生在世界各州的分布比例分别是，美洲 35.4%，亚洲 25.1%，欧洲 24.2%，大洋洲 14.8%，非洲 0.5%。在此分布中，中国留学生又以美国、日本、英国、澳大利亚、加拿大、德国、新西兰、法国、韩国等为主要留学目的地，而亚洲的马来西亚和菲律宾作为后起者也同时彰显了其留学市场的潜力。

---

① UNESCO, COVID-19 Impact on Education[EB/OL], https://en.unesco.org/ covid19/educationresponse，2023 年 5 月 28 日访问。

② 李克飞、高旭杰、周嘉怡、臧庆：《中国留学生与三个经济因素的相关性——基于多元变量统计分析》，载《统计与管理》2020 年第 7 期，第 15 页。

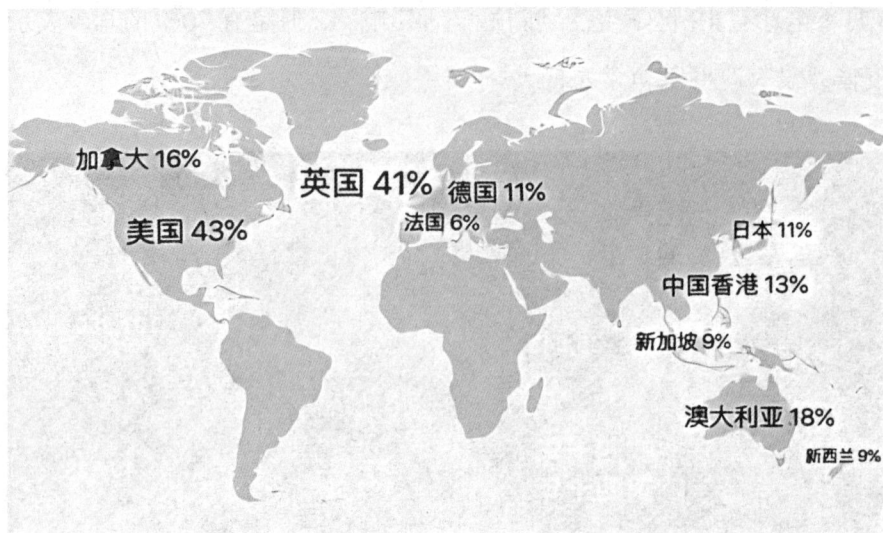

图 3 2020 学年中国留学生意向留学国家 / 地区

数据来源：《2020 海外留学趋势报告》

2020 年，虽然受疫情影响，但是美国、英国依然是中国留学生最中意的留学国家，其中，43% 的留学生选择美国，41% 的留学生选择英国，18% 的留学生选择澳大利亚，16% 的留学生选择加拿大，13% 的留学生前往中国香港。日本和德国平分秋色，均为 11%，还有少部分留学生群体选择新加坡（9%）、新西兰（9%）和法国（6%）作为留学意向国①。

---

① 益普索 Ipsos：《2020 海外留学趋势报告》，https://www.ipsos.com/zh-cn，2023 年 5 月 28 日访问。

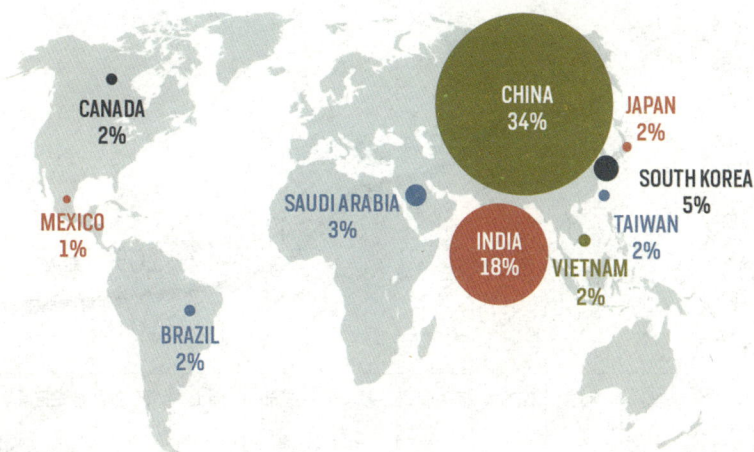

52% of international students come from China and India.

图 4 2019 在美排名前 10 位的留学生来源分布图

数据来源：美国《2019 门户开放报告》

　　受英国脱欧及工作签证政策、美国特朗普上台等对留学生限制政策影响，加拿大和澳洲接收的留学生越来越多，不过美国和英国依然是留学首选目的地。2019 年公布的《门户开放报告》[①]显示，中国已连续十年成为美国最大的国际学生生源国，2018–2019 学年在美国高校注册的中国留学生人数为 36.95 万人，占全部国际学生总人数的 33.7%，同比增长了 1.7%。

　　通过调查全球各个国家大学，发现留学生选择的最热门的五大专业为：工程、会计金融、商科管理、计算机科学信息系统、经济学。它们是就业比较好的专业。

---

① 美国教育与文化事务局：《2019 门户开放报告》， https://eca.state.gov/highlight/2019-open-doors-report，2023 年 5 月 28 日访问。

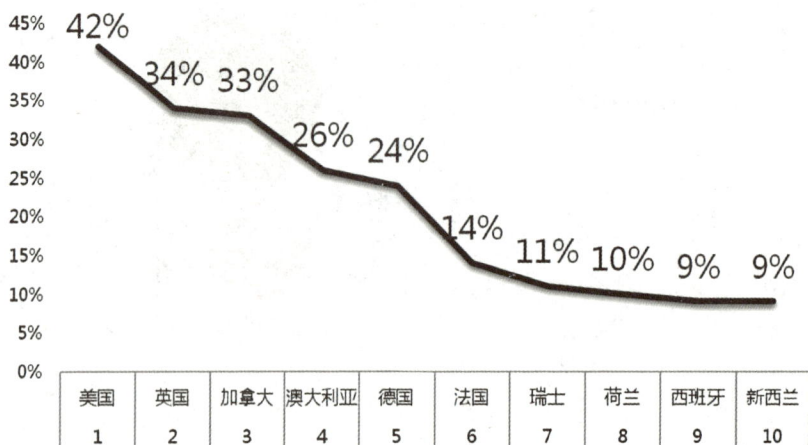

图 5 2018 世界排名前 10 位的留学目的国

数据来源：《QS2018 全球留学报告》

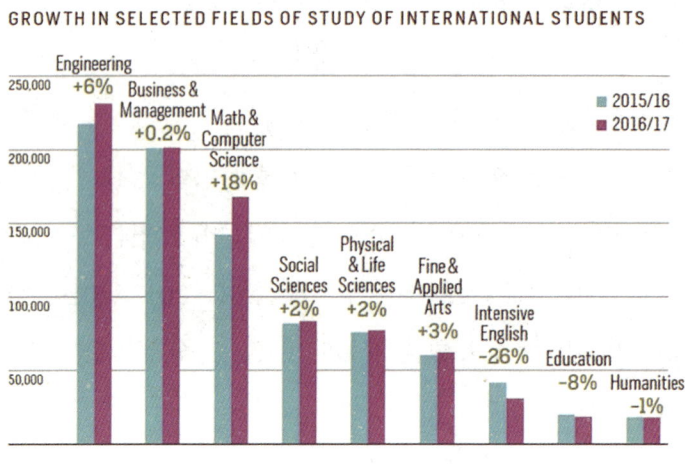

图 6 留学人数增加最多的专业

数据来源：《QS2018 全球留学报告》

由图 6 可以看出，工程、商科和计算机科学是留学生最爱的三大支柱专业，有超过一半的留学生选择此类专业。2019-2020 年，支柱专业热度依然未减，其中，工程类专业保持 19.03% 的热度，而计算机保持 18.23% 的热度①。

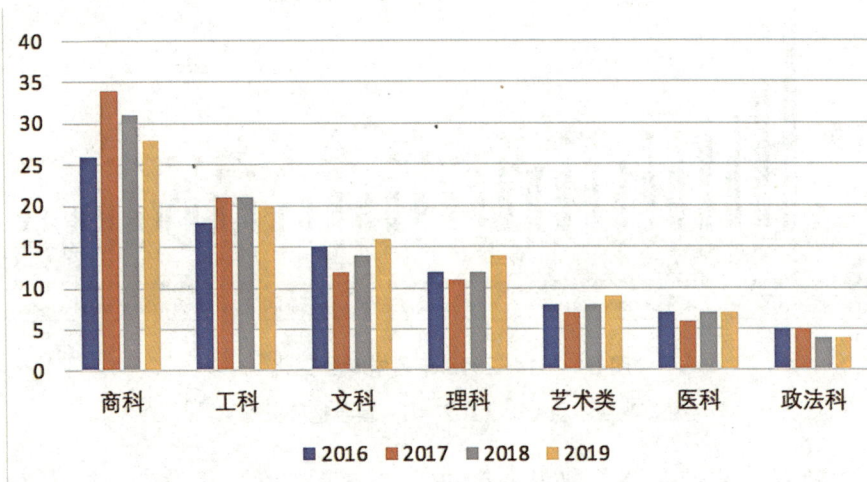

图 7 意向留学人群的专业受欢迎程度
数据来源：《2019 中国留学白皮书》

　　从中国留学生的选择大趋势来看，通过分析准留学生与在读留学生的专业选择发现，经管类学科独占鳌头，应用类学科大受追捧，而社科类专业的占比下降。2020 年，有 25% 的准留学生选择经管，高于 19% 的在校留学生和已归国留学生，说明越来越多的人选择该方向。理工和应用类学科，如计算机、医学、电子信息、建筑学等依然热度不减，但选修教育学、法学、文学、社会学等社科专业的比例逐渐下降②。

---

① 埔思学院：《2020 中国留学白皮书》，https://wenku.baidu.com/view/82bc308
　d8beb172ded630b1c59eef8c75fbf95b0.html，2023 年 5 月 28 日访问。
② 益普索 Ipsos：《2020 海外留学趋势报告》，https://www.ipsos.com/zh-cn，
　2023 年 5 月 28 日访问。

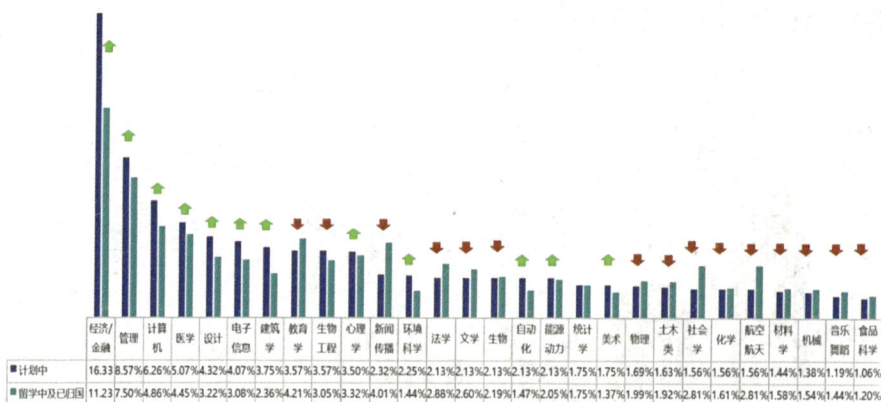

图 8　2014-2018 年留学专业变化

数据来源：益普索《2020 海外留学趋势报告》

	经济/金融	管理	计算机	医学	设计	电子信息	建筑学	教育学	生物学	心理学	新闻传播	环境科学	法学	文学	生物	自动化	能源动力	统计	美术	物理	土木类	社会学	化学	航空航天	材料学	机械	音乐舞蹈	食品科学
计划中	16.33%	8.57%	6.26%	5.07%	4.32%	4.07%	3.75%	3.57%	3.57%	3.50%	2.32%	2.25%	2.13%	2.13%	2.13%	2.13%	2.13%	1.75%	1.75%	1.69%	1.63%	1.56%	1.56%	1.56%	1.44%	1.38%	1.19%	1.06%
留学中及已归国	11.23%	7.50%	4.86%	4.45%	3.22%	3.08%	2.36%	4.21%	3.05%	3.32%	4.01%	1.44%	2.88%	2.60%	2.19%	1.47%	2.05%	1.75%	1.37%	1.99%	1.92%	2.81%	1.61%	2.81%	1.58%	1.54%	1.44%	1.20%

随着"一带一路"建设的推进，"一带一路"建设参与国成为中国学生赴海外留学的新选择。来自教育部的数据显示，2017 年，中国赴"一带一路"建设参与国的留学人数为 6.61 万人，比上年增长 15.7%，超过整体出国留学人员增速。其中，国家公派 3679 人，涉及 37 个"一带一路"建设参与国。[①]

与改革开放相伴，中国的外国留学生教育在规模和质量上都有长足的进步，特别是"一带一路"倡议的提出为外国留学生来华留学带来了新的机遇与挑战。教育部统计显示，2017 年共有来自 204 个国家和地区的 48.92 万名外国留学生在中国 31 个省、自治区、直辖市的 935 所高等院校学习，其中硕士和博士研究生共计约 7.58 万人，

---

① 赵晓霞：《"一带一路"：带热留学新路线（"一带一路"之留学）》，http://world.people.com.cn/n1/2018/0716/c1002-30148094.html，2023 年 5 月 28 日访问。

比 2016 年增加 18.62%。其中，来自 180 个国家的 5.86 万名外国留学生拥有中国政府奖学金，占总人数的 11.97%。其中学历生 5.16 万人，占奖学金生总人数的 88.02%，硕博研究生合计 4.08 万人，占奖学金生总人数的 69.57%，比 2016 年增加了 20.06%。与 2016 年相比，前 10 位的生源国稳中有变，依次为韩国、泰国、巴基斯坦、美国、印度、俄罗斯、日本、印度尼西亚、哈萨克斯坦和老挝。2018 年共有来自世界 196 个国家和地区的 492,185 名各类外国留学人员在全国 31 个省（区、市）的 1004 所高等院校学习，比 2017 年增加了 3,013 人，增长比例为 0.62%（以上数据均不含港、澳、台地区）。《全球人才竞争：吸引国际学生的国家战略比较》报告指出，中国在 2019 年底已经趋近接待 50 万名国际留学生的目标。

近年来，"一带一路"共建国家来华留学生人数快速增长。2017 年"一带一路"共建国家来华留学生 31.72 万人，占总人数的 64.85%，增幅达 11.58%，高于各国平均增速。[1] 2019 年，"一带一路"沿线 64 国来华留学生共计 207,746 人，同比增幅达 13.6%。[2]

按洲别统计：1951–2019 年来华留学生亚洲学生总人数为 295,043 人，占比 59.95%；非洲学生总人数为 81,562 人，占比 16.57%；欧洲学生总人数为 73,618 人，占比 14.96%；美洲学生总人数为 35,733 人，占比 7.26%；大洋洲学生总人数为 6,229 人，占比 1.27%。

---

[1] 王静：《"一带一路"倡议下的外国留学生教育》，http://www.sohu.com/a/239722126_699506，2023 年 5 月 28 日访问。

[2] 教育部发布 2019 年出国留学和来华留学数据，http://www.luozhuang-edu.cn/jykx/25139.html，2023 年 5 月 28 日访问。

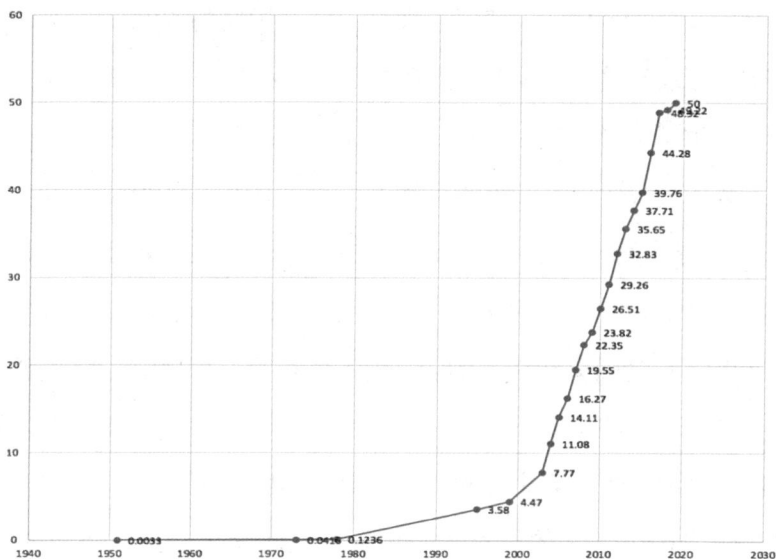

图 9　1951-2019 来华留学生数量（万人）

数据来源：《中华留学教育史录》，中国教育部，人民政府网

从来华留学生生源国来看，2018 年排名前 15 位的国家有：韩国 50,600 人，泰国 28,608 人，巴基斯坦 28,023 人，印度 23,198 人，美国 20,996 人，俄罗斯 19,239 人，印度尼西亚 15,050 人，老挝 14,645 人，日本 14,230 人，哈萨克斯坦 11,784 人，越南 11,299 人，孟加拉国 10,735 人，法国 10,695 人，蒙古国 10,158 人，马来西亚 9,479 人。由此可以看出，"一带一路"共建国家成为来华留学的主要增长点。2019 年的排名稳中有变，排名前 10 位的生源国家中，韩国、印度、巴基斯坦和哈萨克斯坦 4 个国家的生源数均有增长，其中印度、巴基斯坦和哈萨克斯坦均超过 10%，而非洲的留学生数量增长高达 19.5%[①]。

[①]　《教育数据：2019 年全国来华留学生数据发布》，http://www.jxdx.org.cn/gnjy/14176.html，2023 年 5 月 28 日访问。

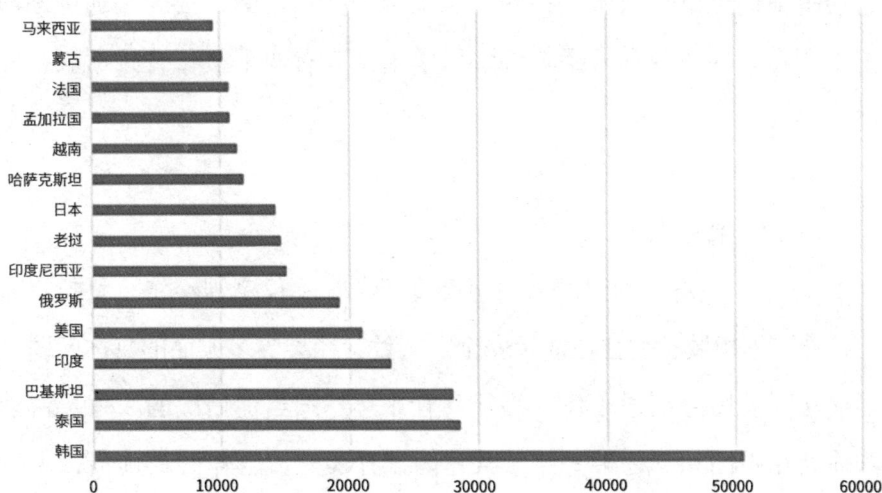

图 10　2018 年来华留学生排名前 15 位的国家

数据来源：教育部《2018 来华留学统计》

　　"一带一路"共建国家来华留学生既可以为"一带一路"国际合作在基础建设、投资贸易、文化交流等领域提供人才支撑和智力支持，还可以为中国在"一带一路"共建国家积累广泛的人脉，培养一大批"知华""友华"力量，使他们成为中国和相关国家和地区之间的桥梁和纽带，以及确保"睦邻、安邻、富邻"的周边外交政策得以顺利实施的中坚力量。

（二）双重语言文化优势

　　留学人员的跨国生活、学习、工作经历赋予他们双重语言文化优势，使得他们既熟悉中国历史、制度文化、风土人情，又了解所在国国情、价值观念、风俗习惯等，知晓中外法律、社会制度和文化等差异。留学人员既传承中华优秀文化，又汲取住在国文明、文化营养，这使得他们可以自由游弋在两种制度两种文化之间，成为沟通中国与留学所在国的纽带和桥梁。许多留学生因为有双重文化背景而获得发展优势。

（三）传播优势

"一带一路"共建国家情况高度复杂，不仅牵涉经济、科技、商务、外交等领域，往往还涉及安全、宗教、社会等多方面的具体问题，要成功开展民心相通工作，必须要有非常熟悉当地情况的人才。留学群体处在中国和"一带一路"共建国家开展交流合作的最前沿，由于他们长期生活在海外，了解留学居住国国情，熟悉住在国的历史、文化、习俗，明晰住在国政府和民众的思维方式和文化习惯，能够从博大精深的中华文化中选取易于被居住国民众所接受的内容，用居住国民众喜闻乐见的方式和途径，以"当事人"的角色传达和介绍中国。

（四）双重情感优势

留学人员是多重社会关系中的行为主体，他们实际上存在着双重或多重民族情感——他们长期生活在留学所在国，对当地怀有深厚的感情；他们又来自中国，对自己的祖国有一种割舍不断的情感；对各国友好和世界和平怀有热诚的期待。从某种程度上来说，由双重情感所维系的行为追求会发挥出融通的能量，成为促进国家间友好、民族间团结、各国共同发展进步的催化剂。

（五）融合优势

留学人员与当地学生和民众长期生活在一起，他们与住在国各族学生和民众建立起了深厚的友谊，与当地社会深度融合，是构建人类命运共同体中民心相通的有效载体，起到"润滑剂"作用。这种长期交往建立起来的亲近和信任，使得留学人员开展民心相通工作时具有朋友之间的私人交往的性质，相对于政府开展的外交工作而言，他们传播的信息在住在国政府和民众心目中更有说服力和感染力，也往往更容易为住在国政府和民众所理解和重视，在危机公关、消除误解、增进了解，以及促进友好交往中能够发挥更大的作用。

（六）可持续优势

中国留学生遍布世界各地，是开展民间外交的可持续力量。随着中国综合国力和国际地位的提升，他们与国内开展交流合作、共享发展机遇的积极性日益高涨，推动中外经济、科技、文化交流的意愿强烈，保持民族和文化特性日益自觉。特别是"一带一路"倡议实施以来，共建国家聚集的数百万中国留学生在参与"一带一路"国际合作、推动民间外交和民心相通中发挥了重要作用。此外，"一带一路"共建国家来华留学生人数也快速增长，他们是开展民间外交的重要助推器。

二、留学人员助力"一带一路"民心相通建设面临的挑战和不足

近年来，留学人员利用他们的社会资源和特殊优势，通过文化交流、媒体宣传等手段，向"一带一路"共建国家政府和民众传达和介绍中国的基本国情、价值观念、发展道路、内外政策等各种真实信息，引导住在国政府和民众正确认识和了解"一带一路"倡议，帮助

中国创造良好的外部发展环境，留学人员民间外交和民心相通工作取得了一定成效。目前主要面临如下挑战和不足。

（一）"中国威胁论"等带来国际舆论环境挑战

国际关系、住在国政策和舆论环境不仅会影响留学人员参与"一带一路"民心相通建设的积极性，而且会影响留学人员在当地的生存和发展。西方某些国家政府和民粹分子戴着"有色眼镜"看待中国和中国留学生，危言耸听地渲染"中国威胁论"，留学人员有时也被诬蔑为"第五纵队"和"黄色间谍"。2018 年 2 月 16 日，美国联邦调查局局长克里斯托弗·雷在国会听证会上公开宣称，在美国"几乎所有领域"中学习和工作的"华人教授、科研人员、学生"都可被视之为"非传统的情报收集人员"[1]。他还进一步强调，"在美华人学生和学者是美国国家安全的威胁，需要美国全社会关注应对。"[2] 这一言论得到了中央情报局长等多名美国高官的附和。近期，澳大利亚则声称，中国正在使用移民和留学生的方式对澳大利亚进行渗透，这已经威胁到澳大利亚的国家安全。美国斯坦福大学胡佛研究所发表了题为《中国影响力与美国利益：提高建设性警惕》的报告。报告称，中国试图对美国智库、高校、媒体及各级政府机构进行渗透，破坏美国民主价值，包括通过向美国的中国留学生施加影响。"中国渗透论"

---

[1] 邢晓婧：《"谴责美给华人贴'间谍'标签，美籍华人精英组织百人会发声"》，http://www.sohu.com/a/306681235_162522，2023 年 5 月 28 日访问。

[2] 刘栋：《"美国'华人间谍'威胁论调查"》，http://www.sohu.com/a/226185969_115479，2023 年 5 月 28 日访问。

使得中美关系火上浇油，也因此限制了中美人文交流领域的深入发展。

（二）对留学人员助力"一带一路"民心相通建设的统筹引导不够

随着中国政府和学界对民间外交工作发展规律认识的深化和工作领域的拓展，留学人员在"一带一路"共建国家开展民间外交和民心相通工作层面蕴含的能量凸显。其中也有值得反思的地方：留学生助力民心相通的内涵不明确；人文交流在"一带一路"国际合作中的定位不太清晰；政府相关部门的协调不够；官方色彩较浓，民间角色不够突出；对内话语和对外话语的区别重视不够；合作共赢思维有待加强；人文交流成效评估缺乏；留学人员参与"一带一路"主体定位和作用模糊等。其关键是当前国家对留学人员在"一带一路"共建国家开展民间外交和民心相通工作统筹不够。人们对留学人员在"一带一路"共建国家开展民间外交和民心相通工作的认识还停留在对留学群体开展民间外交的少数案例的分析和研究上，既缺乏反映当前时代变革和"一带一路"共建国家发展变化情况的留学人员民间外交战略，又缺乏指导留学人员开展民间外交和民心相通工作等具体实践的体制机制研究成果，导致留学人员对"一带一路"共建国家的相关政策、体制、机制等认识模糊，需求不匹配，未能更好参与"一带一路"建设。

（三）留学人员组织社团信息不完整

长期以来，海外留学生社团、留学人员组织等被认为是开展留学人员民间外交和民心相通工作的重要载体和平台。据不完全统计，目前全球留学人员社团和组织有数万个，它们在联络留学人员、维护留学人员利益、弘扬中华文化、促进中外友好交流、开展民间外交等方面发挥着极其重要的作用。但是，当前国内对海外留学人员社团和组织的联系沟通有限，信息不完整，再加上对归国的留学人员等缺乏登记在册等手续，导致不同层次及类别的留学人员社团之间缺乏有效沟通，国内各地除高校社团留学人员信息比较完整外，其余留学人员社团缺乏相关人才信息和数据库等，特别是对于自主创业的这部分留学人员了解更少。

三、充分发挥留学人员在"一带一路"民心相通中作用的对策建议

"国之交在于民相亲，民相亲在于心相通。"留学人员助力"一带一路"民心相通建设有独特优势，已经成为促进我国与"一带一路"共建国家民心相通的重要桥梁和纽带，应从战略高度进行顶层设计，引导广大留学人员广泛参与"一带一路"民心相通工作，以留学人才优势引领和支撑"一带一路"建设。具体而言，主要是开展好以下工作。

（一）加强统筹协调，建立留学人员参与"一带一路"民心相通的工作机制

建议由统战部牵头，协调中联部、中宣部、教育部、文旅部、外交部、中国侨联、欧美同学会、各民主党派、工商联等建立联席会议制度，研究制定留学人员助力"一带一路"民心相通的政策和具体工作，明确目标任务、工作安排和具体要求。

（二）将留学人员参与"一带一路"民心相通纳入我国驻外使领馆等相关部门的工作内容

加强组织、协调和引导，将留学人员（特别是国家公派留学人员）参与"一带一路"民心相通纳入驻外使领馆等部门的日常工作内容，每年制定工作计划、进行考核，及时反映留学人员参与"一带一路"民心相通中存在的问题，予以帮助解决，因地制宜开展多种形式的交流活动。

（三）加强欧美同学会的能力建设，强化对"一带一路"留学人才的引领作用

通过举办常态化的活动，例如每年一次的智库论坛和经贸论坛，选择在不同地区开展文化交流活动等，就重大国际问题发声，提升同学会的国际影响力。同时依托下属的研究院（智库），加强对"一带一路"国际合作的研究，开展灵活多样的学术交流活动，定期发布研究成果，办好会刊和网站。

（四）建设留学人员数据信息库

摸清"一带一路"共建国家留学人员的数量、地区分布、主要特点等，掌握"一带一路"各类留学人员的基本信息，建立联系，特别是整合重点留学人员资源，以才引才，吸引更多的留学人员智力、资本投身到"一带一路"建设中，肩负起推进"一带一路"国际合作"排头兵"的重任，努力做中国与共建国家的"天然桥梁和纽带"，当好文化交流的使者，积极促进民间交流合作，推进与各国教育、文化、旅游、卫生以及慈善事业等领域的交流合作，凝聚起共商共建共享的强大力量。

（五）充分发挥留学人员社团组织的作用

充分发挥海内外留学人员社团组织的作用，特别是校友会等学生组织的力量，沟通国内国外，深入挖掘留学人员社团组织在"一带一路"建设中的潜力，做好各地留学人员社团组织的协作，突出重点，形成合力，以社团凝聚人才，发挥其桥梁和纽带作用，促进留学人员参与"一带一路"建设，深化与共建国家（地区）的人文交流合作。此外，还要通过搭建各类留学生人员文化交流平台，例如组织留学生文化交流论坛、学术交流会议等，广开思路。积极支持留学生组织开展各类文化交流活动，加强对民间社团的服务和指导作用，引领"一带一路"共建国家留学人员社团组织积极开展服务"一带一路"的政策咨询、资金融通等，加强对外传播，塑造良好国家形象。

（六）重视发挥留学生家长的作用

重视发挥留学生家长的沟通、协调作用，通过座谈、走访，了解留学人员家庭成员的基本情况，特别是对于现在海外的留学生，将"一带一路"共建国家开展民心相通的相关举措通过家长传达给留学生。

（七）加强留学人员重点社团和代表人士的扶持培养

一是加强共建国家留学人员重点社团建设。推动海外留学人员社团形成规模效应，争创一定数量的国家级海外重点社团；特别要注重海外留学人员社团的班子建设，优化完善其组织架构和层级；着重培养一批讲大局、人品好、有才干、肯奉献的留学人员代表人士，深入挖掘他们在开展民心相通中的好做法、好经验和典型事迹，在服务"一带一路"建设中发挥示范引领、典型激励的积极作用。二是加强海外留学人员中青年领袖的培训工作。努力培育一批年富力强、知识丰富、热心社团活动的中青年留学人员领袖，促进海外留学人员社团的可持续发展。三是加强联络联谊工作，组织海外留学人员回国参访、探亲访友、经贸合作、文化交流等，促进海外留学人员与家乡交流合作。

（八）定期发布《中国海外留学人员白皮书》

通过白皮书，介绍"一带一路"合作最新进展，使广大留学人员了解"一带一路"共建国家的国家概况、经济结构与经济发展、基础设施建设、经济制度与经济政策，研究该国在"一带一路"倡议中的地缘政治与地缘经济及其风险与挑战，分析该国特定经济结构与经济发展水平对"一带一路"倡议实施的可能性贡献与利益需求等，帮助留学人员与"一带一路"共建国家相关需求深度匹配和融合。

东南亚华裔新生代中华文化认同现状及增强路径研究①

张江丽

（北京华文学院教授）

摘要：本文以东南亚六国的华裔新生代为调查对象，考察了他们中华文化认同的现状。研究表明，在文化整体认同上，东南亚华裔新生代基本上形成了"本国认同为主，中华文化认同次之"的混杂认同模式。在文化身份认同、文化符号认同、文化价值观认同上，调查对象中约八成的东南亚华裔新生代认同自己的华裔身份、认同中华文化的核心价值观并对中华文化符号感兴趣。在文化行为模式方面，近六成的东南亚华裔新生代首选在中国居住和工作。在此基础上，本文就

① 本研究受到了国家社科基金一般项目（21BYY170）、同济大学语言文字推广基地双强项目（TJSQ22ZD03）、世界汉语教学学会全球中文教育主题学术活动计划（SH22Y17）、教育部语合中心青年项目（21YH10D）、国务院侨办2022年度华文教育研究课题（22GQB181）、北京华文学院年度项目（HW-22-B03）、广西高校人文社会科学重点研究基地项目（XDWX202108）、中央社会主义学院统一战线高端智库年度项目（ZK20210129）的支持和资助。

增强华裔新生代的中华文化认同提出了建议。

关键词：东南亚；华裔新生代；中华文化认同

一、已有研究回顾

文化认同是最深层次的认同，已成为综合国力竞争中最重要的"软实力"。东南亚是华侨华人的传统聚集地，也是世界上华侨华人人口最多的地区。据统计，东南亚华人华侨总数约 3348.6 万，约占全球华侨华人的 73.5%。而其中的华裔新生代是东南亚华侨华人社会的希望和未来。因此，东南亚华裔新生代对中华文化的认同状况尤其值得关注。

我们于 2022 年 10 月 17 日在"中国知网"总库的高级检索中以"（中华文化认同 + 中国文化认同）*（华人 + 华裔 + 华侨 + 华族）"为检索式进行了主题检索，共检索到 190 条文献。已有研究对海外华侨华人的文化认同作出了很多有益的探索。从研究对象来看，主要集中于在华留学生群体和海外老一代华侨华人的文化认同上。少量有关新生代的研究多以来华留学生、某国华校学生、某国中学生群体为研究对象，不区分华裔与非华裔身份。

我们通过人工筛选出 19 篇分国别、分地区探讨华裔新生代中华文化认同现状的研究。其中有关东南亚华裔新生代中华文化认同整体状况的研究仅有 1 篇。该研究以泰国、新加坡、印尼三国华裔新生代为研究对象，忽略了马来西亚、老挝、柬埔寨等传统的华侨华人聚集国，不能反映东南亚华裔新生代中华文化认同的整体面貌。

从已有研究对中华文化认同的维度划分来看，研究主要从身份认同、国家认同（王爱平，2006），宗教认同、祖籍认同（沈玲，2015），文化符号、文化身份、文化价值观（郭银辉，2017），语言、节日、行为（杨青云，2021）等一个或多个方面展开。这些研究的颗粒粗细不一，缺乏对中华文化认同现状的整体架构和全面分析，衡量中华文化认同的指标较为单一，文化认同的调查维度有待进一步丰富。

本研究尝试从多学科的视角建立东南亚华裔新生代中华文化认同分析的维度和框架，分析东南亚华裔新生代中华文化认同的现状，厘清华裔新生代中华文化认同的影响因素，提出增强华裔新生代中华文化认同的策略。

二、研究设计

（一）问卷编制

本研究以问卷调查法为主，以个案访谈补充。在综合前人相关研究以及前期访谈的基础上，本文从五个维度考察华裔新生代的文化认同：文化整体认同、文化身份认同、文化符号认同、文化价值观认同、文化行为模式认同。问卷所有问题均为自行编制。问卷题目主要采用单项或多项选择、李克特五点量表赋值、半开放式问题填空等题型来表述。

（二）调查对象

印尼、泰国、马来西亚是东南亚华侨华人人口最多的三个国家。菲律宾、柬埔寨、老挝也是传统的华侨华人聚集地。因此，结合研究资料的可得性，本研究最终选取这六个国家的华裔新生代作为调查对象。

研究以 40 岁以下的华裔青年学生和华裔青年华文教师为主要调查对象，这两类群体占比达到 90.91%。其中大学及以上学历的占 33.14%，高中毕业的占 39.63%，初中毕业的占 14.63%。问卷采用问卷星形式进行发放，最终收集到有效问卷 564 份，其中印尼、泰国、马来西亚、菲律宾、老挝、柬埔寨回收的有效问卷分别为 119 份、102 份、99 份、85 份、89 份、70 份。

三、研究结果及发现

（一）文化整体认同

文化整体认同情况是群体或个人对某种文化的整体印象和态度。问卷以他们对奥运会比赛的支持情况为切入点，从侧面考察他们对各国文化的整体认同情况。

问卷以"如果观看奥运会比赛，你会给哪个国家加油？"为题目，让被调查者从"1 不会""2 很可能会""3 会""4 一定会""5 用尽全力加油"中根据自己的情况进行选择。为了从比较中看出调查对象对中华文化的整体认同状况，问卷同时调查了他们对其他国家的文化认同情况。在前期调查中发现，美国、日本、韩国、新加坡这几个国家的文化在东南亚各国具有一定的影响力[①]，因此，矩阵量表中也将这几种文化纳入其中。

---

① 在前期访谈中发现，新加坡对东南亚各国的文化有较大的影响力，且本研究的调查对象中不包括新加坡，因此，在此将新加坡列入对东南亚影响力较大的国家。

表1 "如果观看奥运会比赛，你会给哪个国家加油？"

选项	1 不会	2 很可能会	3 会	4 一定会	5 用尽全力加油
我的国家	3.31%	2.48%	11.57%	24.79%	63.64%
中国	10.74%	10.74%	28.93%	29.75%	25.62%
韩国	26.45%	15.70%	35.54%	16.53%	7.44%
美国	24.79%	21.49%	33.06%	14.88%	5.79%
日本	22.31%	19.83%	36.36%	18.18%	5.79%
新加坡	24.79%	23.97%	34.71%	15.70%	4.96%

　　调查结果显示，在"用尽全力加油"的这个选项中，调查对象中选择"我的国家"的占63.64%，其次是"中国"，占25.62%，之后依次是"韩国""美国""日本""新加坡"。本研究调查的华裔新生代均为生于东南亚、长于东南亚的新生代华裔，他们对所在国的文化最为熟悉，认为自己是所在国文化的重要组成部分，理应为自己的国家加油。因此，选择为所在国"用尽全力加油"的人数最多。在东南亚华裔的成长环境中，经过祖辈父辈的教育、家庭的熏陶，他们隐隐约约地感觉到自己在肤色、语言、行为习惯等方面与所在国的其他群体有所不同，自己与中国有着千丝万缕的联系，开始认识到自己的华裔身份。部分新生代在成年后还有亲自到中国观察、体验的经历。因此，他们对自己的华裔身份有了更深的认识，其中25.62%的华裔新生代坚决地选择了为中国"用尽全力加油"。可见，东南亚华裔新生代基本上形成了"本国认同为主，中华文化认同次之"的混杂认同模式。

　　调查显示，有5%～7%的东南亚华裔新生代选择为韩、美、日、新等国"用尽全力加油"。在多元文化的影响下，韩国、美国、日本、新加坡等国文化借助动漫、影视、综艺、快餐、新媒体等新形态对东南亚华裔新生代的文化认同形成了冲击，在一些华裔新生代眼中，这些文化是先进、时尚的代名词。

（二）文化身份认同

文化身份认同的调查主要包括对自己华裔身份的认同、对中国和中华文化的认同、对汉语的认同这三个方面。这部分问卷采用矩阵式五点量表赋值的方式，让被调查者根据自己的实际情况对以下表述赋值，1为"不同意"，5为"非常同意"。调查结果如下：

表 2 东南亚华裔新生代的文化身份认同

题目／选项	1	2	3	4	5	平均分
我为自己的华裔身份感到高兴。	0.83%	0%	17.36%	30.58%	51.24%	4.31
中华文化是一种优秀的文化。	0.83%	2.48%	15.70%	28.10%	52.89%	4.3
我愿意更多地了解中华文化。	0.83%	2.48%	19.01%	28.10%	49.59%	4.23
我喜欢中国和中华文化。	1.65%	2.48%	23.14%	23.97%	48.76%	4.16
我为自己会说汉语感到骄傲。	2.48%	5.79%	21.49%	23.97%	46.28%	4.06
我愿意向周围的人介绍中国和中华文化。	2.48%	0.83%	25.62%	31.40%	39.67%	4.05
我愿意参加跟华人有关的各种社团和活动。	1.65%	5.79%	30.58%	25.62%	36.36%	3.89
合计	1.53%	2.83%	21.84%	27.39%	46.40%	4.14

统计结果显示，被调查者的平均得分为 4.14 分。可见大多数东南亚华裔新生代对自己的华裔身份及中华文化的认同还是比较高的。

其中得分最高的是"我为自己的华裔身份感到高兴",平均得分为 4.31 分,其次是"我愿意更多地了解中华文化",平均得分是 4.23 分,得分最低的是"我愿意参加跟华人有关的各种社团和活动",平均得分是 3.89 分。

由此可见,大多数东南亚华裔新生代认同自己的"华裔"身份。在东南亚国家一提到"华裔",就会让人联想到"勤劳""吃苦""有钱"等词语。华裔在东南亚各国经济建设中发挥了重要作用,他们为自己的华裔身份感到骄傲,愿意更多地了解中华文化。相比之下,他们参加华人社团及相关活动的积极性稍逊一筹。如何建立有影响力、与大多数华人相关的社团并组织积极有效的活动,值得研究。

(三)文化符号认同

本研究最终选取中国文化的基本元素、中华文化的特有元素、宗教信仰、文学文艺等四个方面的文化符号作为调查的主要指标。

中华文化的基本元素主要选取汉语、中国传统服饰、中式婚俗、中国饮食、中国称谓、十二生肖、姓名文化、中医技术、中国文学、中国建筑、中国历史、中国艺术、中国习俗、中国人际关系这 14 个文化元素,让被调查者在五点量表中进行选择。1 为"不感兴趣",5 为"非常喜欢"。

东南亚华裔新生代对这些文化符号的兴趣度平均得分为 3.9 分。其中,最感兴趣的是"中国饮食"和"汉语",得分分别为 4.29 分和 4.28 分。最不感兴趣的是"中式婚俗"和"中国称谓"。

表 3 东南亚华裔新生代的文化符号认同

题目/选项	1	2	3	4	5	平均分
中国饮食	0.83%	3.31%	14.88%	28.10%	52.89%	4.29
汉语	0.83%	1.65%	19.83%	23.97%	53.72%	4.28
中国艺术	3.31%	2.48%	20.66%	28.10%	45.45%	4.1
姓名文化	2.48%	4.96%	20.66%	33.06%	38.84%	4.01
中国习俗文化	1.65%	5.79%	23.14%	31.40%	38.02%	3.98
十二生肖	2.48%	4.96%	23.97%	35.54%	33.06%	3.92
小计	3.13%	5.19%	25.86%	29.99%	35.83%	3.9
中国建筑	3.31%	4.96%	28.93%	27.27%	35.54%	3.87
中国历史	3.31%	6.61%	27.27%	28.93%	33.88%	3.83
中国传统服饰	3.31%	4.96%	28.10%	36.36%	27.27%	3.79
中国文学	3.31%	5.79%	28.10%	35.54%	27.27%	3.78
中国人际关系	4.13%	4.96%	32.23%	27.27%	31.40%	3.77
中医技术	5.79%	6.61%	28.10%	27.27%	32.23%	3.74
中式婚俗	5.79%	6.61%	30.58%	29.75%	27.27%	3.66
中国称谓	3.31%	9.09%	35.54%	27.27%	24.79%	3.61
合计	3.13%	5.19%	25.86%	29.99%	35.83%	3.9

从国别的对比来看，印尼华裔新生代的得分最高，为 4.04 分，泰国华裔新生代的得分为 3.92 分，马来西亚华裔新生代的得分仅为 3.59 分。

调查显示，东南亚华裔新生代群体最熟悉的中国名人是孔子、习近平、毛泽东，熟知度最高的中国影视明星是迪丽热巴和成龙。他们还提到了王一博、杨洋、鹿晗、张子枫等新生代的影视明星，这也体现了中国当代流行文化对东南亚华裔新生代的影响。

（四）文化价值观认同

中华文化价值观体现了中国人对社会、对他人、对集体的认知，这是中华文化的独特部分。本研究选取"以和为贵""谦虚""集体最重要""家庭非常重要""尊老爱幼""长幼有序"这六个最有代表性的价值观，让被调查者在"1~5"中选取自己对这些价值观的认同程度，"1"表示认同度最低，"5"表示认同度最高。

表4　东南亚华裔新生代对中华文化核心价值观的认同

价值观	1	2	3	4	5	平均分
家庭非常重要	0.83%	3.31%	10.74%	20.66%	64.46%	4.45
尊老爱幼	2.48%	3.31%	9.92%	30.58%	53.72%	4.3
谦虚	2.48%	6.61%	14.05%	33.88%	42.98%	4.08
集体最重要	1.65%	4.13%	21.49%	33.06%	39.67%	4.05
长幼有序	3.31%	5.79%	19.01%	31.40%	40.50%	4
以和为贵	3.31%	7.44%	19.83%	28.10%	41.32%	3.97
合计	2.34%	5.10%	15.84%	29.61%	47.11%	4.14

调查结果显示，东南亚华裔新生代对价值观认同情况的平均得分是4.14分。认同度最高的价值观是"家庭非常重要"，得分为4.45分，最低的是"以和为贵"，得分是3.97分。

（五）文化行为模式认同

文化行为模式认同则是文化认同的实践检验。该部分选取居住地选择、工作地选择、节日庆祝、婚姻选择等文化行为来考察被调查者的文化认同情况及强度。

表 5　东南亚华裔新生代的居住国选择

居住国	比例
中国	61.98%
所在国	30.58%
日本	28.10%
韩国	26.45%
美国	20.66%
新加坡	20.66%
其他	19.83%

调查结果显示，东南亚华裔新生代愿意选择居住在中国的占 61.98%，而愿意选择居住在所在国的仅占 30.58%。这一结果充分表明了中国对东南亚华裔新生代的吸引力。

在不同国家华裔新生代对居住地的选择上，印尼华裔选择中国的热情最高，有 79.63% 的被调查者愿意居住在中国。马来西亚华裔选择中国的热度最低，仅有 25.71% 愿意居住在中国，他们更愿意居住在日本（40%）和美国（34.29%）。

对"是否愿意来中国工作"这一问题，有 37.19% 的被调查者"非常愿意来中国工作"，20.66% 的调查者"比较愿意来中国工作"，33.06% 的被调查者"可能会考虑来中国工作"。总体来看，他们对在中国生活、工作和居住的愿望还是比较强烈的。其中，印尼和泰国华裔新生代对在中国工作的意愿最为强烈，约有 72.23% 的印尼华裔新生代、80% 的泰国华裔新生代选择的强度在"比较愿意"及以上，马来西亚华裔在这一区间的仅有 20.00%。

表6 在中国工作的意愿

选项	比例
非常愿意	37.19%
比较愿意	20.66%
可能会考虑	33.06%
不太愿意	7.44%
不可能	1.65%

本次调查对象中有一部分人来过中国，他们在中国生活后发现，无论生活环境、医疗条件还是薪资水平，中国更具吸引力。印尼同学SWJ在访谈中提道："（在中国）更容易赚到钱，有前途啊。""我没去过中国，但是比较好奇，很想来。觉得中国不错，挺漂亮的嘛。"可见，中国对华裔新生代有较强的吸引力。

表7 东南亚华裔新生代庆祝中国传统节日的频率

节日名称	1	2	3	4	5	平均分
春节	5.79%	0.83%	6.61%	12.40%	74.38%	4.49
中秋节	8.26%	4.13%	19.01%	11.57%	57.02%	4.05
端午节	7.44%	4.13%	23.14%	12.40%	52.89%	3.99
清明节	9.92%	4.96%	18.18%	14.05%	52.89%	3.95
元宵节	11.57%	9.09%	24.79%	14.05%	40.50%	3.63
中元节	22.31%	9.09%	26.45%	11.57%	30.58%	3.19
合计	10.88%	5.37%	19.70%	12.67%	51.38%	3.88

中国传统节日是中华文化的重要组成部分，节日的仪式感通常也反映了文化的认同感。重视中华传统节日并在节日里经常举行庆祝活动的群体通常对中华传统文化有着较强的认同感。调查显示，对于

中国的"春节""元宵节""清明节""端午节""中元节""中秋节"这六个节日，庆祝参与度的平均得分为3.88分。其中庆祝频率最高的是"春节"和"中秋节"，分别得分为4.49分和4.05分。这两个节日也是大部分中国人最重视的传统节日。

不同族群之间的通婚状况是族群文化包容性的晴雨表，通常对族群文化纯洁度要求较高的族群不愿意与其他族群通婚，他们更愿意选择与自己族群相同的对象作为结婚的对象。

调查设置了"您会选择跟非华裔结婚吗？"这一问题，17.36%的华裔选择"肯定不会"，57.85%的华裔选择"有可能会"，23.97%的华裔选择"当然会"。可见，对于通婚问题，东南亚华裔并不执着。

表8 东南亚华裔新生代的通婚态度

国家	当然会	有可能	肯定不会
老挝	50.00%	50.00%	0.00%
柬埔寨	50.00%	50.00%	0.00%
泰国	37.50%	59.38%	3.13%
印尼	26.47%	50.00%	23.53%
马来西亚	22.22%	66.67%	11.11%
菲律宾	10.00%	80.00%	10.00%

不同国家的华裔新生代对通婚的态度也有一定差异。调查结果也在一定程度上反映了东南亚各国不同族群之间的融合程度。老挝和柬埔寨华裔对通婚的态度最为开放，选择"当然会"的人群比例最大，占50%。其次是泰国，有37.50%的人群选择"当然会"。在保持族群纯洁性方面比较执着的当属印尼华裔，23.53%的印尼华裔新生代

选择"肯定不会"。但总体来看，华裔融入其他族群已成为主流。

对印尼学生 WJL 的访谈也印证了这一情况。该学生表示："印尼的华人很少愿意跟非华人结婚。""也有些华人看宗教。比如说基督教的华人更喜欢跟基督教的华人结婚。"

对于婚礼仪式的选择，"中式""西式""本国式"是东南亚华裔新生代的三种主流选择，其中选择"中式婚礼"的占 43.8%，选择"西式婚礼"的占 42.98%，选择"本国式"的占 13.23%。可见，近一半的华裔选择了"中式婚礼"，他们对中华传统婚姻文化仍有情结。这与国内以西式为主或采用半中半西式，形成对照。

（六）文化认同影响因素分析

影响东南亚华裔新生代文化认同的因素有哪些？研究以"你喜欢或不喜欢中华文化的原因有哪些？"进行了不限项的选择。研究结果如下：

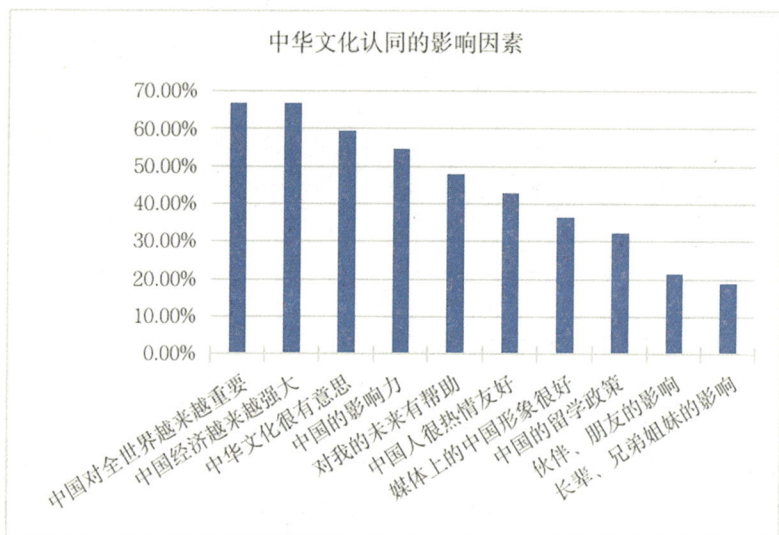

图 1　东南亚华裔新生代中华文化认同的影响因素

对东南亚华裔新生代文化认同影响最大的是"中国对全世界越来越重要""中国经济越来越强大"，有 66.94% 的被调查者选择这两个因素，其次是"中华文化很有意思""对我的未来有帮助"等因素。综合来看，中国的国际地位和经济的快速发展吸引了东南亚华裔新生代的注意，成为影响他们文化认同的最大因变量。

四、主要结论、启示与建议

（一）主要结论

在整体认同上，东南亚华裔新生代基本上形成了"本国认同为主，中华文化认同次之"的混杂认同模式。在文化身份认同、文化符号认同、文化价值观认同上，调查对象中约八成的东南亚华裔新生代认同自己的华裔身份、认同中华文化的核心价值观并对中华文化符号感兴趣。在文化行为模式方面，近六成的东南亚华裔新生代愿意在中国居住和工作，近八成的华裔新生代愿意参与传统节日的庆祝。在婚姻选择上，东南亚华裔与其他族群通婚意愿较为普遍，八成新生代不介意与他族通婚。在影响华裔新生代文化认同的因素方面，国家有力、文化有趣、语言有用成了影响华裔新生代中华文化认同的三大因素。

（二）启示与建议

中国的和平发展是在东南亚华裔新生代中传播中华文化的利好条件；海外华校是传播中华文化的主要阵地；新生代之间的文化交流是促进"文化入心"的有力途径；新型传播媒体是强化华裔新生代文化认同的新空间；华人社团是推进中华文化认同的重要"在地"力量。

因此，促进和增强东南亚华裔新生代对中华文化的认同，可以从以下路径展开。

第一，构建全方位、多层次的中华文化传播实体，满足新生代的不同学习需求。

语言是了解一个国家最好的钥匙。学习汉语是增强中华文化认同最有效、最持久的途径。鉴于在东南亚华人家庭推广中华文化收效缓慢，在社会层面进行大范围的中华文化推广存在顾虑，东南亚各国华校和汉语培训机构是传播中华文化的主要阵地。

在二十世纪初期到中期，华文补习班、专门的华文学校以及一些华人社团组建的佛堂、孔教机构是东南亚传播华文的主要机构。21世纪，在东南亚各国，三语学校或三语性质的学校成了印尼、泰国、老挝、柬埔寨、菲律宾、文莱、马来西亚等国开展华文教育的新形式。此外，一些私立学校也开设了汉语课程，但是学费昂贵。一些公立学校也有汉语课程，但是课时很少，一周一般仅有 2 节课，不能满足大部分华裔新生代的学习需求。因此，三语学校已经成为东南亚华文教育的主力，并成为普通华裔新生代学习汉语的首选。我们应该以三语学校为突破口，在"三教"问题上给予大力扶持，如：根据各国国情开发国别化的华文教材和华文课程；帮助和支持海外华校培养本土教师，逐步形成以本土专职华文教师为主体、中方提供专业化支持的长效化师资队伍体系。

第二，丰富文化交流内容，加强东南亚华裔新生代与中国青少年的互动交流。

应该重视和加强中国青少年与东南亚各国华裔新生代的文化交流，提升华裔新生代中华文化认同的意愿。在文化交流内容上，我们不仅要展示中华武术、戏曲、烹饪、古典诗词等传统文化的内容，还要展现中国的新成就、新发展，让华裔新生代感受当代中国的魅力。

在交流形式上，构建短期、中期、长期三位一体的交流机制。（1）打造短期品牌项目。中国政府举办的"中国寻根之旅"夏令营、"文化中国""亲情中国"等系列活动已经成为向海外华侨华人推广和展示中华文化的名片。今后可以联合海外华人社团打造以行业、职业、祖籍地、兴趣特长为主题的，面向华裔新生代的短期交流品牌活动，借助各种纽带增强侨乡感情，强化民族记忆和归属感。（2）建立中长期交流与合作机制。东南亚华裔新生代与中国青少年之间有着年龄上的对话优势。根据东南亚各国的国情，将中国的一些大学、研究机构的分校开设到东南亚，加强华裔新生代与中国青少年在学术、文化、情感上的沟通交流。打造华裔新生代留学中国的产业服务链，在招生、服务、教学、管理、就业等方面给予政策支持，提升他们留学的积极性。中国的企业还可以在东南亚设立一些分公司，建立长效交流机制，互派适龄青年到企业学习、实习，促进科技文化的交流和互鉴。

第三，高度重视东南亚华裔新生代日常使用的新型社交媒体，推动中华文化的"在地化"传播。

在数字化产业遍及全球的今天，Instagram、Facebook等移动社交软件和应用，以Line为代表的即时通信软件，Youtube等视频网站以及一些有影响力的门户网站已经成为华裔新生代的主要使用媒体。我们要高度重视新兴媒体在文化传播中的巨大力量，针对各国国情，用华裔新生代喜闻乐见的方式、融中华文化于日常的学习娱乐之中，通过新型媒体的"在地化"传播，介绍中华优秀文化，宣传中国发展变化。鼓励在华暂居的华裔新生代以短视频或其他有趣的方式，用外国人的视角向所在国朋友展示自己在中国的生活和经历，展现中国的真实面貌。最终让华裔新生代成为知华、友华、"了解中国故事""讲好中国故事"的新生力量。

第四，发挥华语社区作用，促进中华文化认同。

华语社区是一种文化社区，它既包括华人教会、中文学校、同乡会、同业会、校友会和各种联合会等有组织的机构，也包括华人在当地开办的各种会馆、药店、诊所、棋牌娱乐室、阅览室、图书馆、电影院等，这些都是当地华人的重要活动场所。传统的华语社区通常有着组织节日庆典、祭祀、娱乐活动的功能。"这些活动不仅创造了更多华人聚会交流的机会，也在无形之中将中华民族传统的祖先崇拜、民间信仰、宗族观念、价值倾向、风俗礼仪等刻入每一代华人心中，具有传承中华文化、促进身份认同、提高凝聚力等功能"。因此，华语社区对于促进中华文化认同有着不可代替的作用。我们需要详细了解东南亚各国重要华人社团的分布和组织，与规模较大、具有较强影响力的华人社团联合开展活动。组织各种当地华裔，尤其是华裔新生代喜闻乐见、趣味性较强的活动，传播中华文化，增进文化了解、加强互动交流，让更多华裔新生代愿意"知中国""看中国""来中国"。

总之，在"一带一路"倡议实施背景之下，东南亚各国也迎来了中华文化海外传播的新时期。我们应该充分发挥中国和东南亚各国文化传播的多元主体作用，构建多样化、立体化的中华语言文化传播的新格局，提升和增强海外华侨华人对中华文化的认同，加快推进中华文化的海外传播。

"一带一路"共建国家华文教师 职业生存状态调查研究 ①

李 欣

（华侨大学副教授）

摘要：本研究从"华文教师职业现状"和"华文教师职业心理"两大方面来对"一带一路"共建国家华文教师职业生存状态进行深入分析。"华文教师职业现状"依次分为身心健康、薪酬福利、工作环境、职业投入、职业情感、外部压力、外部支持和专业发展等八大维度；"华文教师职业心理"分为职业满意度和职业忠诚度两大维度。经过对 1603 份问卷进行整体分析，以及对泰国、新加坡、菲律宾、印尼、缅甸等五个华文教育大国的华文教师职业生存状态的国别分析，得出如下结论："一带一路"共建国家华文教师职业生存状态整体情况良好，沿线华文教师身心较为健康，对工作环境较为满意，对薪酬福利的满意程度一般，他们对于本职工作给予了较多的职业投入并产生了

---

① 本研究受到了中央社会主义学院统一战线高端智库年度项目（ZK20210127）的支持和资助。

浓厚的职业情感，华文教师们感受到的外部压力较低，尚在可承受范围，并且感受到了较多的外部支持；华文教师们的职业满意度和职业忠诚度很高，他们渴望能有更多的专业发展机会和职业晋升空间。

关键词："一带一路"；华文教师；职业生存状态

华文教师是华文教育教学工作的具体执行者，他们能够直接对各类学生施加教育影响，并决定着学生对中华语言与文化的体验认知，各类华文教育问题的解决最终都离不开华文教师的支持。华文教师职业生存状态是指华文教师所处的生存环境及自身素质、工作负荷、工作回报、社会地位、生活水平、健康保障等状况。其含义较为广泛，其外延包括教师的社会贡献、内心活动、经济收入、社会地位、年龄工龄、文化学历、健康医疗、社会保障、婚姻家庭，以及衣食住行等广阔范畴。华文教师的职业生存状态关系到"一带一路"共建国家华文教育未来的可持续发展，掌握当前共建国家华文教师的职业生存状态具有重要价值。

一、调查设计与实施

（一）调查设计

此次调查参考了明尼苏达满意度量表[①]，以及相关论文中所使用

---

① Li Z C, Wang K, Zhu X Y, "The mediating role of mental capital in understanding social support and job satisfaction".Chinese journal of industrial hygiene and occupational diseases.Vol.36, NO.8, 2018pp.594-597.

的教师职业生存状态问卷，结合"一带一路"共建国家华文教师的实际情况和个别海外华文教师的反馈意见，最终确定了本次调查问卷。问卷主要包括两部分：第一部分是教师任教国家、性别、族裔等人口统计信息；第二部分是问卷的主体部分，包括华文教师职业状况的 8 个维度，即身心健康、薪酬福利、工作环境、职业投入、职业情感、外部支持、外部压力、专业发展等，以及职业心理的 2 个维度，即职业忠诚度和职业满意度。问卷第二部分采用李克特（Likert）的五级计分法，用 1、2、3、4、5 分别代表"非常低""比较低""一般""比较高""非常高"。分值越高，代表调查对象对题项所述内容认可程度越高。

（二）调查实施

在经过预测与问卷分析，验证了问卷的可行性后，进行了问卷的发放、回收与分析。此次调查采用随机抽样的方法，在 2021 年 9 月至 12 月期间，将经过预测检验的问卷制作成问卷星、谷歌表单等形式，广泛联系共建国家华教机构、华校校长及教师，通过微信群、邮件等渠道发放给"一带一路"共建国家华文教师填写。去除无效问卷后，最终有效问卷为 1603 份。经分析，该问卷的信度系数为 0.941，效度为 0.953，信、效度均较高，可以较为全面地测量本文的研究内容。

（三）调查样本

在问卷正式回收之后，课题组成员对本次调查有效被试基本情况进行了统计，样本特征详见表 1。

表 1　共建国家华文教师个人信息统计

基本信息		样本数	比例（%）	基本信息	样本数	比例（%）
国别	泰国	502	31.3	18-25	264	16.5
	菲律宾	375	23.4	26-30	409	25.5
	新加坡	341	21.3	31-40	525	32.8
	印尼	173	10.7	41-50	223	13.9
	缅甸	153	9.5	51-60	126	7.9
	其他	59	3.7	60 以上	56	3.5
性别	男	373	23.3	5 年及以下	610	38.1
	女	1230	76.7	6-10 年	446	27.8
婚姻	未婚或单身	640	39.9	11-20 年	338	21.1
	已婚	963	60.1	20 年以上	193	12.0
家庭背景	华裔	1157	72.2	新手阶段	488	30.4
	非华裔	446	27.8	熟手阶段	780	48.7
教学对象	华裔为主	885	55.2	能手阶段	309	19.3
	非华裔为主	718	44.8	专家阶段	26	1.6
教学岗位	兼职教师	449	28.0	0 次	583	36.3
	全职教师	1154	72.0	1-5 次	829	51.7
兼任行政	是	251	15.7	6-10 次	95	5.9
	否	1352	84.3	10 次以上	34	2.1
职位级别	无	363	22.6	博士	47	2.9
	初级	444	27.7	硕士	346	21.6
	中级	520	32.4	学士	868	54.1
	高级	176	11.0	大专	262	16.3
	其他	100	6.2	大专以下	80	5.0

注：年龄、教龄、发展阶段、来华培训次数、最高学历分列于右侧。

	最上层	35	2.2	
	中等偏上	212	13.2	
收入水平	中等	783	48.8	_____
	中等偏下	432	26.9	
	底层	141	8.8	

二、共建国家华文教师职业现状描述性及影响因素分析

课题组将"一带一路"共建国家华文教师职业生存状态的八个维度进行均值分析，能够较好地了解教师们的职业生存状态现状，同时对各维度进行回归分析，能够进一步探究各维度现状背后的影响因素。

（一）共建国家华文教师身心健康的特征描述及影响因素

1.身心健康的特征描述

通过对身心健康维度进一步分析，得出各子维度均值，具体见表2。

表2 共建国家华文教师身心健康的特征描述

子维度	工作精力充沛	目前身体健康	疲惫消退快
均值得分	3.9	3.9	3.7

如表2所示，各题目得分由高到低依次是：工作精力充沛＞目前身体健康＞恢疲惫消退快，所有题项均值均超过中值3，属于中等偏上水平。可见华文教师的身心健康情况较好。表明以中青年为主力

军的华文教育工作者能在工作中保持较好的工作状态。

2. 身心健康的影响因素回归分析

表3显示了华文教师身心健康的回归分析结果，调整后的 R^2 为 0.598，说明该模型具有一定解释意义。

表3　共建国家华文教师身心健康的影响因素回归分析

	影响因素	系数	Sig 值
人口统计背景	性别	−0.108	0.000
	教学岗位	−0.047	0.014
	兼做行政	−0.046	0.021
	收入水平	−0.041	0.038
职业现状维度	职业投入	0.320	0.000
	职业情意	0.236	0.000
	外部支持	0.122	0.001
	外部压力	−0.065	0.002
职业心理维度	职业满意度	0.105	0.001

在人口统计背景方面，性别、教学岗位、兼做行政、收入水平都与教师的身心健康产生负影响。与男性教师相比，女性教师身心更健康。不兼任高级行政岗位的华文教师更健康，可见职位越高责任越大，行政岗位更为忙碌等因素都会影响华文教师的身心健康；在职业现状方面，职业投入、职业情感、外部支持与身心健康产生正影响，外部压力对身心健康产生负影响，可见华文教师对职业投入越大、对华文教育的职业情感更深，更多的外部支持会对他们的身心健康产生积极影响，外部压力越小教师健康状况越好；在职业心理维度方面，

职业满意度对身心健康产生正影响，即教师对自己的职业越满意身心越健康。

（二）共建国家华文教师薪酬福利的特征描述及影响因素

1. 薪酬福利的特征描述

通过对"薪酬福利"维度的进一步分析，得出各子维度均值，具体见表4。

表4 共建国家华文教师薪酬福利的特征描述

子维度	满意当前待遇	收入符合预期
均值得分	3.5	3.4

如表4所示，满意当前待遇和收入符合预期两个维度的均值都超过中值3，属于中等偏上水平，但这两维度中的数据较其他维度来说相对较低，这说明目前收入能满足大部分教师的需求，但仍存在相当一部分教师收入不高的状况。提高教师薪酬福利能够加强对人才的吸引力度，从而建立起高品质的师资队伍，[①] 华文教师对薪酬的评价值得引起相关部门的注意。

2. 薪酬福利的影响因素回归分析

表5显示了华文教师薪酬福利的回归分析结果，调整后的 R^2 为0.582，说明该模型具有一定解释意义。

---

① 唐里明：《探究高校人事绩效薪酬管理》，载《经济师》2020年第4期，第210–211+214页。

表 5　共建国家华文教师薪酬福利的影响因素回归分析

	影响因素	系数	Sig 值
人口统计背景	收入水平	−0.135	0.000
职业现状维度	外部支持	0.326	0.000
	外部压力	0.144	0.000
	工作环境	0.202	0.000
	专业发展	0.265	0.000
	职业投入	−0.087	0.007
	职业情意	−0.136	0.000

在人口统计背景因素中，收入水平对华文教师的薪酬福利产生显著负影响。教师收入在当地收入处于越高水平，教师对于薪资的期待值就会越高，对于当前薪资的满意度就会受到影响。在职业现状维度，职业投入和职业情感对薪酬福利有负影响，即教师对华文教育工作投入越多、对华文教育职业情感越高，对薪酬福利的满意度就越低。外部支持、外部压力、工作环境、专业发展对薪酬福利产生正影响，即华文教师接受到更多外部支持和适当的外部压力、工作环境越好、教师个人专业发展水平越高，对薪酬福利的满意度就越高。

（三）共建国家华文教师工作环境的特征描述及影响因素

1. 工作环境的特征描述

通过对工作环境维度的进一步分析，得出各子维度均值，具体见表6。

表6 共建国家华文教师工作环境的特征描述

子维度	满意办公条件	满意工作氛围
均值得分	3.7	3.8

经过进一步分析，华文教师对其工作环境的满意度中等偏上，说明受访的华文教师所在机构能够给教师们提供相对较好的工作环境与氛围，教师们对其整体工作环境较为满意。

2.工作环境的影响因素回归分析

通过对工作环境部分的数据进行回归分析发现，调整后的 R^2 为0.585，具有一定的解释意义，具体见表7。

表7 华文教师工作环境的影响因素回归分析

	影响因素	系数	Sig 值
人口统计背景	年龄	−0.104	0.001
	职位级别	−0.072	0.000
	华裔学生过半	−0.043	0.025
职业现状维度	薪酬福利	0.201	0.000
	外部支持	0.536	0.000
职业心理维度	职业忠诚度	−0.073	0.013

在人口统计背景方面，年龄、职位级别和教学对象对教师的工作环境满意程度产生显著的负影响：年轻、职位级别低、以华裔学生为主要教学对象的华文教师，对其工作环境满意程度更高。在职业现状维度方面，薪酬福利和外部支持对教师的工作环境满意程度产生显著的正影响：薪酬福利待遇越好，所获得的外部支持越多，教师对工作环境的满意程度就越高。其中，外部支持每提高一个单位，教师的

工作环境的满意程度会提升约 0.54 倍。职业心理维度的职业忠诚度对华文教师的工作环境评价产生显著负影响。

（四）共建国家华文教师职业投入的特征描述及影响因素

1. 职业投入的特征描述

通过对职业投入维度的进一步分析，得出各子维度均值，具体见表 8。

表 8　共建国家华文教师职业投入的特征描述

子维度	逆境中坚持工作	节假日持续工作	工作时间不够用	做的比要求的多	研究工作问题	进行工作反思	工作量可接受
均值得分	3.9	3.7	3.7	3.8	3.9	4.0	3.8

经分析，华文教师对其职业投入整体均值为 3.82，各子维度的均值依次为：进行工作反思 > 逆境中坚持工作 = 研究工作问题 > 做得比要求的多 = 工作量可接受 > 节假日持续工作 = 工作时间不够用。由此可见，教师们能够在教学中做到坚持工作，认真反思，有较强的工作韧性，但是教师们也需要更多的私人时间来做休息与调整。

2. 职业投入的影响因素回归分析

通过回归分析发现，调整后的 R^2 为 0.701，说明该模型拟合度较好，有较强的解释意义。表 9 显示了职业投入的回归分析结果。

在人口统计背景方面中，家庭背景、子女数、年龄和是否任行政管理职位对职业投入水平产生显著的负影响：华裔教师、子女数较少、年龄较大的华文教师的职业投入水平更高。华裔教师不仅在语言文化上较非华裔教师占据优势，而且对于华文有着更深的热爱[1]，因此会在工作投入中表现更佳。年龄上，教师年龄每年长一岁，对职业投入的认可度大约提高 0.09 倍。教师年龄增加的同时也会获得专业技能的增进，专业情感的加深，以及教学效能感的加深[2]，这些都会促进教师在工作中投入更多。华文教师的岗位类型对其职业投入存在显著影响，全职教师较兼职教师来说会在工作中投入更多。

表 9 共建国家华文教师职业投入的影响因素回归分析

	影响因素	系数	Sig 值
人口统计背景	家庭背景	−0.035	0.036
	子女数	−0.048	0.020
	年龄	0.088	0.001
	教学岗位	0.045	0.007
	兼任行政	−0.044	0.009
职业现状维度	身心健康	0.238	0.000
	职业情感	0.351	0.000
	外部支持	0.157	0.000
	外部压力	0.128	0.000
	工作环境	0.046	0.046
	专业发展	0.068	0.007
	薪酬福利	−0.062	0.007
职业心理维度	职业忠诚度	0.071	0.005

---

[1] 刘玉屏：《马来西亚华语教学的两大源流及其互补性》，载《云南师范大学学报（对外汉语教学与研究版）》2020 年第 18 期，第 1-6 页。

[2] 赵义平：《缅甸曼邦地区华文教师现状和教师效能感关系的调查研究》，载《现代职业教育》2018 年第 1 期。

在职业现状方面中，身心健康、职业情感、外部支持、外部压力、工作环境和专业发展都对教师的职业投入产生显著正影响。其中，职业情感每提高一个单位，教师的职业投入水平大约提高 0.35 倍。这说明了教师自身的职业投入与教学工作的热情息息相关，也从侧面反映了教师的职业投入是建立在对工作热爱的基础上[1]。薪酬福利则会对教师的职业投入产生显著的负影响。在薪资报酬上，教师所获得薪酬福利越低，华文教师的职业投入水平就越高，这主要是由于薪资更低的教师更需要通过工作来争取加薪的机会来保障自己的生活。在职业心理方面，职业忠诚度对教师的职业投入与水平产生显著的正影响。职业忠诚度越高，教师的职业投入水平就越高。

（五）共建国家华文教师职业情意的特征描述及影响因素

1. 职业情感的特征描述

通过对职业情感维度的进一步分析，得出各子维度均值，具体见表 10。

表 10　共建国家华文教师职业情感的特征描述

子维度	工作充满热情	工作具有意义	工作有成就感	中国文化有魅力	喜欢过中国节日
均值	4.1	4.1	4.1	4.3	4.3
子维度	生活中常说华语	教学中融入文化	优先考虑教学	教学中融入德育	主动介绍文化
均值	4.0	4.1	3.9	4.2	4.0

---

[1] 郭文斌、马永全、吉刚：《乡村教师心理需求对工作投入的影响：组织承诺的中介作用》，载《当代教育与文化》2019 年第 5 期，第 89-97 页。

　　将职业情感各子维度按均值高低排序为：中国文化有魅力＝喜欢过中国节日＞教学中融入德育＞教学中融入文化＝工作充满热情＝工作具有意义＝工作有成就感＞生活中常说华语＝主动介绍文化＞优先考虑教学。教师职业情感是爱业、乐业、敬业的体现[①]，该维度各子维度的均值均远超中值 3，说明教师们的职业情感处在一个相当高的水平，不论是对中国语言文化还是对华文教学，都有相当积极的态度和热情。

　　2.职业情感的影响因素回归分析

　　表 11 深入探究职业情感维度背后的影响因素，经过分析发现，调整后的 R^2 为 0.681，具有一定的解释意义。

表 11　共建国家华文教师职业情感的影响因素回归分析

	影响因素	系数	Sig 值
人口统计背景	性别	0.071	0.000
	家庭背景	−0.038	0.026
	收入水平	0.041	0.019
职业现状维度	身心健康	0.187	0.000
	外部支持	0.195	0.000
	薪酬福利	−0.104	0.000
	职业投入	0.374	0.000
职业心理维度	职业忠诚度	0.118	0.000
	职业满意度	0.164	0.000

──────────

[①] 胡志金：《论新课标背景下教师优良情操的标准》，载《教师教育学报》2014 年第 4 期，第 36-43 页。

人口统计背景方面的性别、家庭背景和收入水平会对教师的职业情感产生显著影响。女性、华裔家庭、收入水平高的华文教师，通常拥有较高的职业情感。在职业现状维度方面，身心健康、外部支持、职业投入会对职业情感产生显著正影响。身心健康状况越好、外部支持越大、职业投入越多，职业情感就会越高。其中职业投入的系数为0.374，即职业投入每提高一个单位，教师的职业情感大概会提高0.374倍，说明职业投入与职业情感息息相关。职业心理维度的职业忠诚度和职业满意度都会对职业情感产生显著正影响。职业忠诚度越高、职业满意度越高，教师的职业情感也就越高。

（六）共建国家华文教师外部压力的特征描述及影响因素

1. 外部压力的特征描述

通过对外部压力维度的进一步分析，得出各子维度均值，具体见表12。

表 12　共建国家华文教师外部压力的特征描述

子维度	家庭负担较重	家庭影响工作	同事关系压力	课堂教学压力	学校考核压力	整体工作压力
均值得分	3.2	3.1	2.8	3.0	3.1	3.8

将外部压力的子维度按照均值排序从高到低为：整体工作压力 > 家庭负担较重 > 学校考核压力 = 家庭影响工作 > 课堂教学压力 > 同事关系压力。各子维度的均值得分大多在3分上下，说明大部分教师感到职业压力不高，绝大多数压力都在可接受的范围内。得分最低的是同事关系压力，可以看出华文教师在与同事相处过程中较为融洽，同

事带来的压力相对较小。

2. 外部压力的特征描述及影响因素

表 13 运用回归分析的方法探究外部压力维度背后的影响因素，经过数据分析发现，调整后的 R^2 为 0.324，解释力尚可。

表 13 共建国家华文教师外部压力的影响因素回归分析

	影响因素	系数	Sig 值
人口统计背景	性别	−0.076	0.002
	家庭背景	0.060	0.016
	子女数	0.177	0.000
	出生年份	0.235	0.000
	最高学历	−0.056	0.023
职业现状维度	身心健康	−0.110	0.002
	专业发展	0.404	0.000
	薪酬福利	0.232	0.000
	职业投入	0.290	0.000
职业心理维度	职业满意度	−0.116	0.005

从人口统计背景方面的影响因素来看，女性、非华裔家庭、子女数量多、学历低、年纪轻的华文教师所面对的外部压力越大。女性教师除了要应对学校事务，还要比男性更多地兼顾家庭[①]，因此女性教师面对的压力通常来说更大；而学历越高的教师所拥有的文化资本

---

① 赵雪、谢华：《中小学女教师职业压力与心理健康的关系研究》，载《教学与管理》2014 年第 6 期，第 37-39 页。

与社会资本也会越多[①]，越能在职场中游刃有余，所面临的压力也会相对较小。在职业现状维度中，身心健康状况越差、专业发展程度越高、薪酬福利待遇越好、职业投入越大的教师所面对的外部压力越大。教师的专业发展程度越高越有可能被领导及周围人赋予更高的期望，无形中增加更多的压力。同时，身心健康状况、薪酬福利情况以及职业投入大小也都会影响外部压力大小。职业心理维度的职业满意度会对外部压力产生显著负影响。职业满意度越高，外部压力越小。

（七）共建国家华文教师外部支持的特征描述及影响因素

1. 外部支持的特征描述

通过对外部支持维度的进一步分析，得出各子维度均值，具体见表 14。

表 14　华文教师外部支持的特征描述

子维度	地区支持	家人支持	学生支持	教学资源充沛	学校认可度高
均值得分	3.7	4.0	4.1	3.6	3.9
子维度	学校公平对待	领导期望较大	学校奖惩公平	学校归属感强	部门民主决策
均值得分	3.8	3.9	3.6	3.5	3.6

在外部支持方面的各维度题项中，华文教师在学生支持方面的均值最高。大多数学生对华文教师的教学工作满意，在很大程度上促

---

① 许环环：《高学历小学教师职业发展优势研究——基于文化资本的视角》，载《当代教师教育》2022 年第 4 期，第 54-60 页。

进了教师在华文教学上的自信，成为华文教师从事华文教学强有力的外在支持。其次，华文教师在学校归属感强的均值最低，教师对教学组织的归属感反映了教师个体对自己与其职业关系的积极感受与体验[①]，教师的归属感对工作单位的归属感越强，越有助于华文教师对华文教学事业的投入。

2. 外部支持的影响因素回归分析

经过数据分析发现调整后的 $R^2=0.786$，模型具有一定的解释意义。表 15 显示了华文教师身心健康的回归分析结果。

表 15 共建国家华文教师外部支持的影响因素回归分析

	影响因素	系数	Sig 值
人口统计背景	年龄	0.055	0.018
	职位级别	0.050	0.001
	加入相关组织	0.031	0.028
职业现状维度	身心健康	0.065	0.001
	工作环境	0.276	0.000
	专业发展	0.221	0.000
	薪酬福利	0.167	0.000
	职业投入	0.112	0.000
	职业情感	0.131	0.000
职业心理维度	职业忠诚度	0.048	0.023
	职业满意度	0.110	0.000

---

① 魏淑华、宋广文、张大均：《我国中小学教师职业认同的结构与量表》，载《教师教育研究》2013 年第 25 期，第 55-60+75 页。

在个体因素中，年龄、职位级别对华文教师的外部支持产生显著影响。华文教师的年龄越大，得到的外部支持越多。在职位级别方面，华文教师的职称级别越高，外部支持也就越多。华文教师加入的组织协会越多，获得外部支持越多。在职业现状因素中，身心健康、工作环境、专业发展、薪酬福利、职业投入、职业情感对华文教师的外部支持产生显著影响。在身心健康方面，华文教师健康的体魄和乐观的心理状态是华文教师更好地为华文教育事业贡献积极力量的外在支持。尤其值得注意的是，在工作环境和薪酬福利方面，工作环境好、薪酬福利符合华文教师的预期收入是每个华文教师所盼望的，工作环境和薪酬福利满意度每增加一个单位，华文教师的外部支持感就分别增加 0.276 倍和 0.167 倍，因此工作环境和薪酬福利是华文教师在华文教育行业"维稳"的主要外部支持[1]。此外，专业发展、职业投入和职业情感与华文教师的外部支持产生显著正影响。专业发展形势越好、职业投入越多、职业情感越强，华文教师对外部支持的感知也更深。在职业心理因素中，华文教师的职业忠诚度、职业满意度对华文教师的外部支持均产生显著正影响。

（八）共建国家华文教师专业发展的特征描述及影响因素

1.专业发展的特征描述

通过对专业发展维度的进一步分析，得出各子维度均值，具体见表 16。

---

[1] 舒矾莹、张原诚：《赴泰汉语教师离职现象分析研究》，载《云南开放大学学报》2017 年第 19 期，第 83-88 页。

表 16 共建国家华文教师专业发展的特征描述

子维度	进修机会较多	晋升机会较多	培训解决教学问题	培训解决实践问题	培训整体帮助大	培训整体较满意
均值得分	3.7	3.3	3.4	3.9	3.9	3.6

在专业发展方面的各维度题项中，华文教师在培训解决实践问题、培训整体帮助大的均值最高。教师培训是解决教师近期教学问题、提高教师专业水准、职业素养的有力保障，能够促进教师专业发展，从而有效激发教师工作机制内生动力[1]。华文教师在晋升机会得分的均值最低，值得引起关注。

2. 专业发展的影响因素回归分析

经过数据分析发现，调整的 R^2 为 0.646，该模型具有一定的解释意义。表 17 显示了华文教师专业发展的回归分析结果。

表 17 共建国家华文教师专业发展的影响因素回归分析

	影响因素	系数	Sig 值
人口统计背景	婚姻状况	0.059	0.009
	年龄	−0.102	0.001
	发展阶段	−0.056	0.002
	教学岗位	−0.052	0.004
	最高学历	0.067	0.000
	加入相关组织	−0.051	0.004

---

[1] 欧阳修俊、童雨欣、魏凤银：《"双减"背景下教师工作机制优化路径》，载《教师教育学报》2023 年 5 月（网络首发），第 9 页。

	薪酬福利	0.224	0.000
职业现状维度	职业投入	0.080	0.007
	外部支持	0.366	0.000
	外部压力	0.212	0.000
职业心理维度	职业满意度	0.074	0.013

在个体因素中，婚姻状况、年龄、学历、当前发展阶段对华文教师的专业发展影响显著。未婚教师相较于已婚教师专业发展更好，主要原因在于教师婚后要面临更多的责任与压力[1]，难以专注华文教学事业。在年龄和学历方面，年龄越大，资历也更深、对专业发展的反思更强，教师的专业发展也更好，而学历低的教师所拥有的专业发展空间越大。在当前发展阶段和教学岗位方面，越处在发展高级阶段的教师，对其专业发展现状越不满意，如新手教师和熟手教师。其次，兼职教师也是成为华文教育事业发展的潜在力量。

在职业现状因素中，薪酬福利、职业投入、外部支持、外部压力对华文教师的专业发展产生显著影响。特别是外部支持和外部压力每增加一个单位，华文教师的专业发展得分就分别提高 0.366 倍和 0.212 倍。

三、共建国家华文教师的职业心理描述性分析

（一）职业满意度的特征描述及影响因素

---

[1] 王依：《"何妨吟啸且徐行"，加班累了，歇歇吧——城市从业者"过劳"现状及成因调查》，载《全国大学生统计建模大赛获奖论文选》2017 年第 5 期，第 428-500 页。

1. 教师职业满意度的特征描述

将职业满意度的相关数据进行进一步分析，求得该维度均值，具体见表 18。

表 18　共建国家华文教师职业满意度的特征描述

子维度	职业满意度
均值得分	4.01

由表 18 可以看出，教师职业满意度均值为 4.01，远超中值 3，由此可以看出"一带一路"共建国家华文教师的职业满意度处于一个很高的水平。

2. 共建国家华文教师职业满意度的影响因素回归分析

表 19 为职业满意度维度的影响因素回归分析，调整后的 R^2 为 0.584，证明该模型有较好的解释意义。

表 19　共建国家华文教师职业满意度的影响因素回归分析

	影响因素	系数	Sig 值
人口统计背景	婚姻状况	−0.051	0.038
	华裔学生过半	0.050	0.010
职业现状维度	身心健康	0.108	0.000
	职业投入	0.088	0.006
	职业情感	0.305	0.000
	外部支持	0.269	0.000
	外部压力	−0.086	0.000
	专业发展	0.091	0.002
	薪酬福利	0.081	0.003

在人口统计背景因素中，婚姻状况、华裔学生是否过半都对职业满意度产生显著影响，其中婚姻状况与职业满意度呈现负相关，即已婚的教师家庭责任、家庭经济负担更大，较难把精力都放在教学工作上[1]，因此职业满意度会较低。在职业现状维度中，身心健康、职业投入、职业情感、外部支持、外部压力、专业发展、薪酬福利都对职业满意度产生显著影响，其中外部压力与职业满意度呈现负相关，即外部压力越大，职业满意度越低，教师职业压力会对教师个人的特定态度和行为产生重要的影响[2]，因此华校与华教机构应合理安排教学工作，尽量使教师的工作压力处于可承受范围内。

（二）共建国家华文教师职业忠诚度的特征描述及影响因素回归分析

1. 职业忠诚度的特征描述

将职业忠诚度题项下的数据进行进一步分析，求得该维度均值，具体见表20。

表20 沿线国家华文教师职业忠诚度的特征描述

子维度	职业忠诚度
均值得分	4.05

---

① 许慧、黄亚梅、李福华、胡翔宇：《认知情绪调节对中学教师职业幸福感的影响：心理资本的中介作用》，载《教育理论与实践》2020年第40期，第25-27页。

② 朱雁：《中国上海教师的工作压力水平及其对工作满意度的影响——基于TALIS 2018数据的实证分析》，载《全球教育展望》2020年第49期，第117-128页。

华文教师的职业忠诚度对于华文教师队伍建设有着非常重要的意义，它可以体现出教师对教育工作的热爱与积极追求[1]。由调查结果来看，"一带一路"共建国家华文教师们的职业忠诚度处于一个较高的水平，均值为4.05。

2. 职业满意度的影响因素回归分析

表21为职业忠诚度维度的回归分析结果，调整后的 R^2 为0.499，证明该模型对本维度具有一定的解释意义。

表 21 共建国家华文教师职业忠诚度的影响因素回归分析

	影响因素	系数	Sig 值
人口统计背景	华裔学生过半	0.05	0.019
职业现状维度	身心健康	0.063	0.040
	职业投入	0.136	0.000
	职业情感	0.311	0.000
	外部支持	0.239	0.000
	外部压力	−0.072	0.002
	工作环境	−0.072	0.017
	薪酬福利	0.093	0.002

在人口统计背景维度中，华裔学生是否过半对职业忠诚度产生显著影响，教学对象多为华裔学生的教师有更高的职业忠诚度。在职业现状维度中，身心健康、职业投入、职业情感、外部支持、外部压

---

[1] 谢海燕：《高校教师忠诚教育研究》，载《江苏高教》2019年第1期，第69-73页。

力、工作环境、薪酬福利都对职业忠诚度产生显著影响，其中外部压力、工作环境与职业忠诚度有负影响，即外部压力越大、工作环境越差，华文教师对职业的忠诚度越低。

四、共建国家华文教师职业生存状态总结

（一）主要结论

经过对 1603 份问卷进行整体分析可知："一带一路"共建国家华文教师职业生存状态整体情况良好，在身心健康、薪酬福利、工作环境、职业投入、职业情感、外部压力、外部支持、专业发展、职业满意度和职业忠诚度等十个维度的统计均值都能够有力支撑这一结论。整体而言，共建国家华文教师身心较为健康，对工作环境较为满意，对薪酬福利的满意程度一般，他们对于本职工作给予了较多的职业投入并产生了浓厚的职业情感，华文教师们感受到的外部压力相对较低，大部分都在可承受范围，并且感受到了较多的外部支持；华文教师们的职业满意度和职业忠诚度很高，他们渴望能有更多的专业发展机会和职业晋升空间。

（二）改善建议

对"一带一路"共建国家华文教师职业生存状态造成影响的因素，既有外部大环境的因素，有华文学校管理上的因素，也有教师自身的内部因素，因此应该从这三个方面入手进行改善：

第一，从社会大环境探寻华文教师职业生存状态的改善。海外社会应正确认识华文教师职业，正确看待华文教师职业；完善相关政

策，保障华文教师的权益；海外华社和相关机构对华文教师专业发展提供资金支持；共建国家和中国的高校可以发挥学术优势，参与华文教师职前培养、职后培训的全过程，提高华文教师职业的专业水准。

第二，从学校管理方面谋求华文教师职业生存状态的改善。华校管理者应对华文教师的情感、工作多一些人文关怀，特别是对家庭负担较重的华文教师；华校等华文教育机构管理者应适时补充华文师资，合理安排华文教师工作量；还应建立有效的考评机制，完善奖惩制度；适时安排华文教师学习培训，促进华文教师专业能力发展；增加华文教师培训的针对性和有效性，提高华文师资培训的效果。

第三，华文教师应从自身出发，改善职业生存状态。首先，华文教师们要正确认识自己的职业，正确看待华文教育职业的非盈利或公益性性质；其次，华文教师要不断完善自己的知识结构和教学能力，加入当地华文教师专业组织或机构，加强与同行的交流互鉴，提升自己应对职业压力的能力；最后，华文教师们应合理安排工作时间，加强专业发展意识，通过参加有效培训等方式追加自己的文化资本，提高专业水平和职业竞争力。

重视发挥中餐在"一带一路"民心相通中的作用

"一带一路"中餐国际化发展调研组

（中国宏观经济研究院）

摘要："心联通"是推动共建"一带一路"高质量发展的重要基础。中国宏观经济研究院调研组通过走访调研西部马华集团，听取世界中餐业联合会和西部马华集团关于"一带一路"中餐国际化发展情况的介绍，进一步了解到餐饮在促进"心联通"中发挥的重要媒介作用。以"食"为"媒"，中餐及中餐文化"走出去"为高质量共建"一带一路"提供了独特支撑。目前，中餐在促进"心联通"过程中仍面临疫情影响、"水土不服"、"深入人心"不够、顶层设计不完善等困难和问题。未来，需进一步搭好美食平台，加强双向交流，做好品牌建设，推动中餐高质量国际化发展。

关键词：中餐文化；心联通；"一带一路"

习近平主席在第三次"一带一路"建设座谈会上强调，"把同共建国家人民'心联通'作为重要基础，推动共建'一带一路'高质量发展"。① 借力"一带一路"推动中餐走出去，不仅为中华美食开启了通往世界的大门，以"食"为"媒"更有助于我国与共建国家之间沟通协调，逐步形成共建"一带一路"民心相通的合力。

世界中餐业联合会于1991年成立，是致力于世界中餐业发展的国际性组织，以弘扬中国饮食文化、推动中餐国际化发展为己任，近年来为促进中餐的高质量发展和提升中餐的国际影响力、竞争力作出了突出贡献。西部马华集团是创立于1988年的清真餐饮企业，在国内外开设数家"丝绸之路美食餐厅"，以其精湛的烹饪技术和高度的民族自信、文化自信在"一带一路"的平台上向国际展现新时代中餐的独特魅力，成为带领中餐走出去的企业领头羊。

为此，中国宏观经济研究院"一带一路"中餐国际化发展调研组赴西部马华集团走访调研，听取了世界中餐业联合会及西部马华集团关于"一带一路"中餐国际化发展的相关介绍，进一步了解中餐在促进"心联通"中的作用、路径和困难，并提出推动中餐高质量国际化发展的建议。

一、中餐"走出去"对共建"一带一路"民心相通建设的作用

中餐文化作为中华民族灿烂文化宝库的重要组成部分，与中药、武术并列为中国文化三大代表性元素，是各国民众最感兴趣的中华传

---

① 新华社. 习近平出席第三次"一带一路"建设座谈会并发表重要讲话. http://www.gov.cn/xinwen/2021-11/19/content_5652067.htm?jump=true.2022-10-20.

统文化符号之一。早在汉代建立陆上丝绸之路起，中餐文化就随着商贸活动在周边国家广泛传播。唐宋时期，随着陆上丝绸之路和海上丝绸之路覆盖范围的不断扩大，中餐文化海外传播迎来了一轮新的高潮，并带动茶叶、香料、瓷器等与餐饮相关的产品向周边国家出口。进入近代，随着我国对外交往的不断加深，中餐文化海外传播进入快车道，华侨华人、国外中餐企业与组织充分发挥中餐文化在历史、旅游、经济、贸易、文化、外交等交往中的独特优势，逐步建立起更高水平的中餐文化宣传平台和更为多元的传播路径。特别是在共建"一带一路"倡议提出的十年时间里，中餐以其丰富多彩的呈现方式、兼容并蓄的发展特点，成为文学、曲艺、中医等中华传统文化对外交流的重要媒介，为共建"一带一路"心联通建设提供了独特支撑。

（一）深厚的历史积淀更易唤醒民众对共建"一带一路"的历史认同感

尊重各国历史文化传统和发展道路，秉持"和而不同、互学互鉴"理念，深化不同文明间对话，促进共建国家在交流互鉴、合作互惠中共同前进，是"一带一路"民心相通建设的基本原则之一。中餐文化在数千年的发展历程中不断通过对外交流互鉴、互通有无实现拓展与升华，逐渐成为兼收并蓄、守正创新的文化交流优秀成果。如在唐朝时期，我国通过与中亚、西亚、南亚等地区开展交流合作，促进了亚洲各国文化与中国文化的交流与交融。宋朝时期，我国进一步吸纳借鉴南亚、西亚饮食文化特点，形成了品类更加丰富、风味愈发多样的亚洲餐饮文化体系。可以说，中餐文化的发展就是一部我国与周边国家开展经贸往来和文化互融互鉴的国际化合作历史。

大力推动中餐文化融入共建"一带一路"民心相通建设，一方面可以有效提升当地民众与我国在"一带一路"建设方面产生的强烈共鸣。如，通过对茶叶之路、香料之路等古老商路建设的宣传介绍，可以让更多当地民众认识到共建"一带一路"倡议提出的历史根源，体会到对当地经济社会发展的推动作用，便于我国与共建国家继续开展人文领域交流。另一方面也为共建"一带一路"民心相通建设提供了坚实的抓手。如，根据世界中餐业联合会调查，中餐已经成为海外受访者眼中最能代表中国文化的元素，超过半数的受访者表示对中国的第一印象就来自中餐厅，近八成受访者接触过中餐，其中有72%的受访者表示通过了解中餐文化后想更进一步了解中国。中餐文化已经成为我国对外开展国际交流合作、促进民心相通的窗口，中餐企业也已经在长期深耕海外的过程中探索形成一条独特的共建"一带一路"民间交流合作路径。

（二）丰富的呈现方式有助于激发"心联通"对共建"一带一路"的战略支撑

共建"一带一路"民心相通工作的顺利推进，需要一种既能体现交流合作理念，又能带来巨大经济效益，同时又能聚拢人心的载体。中餐因其庞大的从业人数、广泛的行业分布、较高的认可度，再加上专有的差异性与非对称性，可以较好地实现这一功能。

近年来，中餐企业在参与"一带一路"建设过程中不仅将我国优秀传统文化和发展理念根植到共建国家民众心中，更是利用资金筹集、技能培训、人才交流、市场运营等方面的发展优势，有效推动"一带一路""五通"建设协同发展。一是助力提升政策沟通水平。如，在埃及、马来西亚分别举办的"欢乐春节——行走的年夜饭"活动，吸引了当地政府部门、知名媒体、民间组织出席，对宣介共建"一带一路"合作理念，助力民心相通合作主体多元化发展起到了积极作用。二是有效支撑设施联通建设。如，在机场、高速公路周边配套建设中餐厅可有效带动当地餐饮、购物、停车等各项消费，解决当地民众就业问题，最大限度发挥了共建"一带一路"基础设施互联互通的经济社会价值。三是带动中国优质产品走出国门。以食材采购、设备出口等方式不断提升共建"一带一路"经贸合作韧性，依托"国际中餐日""舌尖上的一带一路"国际美食嘉年华等活动，可以有效带动我国特色食材、原辅料、餐炊具等进入共建国家的餐饮市场。四是为企业投资海外市场提供广阔空间。如，在第一届和第二届中国国际服务贸易交易会期间，西部马华、沙县小吃等企业与泰国、尼泊尔等国企业签署多项教育、投资、贸易合作协议，为我国企业参与共建"一带一路"民心相通建设树立了良好的典范。五是践行"心联通"合作理念。部分中餐企业长期坚持属地化经营、本土化运营，通过建立人才培训中心、原材料种植基地等方式有效促进了当地农牧、种养殖业的发展，为提供就业、促进当地经济作出了积极贡献。

（三）良好的群众基础有助于提升共建"一带一路"民心相通合作层级

推动共建"一带一路"民心相通高质量发展需要发挥企业、民间组织、海外侨胞等各类主体的优势，通过鼓励各类主体参与共建"一带一路"民心相通领域的合作，形成共建"一带一路"多元互动的人文交流格局。中餐文化作为我国与不同地域、民族、国家间文化交流的最大公约数，具有强大的聚拢人心和化解分歧的功能。明清时期，海外淘金的华人矿工食堂形成了美国中餐馆的雏形，欧陆商船雇用的广东水手在利物浦、鹿特丹等港口创办的水手食堂构成了欧洲中餐馆雏形，以及后来海外的唐人街带动了中餐馆的发展。[①] 这些发展起来的中餐馆不仅满足了留学生和外国人的需要，也常常成为外交接待的平台，有力促进了民心相通。据统计，全球目前已有近百万家中餐馆，遍布世界的各个角落，真正做到了"有太阳的地方就有中餐馆"。包括全聚德、西部马华、黄记煌、中华第一面等中餐龙头企业都在共建国家设立多家连锁店、市场推广部等。

以"食"为"媒"搭建各类民心建设平台，为不同主体间沟通对接，携手推进"一带一路"高质量发展搭建起独特的合作桥梁。一是更有利于人脉网络建设。长期以来，"一带一路"建设注重维护与共建国家政府的关系，对地方特别是基层情况，往往缺乏必要的调研和深入的了解，共建"一带一路"民心相通建设的主要工作就是培育一批善于民间外交、精通国际交流的专家队伍，不断扩大知华友华接续力量。二是便于了解当地民众诉求。中餐文化对外传播过程中一定程度上为我打造更多的工作前哨提供了必要保障，便于我方人员深入共建国家民众层面开展调查研究，更好地发挥共建"一带一路"优势，补齐合作短板。如，在"行走的年夜饭"活动期间，当地民众可以更多地了解中国美食、喜欢中国美食，进而结缘中国。一些地方政府、品牌餐饮企业也在参与美食推荐会后了解到海外民众餐饮诉求，并结合自身

---

① 今日头条.周松芳谈民国时期饮食文化在国内外的传播. https://www.toutiao.com/article/7191342142797972008.2023-01-22.

经营需要打造海外投资方案。

二、中餐走入"一带一路"共建国家的主要路径

共建"一带一路"倡议为共建国家民心相通构筑了良好的平台，而中餐以"官民并举、内外联动"为主要路径，足迹遍布海内外，发挥了民心相通的媒介作用，有力凝聚了"一带一路"共建国家的民心。

（一）"民间自发"是中餐走出去的基础

中餐业作为很多华人初到异乡和创业生存的首选行业，自古以来伴随着民众的迁徙交流而传播到海外。秦汉以来，中餐及中餐文化由民众通过丝绸之路向外传播，同时也吸收了东亚、东南亚以及西亚等国的饮食文化。唐宋时期，中餐随着佛教僧侣们在国与国之间弘法传道得到了进一步传播。晚清以及民国时期的移民潮，促使海外华人形成了东南亚、北美、大洋洲、加勒比海、南美、南非、欧洲等新老移民群体，进一步推动了中餐在世界的广泛传播。比如，1848年广东以台山人为主的四邑贫民冒险前往美国加州淘金，淘金过程中出现分工合作，一些擅长做饭者逐渐以做饭为主，形成内部小食堂并与一些"友好"外国矿工分享，成为最初的中餐馆雏形。[1] 新中国成立以来，民众走出去带动中餐传播仍然是最基础的路径。根据《2022年中国餐饮产业发展报告》显示，海外中餐馆目前仍大多是以家庭式小规模

---

[1] 今日头条.周松芳谈民国时期饮食文化在国内外的传播. https://www.toutiao.com/article/7191342142797972008.2023-01-22.

经营为主。[①]

（二）"企业主导"是中餐走出去的主体

中餐品牌企业发展成熟、经营规范、标准化程度高，在菜品研发、经营管理、资金与技术等方面具有独特优势，在将专精特的中餐带给全世界各地消费者过程中发挥了主体作用。在走访调研中了解到，以"全聚德"和"西部马华旗下阿里疆品牌"为代表的中式正餐走入了缅甸和新加坡，以"海底捞"和"刘一手"为代表的中餐火锅遍及泰国、越南、马来西亚、新加坡、印尼和老挝，以"沙县小吃"为代表的中餐小吃已经在新加坡、马来西亚、越南、印度尼西亚开店。另外，中餐品牌企业也带动了中餐品牌、商业模式、技术、管理、特色核心原材料、调味料、设备等方面的输出，有力地推动了中餐国际化。

（三）"官方活动"是中餐走出去的支撑

在推动中餐国际化的过程中，除了华侨华人、中餐企业发挥作用外，官方通过打造一系列品牌活动、精品赛事等方式推广中餐，得到"一带一路"共建国家人民的喜爱，有力支撑了中餐及中餐文化的传播。调研显示，在文化和旅游部、中国驻外使领馆、"一带一路"共建国家相关部门以及世界中餐业联合会共同策划组织下，"行走的年夜饭"品牌活动自 2016 年春节开始已连续在俄罗斯、西班牙、泰国等 20 个国家和地区成功举办了 40 场重要活动，扩大了中餐的国际

[①] 邢颖：《餐饮产业蓝皮书：中国餐饮产业发展报告（2022）》，社会科学文献出版社 2022 年版，第 141 页。

影响力和美誉度。另外，由中宣部指导、世界中餐业联合会举办的"过中秋节，吃团圆饭"系列主题活动，川菜、节气菜、火锅宴等多主题国际性技能赛、邀请赛，都成为传播中餐的重要支撑平台。

（四）"内外联动"是中餐走出去的补充

随着中餐影响力的扩大，中餐馆数量在"一带一路"共建国家持续增加，一些国家产生了对中餐烹饪技艺学习和中餐厨师的需求，有针对性和专业性的中餐技艺教育培训项目深受"一带一路"共建国家欢迎，推动了餐饮职业培训的发展，对中餐国际化形成了有力补充。比如，兰州牛肉拉面国际联盟暨兰州牛肉拉面国际商学院助力打造"一带一路"兰州拉面经济带，为在兰州留学的"一带一路"国家学生培训拉面技能 300 人次，一些留学生回国后开设拉面馆，成为传播中国饮食文化的特殊群体。此外，海外华人华侨、各国餐饮协会等积极申办有"中餐奥林匹克"之称、代表世界最高水平的中餐比赛"中国烹饪世界大赛"。该赛事四年一届轮流在各国举行，目前已在中国、日本、马来西亚、新加坡举行了八届，有力推动了中餐烹饪技艺传播。

三、中餐在促进"心联通"中面临的主要困难

总体来看，多数中餐企业可以较好发挥自身优势助力共建"一带一路"民心相通建设，但受当地疫情和自身发展模式所限，中餐企业在深度参与共建"一带一路"民心相通建设过程中仍面临一些困难，主要表现在以下四个方面。

（一）疫情严重阻碍中餐企业参与"一带一路"建设

中餐文化更好地服务共建"一带一路"民心相通建设的根本前提是深入了解当地民众基本诉求，融合当地的饮食习惯、风俗，开发适合当地特色的中餐创新菜品。在共建国家普遍放松管控的大背景下，我国为保障人员健康安全，与共建国家的跨境人员流动尚未完全恢复。一是合作领域拓展受限。当前我与多数共建国家人员尚未实现自由流动，部分共建国家仍对我人员入境存在一定限制，严重阻碍我国餐饮企业"面对面"了解当地民众现实需求，不利于我中餐企业树立标志性品牌、因地制宜开展切合当地民众生活需求的餐饮品牌建设工作。二是项目推进难度加大。如，在疫情期间，多数境外中餐馆均出现不同程度的经营亏损，部分抗风险能力较弱的小型店铺因无法维持正常营收被迫注销。此外，经济低迷致部分共建国家政府财政赤字扩大、债务问题严重，部分短期经济效益不强、对当地经济恢复帮助较小的非刚需类项目或因当地政府资源配备能力不足推迟部署，对我当地餐饮企业拓展市场产生巨大影响。三是人员派出受阻严重。如，大多数中餐企业基层派出人员无法顺利拿到工作签证，而部分以商务签证出境的中高层管理人员因为当地用工法律限制只能从事指导性工作，造成部分中餐企业出现无人可用问题。若我与部分共建国家"防疫落差"持续存在，我企业、社会组织参与共建"一带一路"民心相通建设面临的外部阻力将明显增多。

（二）已有经营模式制约中餐企业难以进一步拓展合作空间

早期绝大多数中餐企业希望最大限度发挥中餐食材广泛、风味多样、海纳百川的优势，通过量身打造符合本地特色的餐饮体系与已在当地形成规模化生产和标准化加工的欧美餐饮企业开展竞争。这种标新立异的经营方式在一定程度上为中餐企业吸引客流和推广中餐文化起到了积极作用，但也为中餐企业通过服务标准化、生产标准化、环境标准化持续拓展市场空间埋下了一定隐患。特别是近年来随着日餐、韩餐、泰餐、越餐等通过标准化、规范化和国际化发展措施，提升了美食文化的质量与品牌，在世界一些主要市场，如东南亚、欧洲等地，日餐等亚洲美食与中餐形成了竞争之势，造成中餐企业发展面临以下困境。

一是"水土不服"问题愈发严重。如，根据世界中餐业联合会调查结果，多数共建国家民众更倾向于选择较为熟知的食材和烹饪方式，对尚未尝试的烹饪方式多持怀疑甚至排斥的态度，造成大多数中小型中餐企业主要服务对象为华侨华人，个别老字号和品牌中餐企业在拓展市场过程中面临保持传统和本土化的两难困境。二是对中国传统文化负面解读问题频发。以药膳为例，由于部分共建国家政府对中药引进应用尚属于起步阶段，当地民众对中药添加认知程度有待提升，因此绝大多数共建国家对药膳接受程度仍相对较低，部分民间组织更以制作流程不透明、破坏生态环境等质疑我传统饮食文化，为中餐文化海外传播带来了一定影响。三是中餐企业发展参差不齐情况较为严重。一些海外中餐馆对于国外的法律规定、标准等不熟悉，或者为了迎合当地口味，中餐西做，使得当地民众对中餐文化形成不规范、店面小、装修单调等脸谱化印象。

（三）与共建"一带一路""五通"建设结合度有待进一步提升

近些年来，亚洲各国政府高度重视美食文化和餐饮业，深入挖掘美食文化内涵，涌现出生机勃勃的餐饮市场，中餐企业及行业协会通过举办文化年、文化节以及各类论坛、会议、培训的方式，取得了"中餐文化走向世界，各国民众了解中国"的良好效果，有利于增进我国与共建国家彼此的了解。但多数活动止步于"增进了解"的层次，难以真正做到"深入人心"的程度。如，近年中餐企业对外开展技能培训合作，派遣技术人才在当地建立食材供应基地，有效解决了共建国家在教育、减贫方面提出的合作诉求，在一定程度上赢得了受援国和受援地区的民心，也为"一带一路"建设赢得了口碑。但上述合作在"心联通"层面的效果依然有限，多数民众的参与获得感不高。如果能够将合作延伸到更深的层次，即便在培训结束后，也会持续造福受援国的居民，持续赢得民心。

（四）顶层设计不完善不利于中餐企业形成海外发展合力

改革开放 40 年以来，海外中餐企业历经了起步发展、数量扩张、品牌建设及综合发展等多个阶段，现已成为企业走出去的成功典范。随着国际交流的不断深入和扩大，早期"见缝插针"式的发展模式已无法有效应对复杂多变的市场环境，投资决策盲目、发展目标不明确、"小而散"经营模式等渐已成为中餐企业海外扩张的严重阻碍，从政府层面规范指导中餐企业海外发展势在必行。但通过对世界中餐业联合会调研发现，近几年包括文化和旅游部、中宣部等部门虽先后举办了"行走的年夜饭""过中秋节，吃团圆饭"等一系列活动，但上述活动主要目的在于对外宣传中餐文化以及提升海外华人华侨国家认同感和凝聚力，实际上对中餐企业海外发展目标制定、指导其参与共建"一带一路"等国家重大倡议的作用相对有限。对比中医药走出去，截至 2022 年底，我国与 40 余个外国政府、地区主管机构和国际组织签订了专门的中医药合作协议，建立了 30 个中医药海外中心、75 个中医药国际合作基地，中医药内容纳入 16 个自由贸易协定。《推进中医药高质量融入共建"一带一路"发展规划（2021-2025 年）》更是从顶层设计方面为中医药参与共建"一带一路"提供了指导性文件。总体来看，中餐并未形成比较成熟的官民并举、上下协同、多元互动的发展格局，顶层设计及合作机制建设方面亟须补齐短板。

四、推动中餐高质量国际化发展的启示和建议

"一带一路"是国家之间的友谊之桥、发展之路。中餐以及搭载在其之上的中餐文化已成为增进友谊、促进民心相通、实现共同发展的重要纽带，未来需进一步搭好美食平台，加强双向交流，形成品牌示范效应，推动中餐高质量国际化发展，进一步发挥中餐及中餐文化在"一带一路"民心相通中的媒介作用。

（一）搭平台：建立"一带一路"美食共建共享、传承保护平台

积极建立"一带一路"美食的共建共享合作平台，更好推动美食文化传承、保护、传播和融合。一是成立美食交流与合作区域性组织，推动烹饪技艺的融合、创新与发展，加强区域交流与合作，促进民心相通，实现美食共享。二是搭建中餐文化海外传播交流平台，在条件成熟的"一带一路"共建国家或地区设立交流中心，分析研究当地饮食习惯和文化差异，协助中餐更好融入当地。三是联合共建国家构建饮食文化保护平台，加强对沿线饮食文化遗产的挖掘、保护、传承和弘扬。

（二）引进来：吸引"一带一路"共建国家来华参加餐饮培训和体验美食旅游

积极鼓励"一带一路"共建国家从事餐饮行业的人才来华学习中餐技艺，体验美食旅游。一是开设餐饮服务和烹饪技能培训课程，让国外餐饮人才能够做好真正的中国味道。二是开设餐饮文化课程，传播经典菜系菜品背后的餐饮文化，讲好中国故事，更加有效传播中餐文化。三是打造"一带一路"美食旅游产品，吸引共建国家民众来华实地体验中华美食。

（三）走出去：推动名企名厨、职业培训走入"一带一路"共建国家

积极举办中华美食品牌活动，推动知名菜系代表人物走出国门广泛传播中餐技艺，加强中餐的职业培训。一是推动名企名厨深入"一带一路"共建国家，让当地民众近距离感受中餐烹饪技艺，体会中餐文化的魅力。二是依托扬州大学、四川旅游学院等"中餐繁荣基地"，克服疫情影响，在共建国家当地开展餐饮技能交流与培训，支持海外华人华侨发展中餐事业。三是利用现代交通工具和互联网等信息化手段，打造"一带一路"共建国家中餐产业发展和中餐传播的联通平台，拍摄中华美食宣传视频，积极主动开展中餐及中餐文化对外传播。

（四）做品牌：做好中餐品牌建设、标准建设和人才培养

积极推进中餐品牌建设，做好餐饮文化研究、人才培养，结合走出去的成功经验形成可示范、可推广的模式。一是以成功走出去的龙头餐饮企业为样板，形成有影响力的品牌，创建餐饮品牌海外传播示范工程，引领更多中餐企业走出去、融进去，加强中餐文化传播弘扬力量。二是构建形成餐饮产学研合作机制，培育既懂现代企业管理，又懂餐饮行业特性的复合型人才，弥补传统餐饮行业人才不足的缺陷。三是建立政府、行业协会、品牌餐饮企业、高校和科研院所密切联系机制，围绕餐饮"走出去"开展研究，推动中餐标准化、规范化走向世界。

搭建交流桥梁　促进国际智库合作

安门·穆尼鲁扎曼

（孟加拉国和平与安全研究所所长）

摘要：本文梳理了国际智库合作的现状，探究国际智库合作的最佳实践。本文认为，伙伴国在各种问题上加强合作具有重大意义，例如"一带一路"国际智库合作委员会的成立。为了达成富有成效的国际合作，还必须了解国际智库合作的影响因素。智库合作有助于思想、知识和专业人才的跨国对话交流，而交流能促进创新，丰富决策。与此同时，国际智库合作还让不同观点在国际论坛中更具代表性，提高研究能力，促进交叉研究，产生更全面、更具有影响力的研究成果。本研究认为，加强国际合作重要实践包括联合研讨会和会议、学者和青年交流项目、联合研究和出版、信息索引和多媒体内容等，以上实践形式强调社交网络、知识分享、建立伙伴关系，促进智库间开展有效合作。

关键词：智库；合作；研究

一、引言

（一）研究背景

智库是指由专家组成的团体或机构，通常研究特定问题，提供信息和预测，为实践提供意见和建议。不同于政府，智库是服务于政府和企业的非营利组织，属国家智力资源，以开展研究为基础，重点关注国家政策和国计民生。智库的研究课题通常包括社会政策规划、国家安全、新模式测试。不同类型的智库包括意识形态智库、专家智库、区域国别智库等。智库的经费来源主要为项目合同收入、基金会捐赠、个人捐赠和研究报告收入。

第二次世界大战期间，"智库"一词用作军事话语，特指讨论军事计划和战略的安全场所。20世纪60年代，美国将其用于非营利性私人政策研究组织，智库的含义随之变化。第一个智库是英国的社会主义团体"费边社（Fabian Society）"。智库最初被认为是美国独有的现象。尽管智库在澳大利亚、加拿大和英国等国也蓬勃发展，但与美国同行相比，这些国家智库的数量仍然较少，获得的资金也有限。即使在当前，《2020年全球智库指数报告》中也指出，北美和欧洲的智库数量最多。

随着全球问题日益复杂，各国之间更加相互依存，智库在为政府、企业和民间团体提供分析、创新解决方案和政策指导等方面尤为重要。他们利用自身的专业知识、资源和影响力，积极参与国际合作。国际智库合作呈现出多种形式，包括开展联合研究项目、政策对话、网络化合作、建立机构伙伴关系和知识共享网络。这种合作促进相互了解、思想交流和政策创新，以应对气候变化、贫困、不平等和安全等全球挑战。

国际智库合作在应对全球性挑战中的重要性日益凸显，因此，了解促进国际智库合作的最佳实践和路径至关重要。

（二）研究目的和意义

本研究报告旨在全面分析国际智库合作现状，特别是"一带一路"倡议下的国际智库合作，指出智库建立和维护伙伴关系面临的机遇以及提高合作有效性和可持续性的战略和实践。

本报告的意义在于补充了智库、国际合作、全球治理等方面的现有研究。研究全面展示了国际智库合作的现状，突出国际智库合作在应对全球性挑战中的重要作用。报告将为政策制定者、智库从业者和其他致力于促进国际智库合作的人士提供可行建议。

（三）研究问题

本研究拟回答以下问题：国际智库合作的最佳实践路径和价值是什么？

（四）研究局限

本研究可能存在以下局限：第一，由于国际智库合作的广泛性和多样性，本报告难以涵盖所有相关内容或问题。该报告侧重于特定的问题和实践。第二，该报告以现有的文献和案例研究为基础，可能需要扩大范围和可靠性。国际智库合作数据的质量和可得性因地区和国家而异，有些数据无法公开获取。第三，报告提出的建议和意见是基于现有最佳实践和专家意见，但其有效性可能因具体情境和情况而异。报告的建议旨在提供普适性意见和方向。

二、文献综述

近年来，全球智库呈现爆炸式发展，而且扎根于独特的社会文化和政治环境，因此按照智库学术研究的传统分析点，即仅根据实体属性（如智库的组织结构、功能或资金来源）来划分智库已经变得具有挑战性。

托马斯·梅德韦茨（Thomas Medvetz）追溯了美国智库的历史和发展，批判性分析了"智库"一词，进而主张灵活定义该词，而非专注于实质属性。此外，他也认识到了智库日益明显的组织模糊性，将其理解为"网络构成模糊的组织，学术、政治、经济和媒体出版引发的对立逻辑将其逐渐内部分割"。因此，智库的构成并不像通常假设的那样严格，必须在更广泛的情境中理解。

詹姆斯·麦克甘恩（James McGann）对智库给出了一个更简洁的定义，他将智库看作分析和参与公共政策的组织，就国内外问题提供政策研究、分析和建议。麦克甘恩认为，智库是附属机构或独立机构，通常作为常设机构。本报告将采用麦克甘恩的定义。

一个广泛认可的观点是，智库通过提供可理解、可靠和可获取的政策研究和分析，在弥合决策者与公众之间以及学界与政界之间的差距方面发挥了突出作用。在西方文献中，智库贡献的研究尤为丰富。理查德·哈斯（Richard Haass）在其关于智库对美国外交政策影响的论文中指出了智库的几个主要贡献，包括在决策者中引入"新思维"，为决策者提供一个在政策选择中相互理解的空间，向美国公民传输全球问题的知识，以及为冲突各方提供调解。

当前并不缺乏关于智库对国家的贡献及其参与地方和国家的交

流合作网络等方面的文献研究，但国际智库合作的重要性和益处还有待广泛分析。随着全球化发挥作用，智库的活动和影响不能再局限于国家层面，因为它们已成为国家和全球决策的关键行动者。随着应对各种全球性挑战的国际智库网络数量不断增加，一个广泛共识认为，智库在制定基于证据研究的政策时，开展跨国交流是非常有必要且至关重要的。当前，从非西方视角观察智库现象也越来越受到学者关注。Ordóñez-Llanos 关于"全球南方"（Global South）区域智库合作的研究中重点介绍了在联合国 2030 年可持续发展议程背景下，南方智库之间、南北智库同行之间以及更广泛的国际社会之间的伙伴关系。Ordóñez-Llanos 表示，通过合作研究、对话交流、政策建议、知识巩固和能力建设，国际智库合作在解决复杂发展问题方面发挥了重要作用。作者还指出了进一步合作所面临的挑战，主要表现为权力不平衡、资金不足和研究方法差异化。Ordóez-Llanos 全面概述了新兴智库关系，明确其优势和局限性，为后续研究厘定了基本范围。

国际智库合作受到共同政策利益的影响。在面临共同危机时，合作和联合符合智库的最佳利益，即减少潜在社会文化和政治分歧。齐默尔曼（Zimmerman）和斯通（Stone）探讨了东盟（ASEAN）智库如何在 2008 年全球金融危机期间和之后为经济政策（包括东盟经济共同体等制度发展）提供信息，并促进成员国之间的区域经济合作。类似情况也出现在欧洲，拉蒙纳·科曼（Ramona Coman）分析认为，由于政策制定者依靠智库的专业知识来加强经济治理并寻求更有效的解决方案，欧元区危机引发了该地区智库网络的扩张。

除了危机中的合作之外，智库还会联合利用互利的机会。梅内加齐（Silvia Menegazzi）表示，中国的"一带一路"倡议推动形成了

丝路国际智库网络（The Silk Road Think Tank Network，SiLKS）、
"一带一路"国际智库合作联盟（The Silk Road Think Tanks
Association）、"一带一路"国际智库合作委员会（The Belt and Road
Studies Network，BRSN）等多个国际智库网络。梅内加齐认为，上述
智库合作对于推动共建"一带一路"、促进各国共同发展具有重要意义。

在国际范围内，卓有成效的智库合作案例数不胜数。尤素
夫·瓦南迪（Jusuf Wanandi）的文章《智库在 21 世纪的重要性》
（*The Importance of Think Tanks in the Twenty-first Century*）探讨了
亚太地区的智库合作情况及其贡献。例如，他指出上世纪 90 年代，
东盟智库东盟战略与国际问题研究所（ASEAN Institutes of Strategic
and International Studies，AISIS）提议创建东盟地区论坛（ASEAN
Regional Forum，ARF）。推动东盟地区论坛发展的智库不断增加，
涵盖该地区的其他智库，最终形成亚太安全合作理事会（Security
Cooperation in the Asia Pacific，SCAP），包括蒙古国、新西兰、加拿大、
美国、印度和欧盟 23 个成员国和地区。

国际智库合作的成功范例见于 Ordóñez-Llanos 的研究。通过分
析东盟智库、金砖国家智库以及 20 国集团下属智库"Think20"等智
库网络间开展的南北合作，Ordóñez-Llanos 深入研究了南南合作。与
瓦南迪一样，Ordóñez-Llanos 指出，东盟智库网络通过非正式外交、
合作研究和定期对话促进了区域合作，并制定了合作研究议程。与东
盟智库合作模式类似的金砖国家智库理事会（The BRICS Think Tank
Council）促进了研究合作、知识共享、能力建设和政策分析。着眼于
联合国 2030 年可持续发展议程，Ordóñez-Llanos 强调 Think20 智库
及其子网络在弥合南北知识鸿沟、影响区域和全球决策以及能力建设

方面发挥了重要作用。

虽然已有研究涉及智库及其在政策制定中的作用，但关于促进国际智库合作具体实践做法和途径的研究尚不足。本研究填补了这一空白，为促进合作的实践提供了一定思路，并指出了加强合作的途径。通过就国际智库合作的现状、影响合作的因素、合作的利益和实践提供证据，本研究进一步丰富了现有文献，并确定了后续研究和探索的领域。

三、研究方法

（一）研究设计

本研究采用质性研究设计，旨在探讨促进国际智库合作的实践与路径。质性研究是适合本研究的方法，因为能够深入探索国际智库合作中关键利益相关者的经验、观点、见解。本研究设计基于多方数据来源，包括学术文献、案例研究和专家访谈。

（二）数据收集方法

本研究的数据收集包括系统回顾国际智库合作的相关学术文献。文献综述全面概述国际智库合作的已有知识和研究，是本研究研究问题的基础。

（三）数据分析方法

本研究使用"主题分析"方法对收集的数据进行分析。主题分析是适合本研究的方法，能够识别和调查不同数据源的关键主题、模式和见解。数据分析包括编码、分类和综合等阶段。首先对数据进行编码，再根据和研究问题的相关性和重要性将其分类为主题和副主题。然后对主题和副主题进行综合和解释，以产生见解和结论。

四、研究分析

（一）国际智库合作现状

近几十年来，随着全球化进程和各国相互依存日益加深，国际智库合作显著发展。智库研究和分析各种问题，并向政府、国际组织和其他利益相关者提供政策建议。这些智库之间的合作是应对复杂全球性挑战和实现共同目标的途径。

目前，世界各地分布着大量国际智库，其专业化程度和侧重点各不相同。有规模化的知名智库，也有小而精的专业智库。许多国际智库专注于特定政策领域，如贸易、安全、发展或环境等议题，其他的则研究更广泛的问题。

国际智库合作可以采取多种形式，包括联合研究项目、会议和研讨会、人员交流、合作出版等。合作通常以伙伴关系和网络的方式进行，如"一带一路"国际智库合作委员会、智库20（Think 20，T20），美国理事会之理事会（Council of Councils，CoC）。这些网络汇集了不同地区、不同专业知识的智库，在研究和政策建议方面开展合作。

国际智库合作效果也面临诸多挑战，主要包括政治文化观点差异、资源和能力差距以及对资金和影响力的竞争力。此外，一些批评人士认为，国际智库合作可能受制于政治影响或偏见，尤其是政府或利益集团资助的智库。

当前国际智库合作面临的机遇和挑战并存。新的伙伴关系和网络不断出现，对专业知识和政策建议的需求不断增加，表明智库合作将继续在全球政策议程制定中发挥重要作用。然而，解决合作面临的挑战，如确保公正性和政治影响，将是发挥国际智库合作潜在价值的关键。

（二）国际智库合作影响因素

影响国际智库合作的内外因素各有不同。内部因素包括组织文化和组织规模。组织的结构和规模对于实现目标至关重要。组织决策过程促进或阻碍协作。国际智库的资源和能力参差不齐。相较于资源有限的智库，资金和人员充足的智库能更好地开展合作。

影响智库合作的外部因素主要指社会背景、可用资金和官方法律法规。一个国家的政治气候会极大地影响智库的合作意愿。政治意识形态、价值观和事务优先次序等方面的差异会给合作带来障碍。社会、经济和政治环境直接影响智库合作。此外，各国与外国伙伴合作的政策也是国际智库合作的决定性因素。合作还取决于能否获得资金。智库之间会为了资金和影响力而相互竞争，尤其是研究或专注领域相同的智库。

智库国际合作需要达成组织信任。为了达成合作，共享人员、资源和信息是很重要的。合作还必须设定知识共享、研究项目或影响政策等目标。国际智库通常专注于特定的专业知识和领域。专业知识领域互补的智库开展合作可以催生更有效和更具创新性的研究和政策建议。由于处于共同的文化政治背景和组织因素，同一地区的智库更有可能开展合作。

（三）基于"一带一路"倡议的成功的国际智库合作

随着中国提出了"一带一路"倡议，多个智库联盟应运而生，这些联盟推动了该伟大倡议不断发展，其中最突出的案例是 2015 年成立的丝路国际智库网络（SiLKS）和 2019 年成立的"一带一路"国际智库合作委员会（BRSN）。

丝路国际智库网络（SiLKS）是由来自 11 个国际组织和 33 个国家的 41 个智库和来自 7 家跨国公司的 59 个成员伙伴共同发起和运营的独立非正式网络。通过国际论坛、圆桌会议、网站、出版发行、媒体采访等形式的活动开展联合研究，提供基于证据的政策建议、信息和知识共享；通过访问学者和游学活动开展政策研究和咨询的能力建设，从而促进人文交流，建设和维护丝绸之路数据共享中心，加强智库政策研究和咨询能力建设。丝路国际智库网络最近一次会议是在 2020 年，修订了组织指导原则，并将几个新机构纳入网络。

"一带一路"国际智库合作委员会（BRSN）由新华社联合 15 家中外智库共同发起，委员会设理事会，由新华社时任社长蔡名照先生担任首位理事长，秘书处设在新华社研究院。2019 年发布的成立声明指出，国际智库合作委员会是一个开放型学术交流合作机制，宗旨是服务国际智库、国际和地区组织以及各国专家学者，推动"一带一路"相关课题研究和学术交流。国际智库合作委员会活动包括年度学术交流、研讨会、"一带一路"项目实地考察，为非营利性"一带一路"国际研究基金筹款。2022 年召开理事会会议，总结以往工作成果，规划后续工作，选举和产生新的理事长和副理事长。此外，理事会还启动了全球智库"一带一路"主题研究报告征集活动。

（四）国际智库合作的价值

建立网络。国际智库合作的重要价值之一在于能够建立广泛的网络。通过与组织、个人、网络资源和媒体积极接触，智库合作搭建了庞大的网络。网络有助于促进同行学习，提高智库集体能力，在课题研究中实现交叉参与，弥补研究与政策建议之间的空白，使决策更加富有成效。通过伙伴关系，不同智库分享自己独特的观点和专业知识，从而加强智库集体能力。例如，亚洲开发银行 – 亚洲智库网络（ATTN）在推动亚太地区可持续增长和包容性发展的研究方面发挥了关键作用。亚太智库网络汇聚了亚太地区各国的智库，促进了思想知识交流，加深了对亚太地区挑战和机遇的理解。

搭建双边和多边平台。智库合作可以通过合作、联合研究、政策对话、会议、参与国际网络等方式搭建双边和多边平台。这些平台为各国智库之间开展持续对话、知识交流和合作解决问题提供了机会，加强了伙伴关系和国际合作。智库可以从不同的来源吸收和传播知识，从而提高自身的效率效果。通过积极开展对话和协作，智库还能增进各国间的信任和理解，为各领域合作营造良好环境。在地区和全球问题上，这些平台有助于搭建沟通桥梁，解决冲突，找到共同点。通过汇集资源、知识和看法，参与的智库可以作出应有贡献，包括共同制定应对复杂挑战的政策、可行战略和可持续解决方案。

共同话题的联合研究文章和项目。智库合作可以让参与方就感兴趣的问题发表联合研究文章，加强联系和交流。联合研究文章促进对关键问题的新认识和新见解，在区域内外引发更广泛的辩论，提高对相关问题的认识和了解，为相关国家的决策过程提供参考。合作研究还会传播跨学科思想，获得新的专业知识，带来更多资金资助，以及更高质量的研究成果。通过利用多个智库的集体专业知识，联合研究文章为应对紧迫挑战提供新见解和创新方法。这些论文可以作为政策制定者、学者和利益相关者的宝贵资源，提高其对相关问题的认识和理解。

交叉参与研究。国际智库合作促进了全球智库之间的协作和知识共享，促进了研究的交叉参与。通过联合研究、政策讨论和机构伙伴关系，智库可以汇集专业知识和资源，应对复杂的全球挑战。交叉参与允许来自不同智库的研究人员将他们独特的观点、方法和数据带到项目中，从而获得更全面、更有力的研究成果。它鼓励思想交流，激发创新思维，鼓励采用多种方法解决政策问题。最终，它将提高智库研究的质量和影响力。交叉参与研究还可以交流最佳实践、经验教训和研究方法。

国际论坛中的有力代表。智库通过发挥其研究能力、政策专长和合作网络，可作为国际论坛上更具包容性和多样性的代表。多样化的代表可以提高论坛的质量，催生更公平的研究成果，制定更公平的政策。例如，金砖国家国际论坛汇集了来自金砖国家的各类智库和学者，就有关问题进行了深入交流，提出了建设性意见和建议。在这些论坛上，智库参与建设性对话，交流知识经验，就相关问题提出宝贵见解和建议。这种包容性代表提升了论坛的公平性，让参与方更加了解决策过程。

政策制定者的智囊团。通过对政策提案、报告和建议提供独立的专业分析，智库充当政策制定者的智囊团。他们研究政府提出的政策模式，评估许多政策选择的可行性、有效性和潜在影响。智库能提供基于证据的评估，识别潜在风险和权衡利弊，给出替代方案。政策制定者受益于智库合作带来的多样化专家观点和严谨分析，以制定明智的政策决策，提高政策质量。通过发挥智囊团的作用，国际智库合作促进了以证据为基础的决策，进一步明确决策过程的责任，提高决策透明度。

打造思想长廊。国际智库合作促进思想、知识和专长的跨国交流，打造了一条思想长廊。通过合作和讨论，智库搭建了网络和平台，让不同地区的政策制定者、研究人员和专家相互练习。这种思想碰撞促进了知识交流，为应对全球挑战提供了创新性解决方案。通过这条思想长廊，各方进一步分享最佳实践，传播研究成果，产生新见解。最终丰富政策辩论，增进对关键问题的认识和理解。

（五）促进国际智库合作的最佳实践路径

联合研讨会和会议。举办联合研讨会和会议，邀请各类智库和智库网络参与，交流知识和经验，促进思想交流。通过讨论和交流，参与者加强现有关系并建立新关系，这些活动播下进一步合作的种子。

人员交流。学者访问其他国家及其和智库的交流项目，促进人员学习、知识传播、共同构建新的相关知识、获取资源以及结成新的伙伴关系。例如，丝路国际智库网络（SiLKS）通过访问学者和访学来促进民间交流。

青年参与。卓有成效的青年参与对促进全球范围内的智库合作至关重要。通过积极参与、研究、使用技术、搭建网络、青年智库建设、沟通倡导等方式，青年能够推动国际智库合作。政府、发展组织、相关行业等必须让青年参与到与决策、方案设计、评估相关的对话中，因为他们可以带来新观点、创造性的解决方案和宝贵的贡献。

联合研究和出版。联合研究项目可以孕育新知识，使参与各方能够迁移知识，吸引更多资金，带来更高质量的成果产出，为更广泛的决策提供信息。通过参与联合研究，智库可以扩大现有的网络，发展新的专业关系，并且长期维持这些联系。

信息索引。设计数据服务器或使用其他方法便可简洁地收集信息和知识，这种信息储存不仅可以有效组织信息记录，使其更容易检索，而且还可以促进智囊团的合作。例如，詹姆斯·麦克甘恩的《智库指数报告》汇编了世界各地智库的活动和工作。智库可以访问这些年度报告，更加了解同行的工作，并在共同感兴趣的领域开展合作联系。

多媒体内容开发和共享。多媒体内容开发和共享是指通过混合视觉、音频和交互元素来吸引注意力、有效地传播信息以激发情感和吸引观众。这些内容随后可以通过网站、社交媒体、视频分享平台（如 YouTube）和音频记录（如播客）等平台发布。智库通过创建和共享多媒体内容来吸引更广泛的受众，引起同行和其他未来可合作者的兴趣。

播客和网络直播。播客和网络直播已经成为人们讨论和分享信息的热门平台，可以推动智库合作。通过利用播客和网络直播的力量，智库让利益相关者协调合作、交流知识和深入参与。这些媒介为促进全球范围内智库合作和政策讨论提供了创新且便利的途径。欧洲学生智库是一个让年轻人参与欧洲政策制定的国际组织，在该组织推出的播客系列中展示了对政策制定者可能有价值的研究、见解和观点，也引起了其他智库网络的兴趣。

五、结语

随着各国越来越相互依存，国际智库合作也在不断发展。本研究聚焦国际智库合作的发展，国际智库数量众多，各具专长，合作形式多样。组织文化、能力、政治气候和可用资金影响智库合作的意愿和能力。信任、共同目标和专业领域互补对促进成功合作至关重要。国际智库合作价值在于：建立网络、搭建双边和多边平台、开展联合研究项目、交叉参与研究、成为国际论坛中的有力代表，以及为政策制定者充当智囊团。鉴于国际智库合作的价值，促进国际智库合作的最佳实践包括联合研讨会和会议、学者交流项目、青年深度参与、联合研究和出版、信息索引、多媒体内容开发和分享、播客和网络直播。其中最重要在于国际智库合作打造思想长廊，丰富知识和思想交流。

从"一带一路"倡议看构建
人类命运共同体的理念与实践

阿桑加·阿贝亚古纳塞克拉

（南亚未来网络"千年计划"项目高级研究员）

摘要："一带一路"倡议是构筑人类命运共同体的重要实践平台，是中国提出的一项重要的外交政策。中国可以更有效地通过人类命运共同体理念来赢得许多国家的支持并促进贸易发展。本文主要讨论共建"一带一路"倡议的历史足迹、该倡议在推进过程中取得的重要进步，以及在落实绿色发展方面的理念和实践。

关键词："一带一路"；人类命运共同体；可持续发展目标；"一带一路"数字工具包；协同合作

一、人类命运共同体与中国哲学观

建设人类命运共同体是中国国家主席习近平提出的一项重要外交政策，共建"一带一路"倡议（Belt and Road Initiative，简称BRI）是这一外交政策的生动实践。这一概念源自中国古代儒家和佛教"家族昌盛优先于个人繁荣"的哲学思想。吴惠雍曾指出:"中国人的国家观念(即社稷),就是这样与家族观念结合的,儒家政治观点的演化中也并不注重个人私有财产。家庭比个人更重要,主体间性比个别主体更重要(吴,2018)。"不仅中国如此,在印度,我们也能看见同样的以"家庭"为本位的哲学。在这种观念中,家庭被视为一个理想的、具有高功能性的单位,其中所有个人都平等地享有权利。印度总理莫迪和此前许多领导人经常提到"天下一家(Vasudhaiva kutumbakam)",这句话取自《奥义书》,是印度外交词汇中的一句口头禅,用以阐述印度的全球观(Sidhu,2017)。中国版的人类命运共同体和印度版的"天下一家"都以亚洲哲学思想为支点,抛开西方个人主义和霸权世界秩序的思想,以促进全球"家庭"成员担起共同责任。

尽管我们能从领土争端和印度洋的海上安全问题上看出中印之间地缘政治关系紧张,但是人类命运共同体和"天下一家"两种哲学世界观却可以像胶水一样将两国拉紧。虽然中国将傲立于亚洲,但拥有世界上最多人口的印度也是亚洲舞台上不可或缺的一员。我们应该采用协同的思维和方法而非零和博弈的途径,毕竟零和博弈已经拖慢了许多国家走向共同繁荣的进程。

习近平主席于2013年发起了共建"一带一路"倡议,倡导在发展中国家加强基础设施建设、加强人文交流,建设人类命运共同体,促进全球繁荣发展。中国是唯一能够在全球范围内提供如此大规模基础设施和可观资金的国家。这一倡议已经改变部分国家的地理景观,中巴经济走廊(CPEC)和科伦坡港口城,以及在斯里兰卡开垦海滨并建立的经济特区都证明了这一点。中国的商业模式旨在增加当地的经济效益，不过这些项目的成本及回报仍需通过商业模式进行衡量。中国可以通过与欧洲、亚洲和美国等多个市场的合作来实现目标，以共同愿景为实现这一目标奠定基础，为"一带一路"倡议项目锁定外国市场并吸引投资者。

联合国前副秘书长埃里克·索尔海姆表示："中国国家主席习近平提出的人类命运共同体理念以同甘共苦为核心，对世界解决全球性问题至关重要。中国的'一带一路'倡议在基础设施建设和绿色发展方面取得了惊人的成功（CGTN，2023）。"索尔海姆认为，人类命运共同体理念是许多全球挑战的解决方案。

2013年3月23日，习近平主席在莫斯科国立国际关系学院首次提出了构建人类命运共同体的理念（中国互联网信息中心，2013）。2017年，习近平主席在联合国日内瓦办事处发表题为《共同构建人类命运共同体》的演讲，提出了中国应对全球挑战的方案（新华社，2017）。"构建人类命运共同体是一个激动人心的目标，需要一代又一代人的努力，中国愿与联合国所有会员国以及国际组织和机构一道，共同推进构建人类命运共同体的伟大事业。"同年，中国构建人类命运共同体的理念被写入第55届联合国社会发展委员会决议。习近平主席引用《联合国宪章》七项原则和万隆会议倡导的和平共处五项原则，指出构建人类命运共同体的重要性（新华社，2017）。

斯里兰卡和许多其他不结盟国家在冷战期间发挥了关键作用。它们在万隆摆脱了权力的两极，找到了第三条路线，一条替代路线。万隆会议也开启了中国的独立外交之路，连接起了亚非国家。万隆会议为亚洲地区建立反对殖民主义秩序奠定了基石，其成就在于开创了中国、印度以及许多其他亚非伙伴努力协作、共创共识的合作途径。

我们可以通过人类命运共同体和"天下一家"的概念重新审视万隆精神，重塑亚洲地区秩序。因此，人类命运共同体理念对于亚洲国家，尤其是南半球的亚洲国家而言具有特殊的意义，能够引发各国共鸣。

二、命运共同体与大国竞赛

人类命运共同体理念具有开放包容、公平正义、和谐共处、多元互鉴、团结协作五大特征。

首先，构建人类命运共同体是为了解决习近平主席在"全球安全倡议"中提出的世界安全赤字问题。其次，人类命运共同体将为世界走出发展困境、摆脱零和思维、走向积极的贸易共赢提供动力。最后，它为防止文明冲突、缓解大国之间的紧张关系提供了中国智慧。

中美之间的大国竞争在近期达到了一个新高度，贸易战引发了多方对安全层面的担忧。美国在五角大楼国家安全文件中，将中国定义为直接侵略者和国家安全威胁。美国总统拜登在七国集团峰会上与其他西方盟友就反对中国的贸易行为达成了共识，这是脱钩行为，而非他在七国集团峰会上所解释的"去风险"行为，也许"去风险"听起来比"脱钩"更有利。这也解释了为何它们会在全球经济环境面临挑战和脆弱的时刻强行大幅削减对中国出口的产品的需求。

七国集团显然试图在外交上孤立中国，它们打算增加基础设施投资，并增加对发展中国家的债务减免，以减少中国对"一带一路"共建国家的金融影响（Sweeney，2023）。这种危险的企图将使发展中国家在西方和中国之间进一步分化。此外，对乌克兰战争持中立态度的国家，例如印度，也会在这一过程中受到压力。

此外，美国背离基辛格的战略，严重束缚了其外交政策的灵活性和敏捷性。过去，不同政治制度的国家通过协同合作实现了微妙的平衡，而这种平衡将被打破，民主国家与专制国家之间的划分也将产生危险的两极化现象，这种两极化将进一步影响中美竞争。在充满挑战的全球地缘政治背景下，中国构建人类命运共同体将面临诸多挑战。

三、中国对国际规范的承诺

共建"一带一路"倡议涉及经济、地缘政治、贸易、外交、人文和文化等各个层面，有潜力从根本上改变亚洲、非洲、欧洲和拉丁美洲国家以及多个经济体之间的交流互动。"一带一路"的项目遍及多个大洲，许多已经启动"一带一路"项目的国家正继续利用优势，而另一些国家则对基础设施投资的回报和过程的透明度表示担忧。中国已经大幅完善其流程，例如在斯里兰卡，当绿色倡议被视作首要任务后，环境问题比起在"一带一路"倡议初期时受到了更多关注。

尽管中国和地方政府在这个过程中不断改进，另一个关键领域也仍需要中国关注，那就是中国对国际规范的承诺。布劳提加姆（Brautigam）表示，世界银行开始通过制定新标准进行改革（Brautigam，2011）。中国的发展模式挑战了世界银行等传统基础设施建设融资方式，使西方大为震惊。急需金融援助的国家向中国寻求融资时，一定程度上忽视了国际标准和国际规范。这种融资环境给中国和东道国带来了相当大的风险，中国的意图也遭到了质疑。因为背离国际标准和国际规范，中国构建人类命运共同体的议程受到西方媒体和批评者的质疑，他们认为中国有隐藏的意图。中国需要重新调整立场，致力于遵守国际规范和价值观,为"一带一路"倡议制定标准。

中国致力于"维护《联合国宪章》的宗旨和原则,捍卫国际法尊严,推动国际关系民主化,增加发展中国家在国际社会的代表性和发言权,推动国际社会更加公平、更加公正的全球治理"(中华人民共和国外交部,2023)。中国积极推动乌克兰问题的解决,发布了立场文件,提出了政治解决方案。这一方案可以视作是中国采取的勇敢的一步,发挥了斡旋作用,受到多个欧洲国家的欢迎。习近平主席成功地对俄罗斯进行了国事访问,俄方肯定中国在立场文件中提出的建设性主张。

中国不再是国际舞台上被动的一方,而是全球和平的积极贡献者。然而,美国认为中国扮演和平调解者的角色是出于利好俄罗斯的目的。美国国家安全委员会发言人约翰·柯比解释说:"中国的任何提议……都将是有失公允的,只能反映出俄罗斯的视角(Doornbos,2023)。"美国在欧洲和许多其他国家的盟友与美国的立场并不一致。他们认为,中国是全球重要的参与者,应该被接纳。由于与俄罗斯的战略联盟,印度和中国即使在战争期间也从未中断与俄罗斯的联系。印度更多是处于历史的角度对待俄罗斯,印度将不结盟政策和战略自主政策视为其外交政策的核心并在乌克兰战争中采取中立立场。东盟和亚洲国家中,一些国家表明立场支持俄罗斯,而另一些国家则保持中立,这表明亚洲舞台上并未重现同样的西方叙事。尽管美国的一些外交政策专家认为美国可以在乌克兰问题上取得外交政策的胜利,但很不幸,他们失算了——美国无法在乌克兰问题上取得针对俄罗斯的全面胜利。中国和印度在和平建设中发挥的作用将是关键因素,它们的立场应当得到支持。

四、互相尊重

中国致力于推动各国将相互尊重作为国家交往时不可或缺的条件，反对美国及其盟国精心策划的"四方安全对话"（QUAD）和"澳英美联盟"（AUKUS）等阵营的冷战思维，反对在国际舞台上采取单边行动。中国在谈到"四方安全对话"和"澳英美联盟"时，经常会谈到冷战期间美国的遏制战略。汪文斌表示，"澳英美联盟"源于"典型的冷战思维，只会激起军备竞赛，损害国际核不扩散体系，损害地区稳定与和平（美联社，2023）"。汪文斌警告道，该组织选择了一条不利于地区稳定的危险道路。

对于美澳印日组建的"四方安全对话"集团，中国国家主席习近平立场明确，认为该组织"以多边主义为借口，拉帮结派或煽动意识形态对抗（陆克文，2021）"。

2007年，日本首相安倍晋三首次提出"四方安全对话"，原本叫作四方战略对话（QSD）。陆克文（Kevin Rudd）表示，"QSD的基本原理是捍卫基于规则的国际秩序，这意味着中国早在2007年就已经成为对该秩序的威胁（Rudd，2019）"。中国反对四方集团，将其视为遏制中国、限制中国发展和限制中国与其他国家交往的战略。针对这些冷战策略，中国希望成为"真正的多边主义"的捍卫者（Rudd，2021）和联合国系统内负责任的主要捍卫者。中国已经推动相关议程，通过担负大国责任来应对美国外交政策的霸权主义企图。

四方集团可以被视作是地缘政治中的离岸平衡战略。对于中国构建人类命运共同体政策而言，这种冷战遏制和离岸平衡构成了直接威胁，阻碍了"相互尊重"理念的实现，也推动着中国应对威胁。只有为相互信任和协同思维创造出一定的空间，摆脱老牌强国和新兴大国之间的地缘政治僵局，零和思想才能结束。

中国愿在地区安全和世界安全架构中发挥积极作用，满足各方愿望、照顾各方利益。而西方及其盟友则担心中国通过其地缘经济项目实现地缘政治目标，担心中国的地缘经济项目、战略扩张以及中国在发展中国家的显著影响力，将对现有的国际秩序带来威胁。

中国主张"相互尊重"来实现人类命运共同体，尊重各国自主选择的发展道路和社会制度，拒绝将一国价值观强加于他国，反对所谓的"民主自由"的优越模式和自以为是的"普世价值观"。中国拒绝一刀切的模式，并从以人为本的角度和文化的角度来看待单个国家。这一立场符合中国对普世价值观和民主的允诺，使得中国的外交政策在许多国家都发挥了效用。

五、"一带一路"倡议数字工具包

对于中国和当地政府在共建"一带一路"倡议项目中遇到的瓶颈和挑战，以及利益相关方在此过程中所面临的问题，美国亚洲协会政策研究院（以下简称 ASPI）推出的"一带一路"倡议数字工具包颇有助益。

本文作者与 ASPI 的研究人员共同开发，提供了一种改进"一带一路"项目流程的解决方案（ASPI，2022），即"一带一路"倡议数字工具包。开发数字工具包的相关研究包括捕捉直接利益相关方的疑虑以及东南亚几个"一带一路"共建国家在环境影响评估（EIA）方面所遇到的挑战。该工具包是一个微型网站，旨在帮助 BRI 项目区域内及周边的当地社区、利益相关方以及中国的承包商、开发商、融资方更好地应对这些挑战，并落实对于利益相关方参与环境和社会影响评估方面的建议。对于中国使用者而言，该工具包会解释环境和社会影响评估（ESIA）以及利益相关方参与的相关要素；概述相关的国际标准、中国标准以及实践案例；给中国公司、融资方和其他参与者提供具体可行的措施，并描述这些措施将如何帮助降低基础设施项目风险、规避问题并且带来更好的结果。该工具包能够被翻译成普通话、印尼语、高棉语和老挝语，且将很快提供给包括斯里兰卡在内的许多其他国家。中国的浙江大学非传统安全与和平发展研究中心（NTS–PD浙江大学，2006）是其中一个重要的机构，该中心拥有相关专业知识，使工具包能够更好地契合"一带一路"倡议的需求。

在"一带一路"的项目建设上，中国所面临的挑战正日益增长。对此，中国已经采取了另一项措施——引入高质量发展的标准，并通过公开和透明原则来赢得共建国家民众的支持。许多项目在贷款透明度和长期协议透明度方面遭到了质疑。中国通过对东道国进行严格指导，可以很快化解这些质疑。此外，中国可以以全球发展倡议为背景推动合作，促进发展中国家发挥协同作用，以此加速推进2030年可持续发展议程（联合国，2022）。

六、"一带一路"倡议与联合国可持续发展目标

"一带一路"倡议努力实现高标准的环境增长、经济增长和社会进步之间的微妙平衡（"一带一路"国际合作论坛，2017）。2015年，"一带一路"倡议启动两年后，联合国发布了可持续发展目标（SDGs），

设定了要于 2030 年前实现的 17 个目标。

"一带一路"倡议承诺支持联合国可持续发展目标 2030 议程的愿景，实现五大支柱的共同发展和共同繁荣：第一是政策沟通，第二是设施联通，第三是贸易畅通，第四是资金融通，最后是民心相通。"一带一路"倡议旨在促进各国的互联互通，建立全方位、多层次、复合型的互联互通网络，实现多元、自主、均衡、可持续的发展。自2015 年以来，"一带一路"倡议始终坚守对可持续发展目标的承诺，不断改进，遵循高标准、惠民生、可持续的方式，注重开放、绿色、清洁和包容的可持续发展（联合国，2022 年）。

通过将"一带一路"倡议与联合国可持续发展目标挂钩，中国已经证明了自己是国际舞台上的重要一员。从可持续发展目标 1 来看，中国通过"一带一路"项目在消除贫困方面所肩负起的责任值得称道。世界银行估计，全面实施"一带一路"倡议可以帮助 760 万人摆脱极端贫困和 3200 万人摆脱中度贫困（每日收入低于 3.2 美元），这将促进实现可持续发展目标 1。此外还将使全球贸易额和"一带一路"经济体的贸易额分别提高 6.2% 和 9.7%，同时将全球收入提高 2.9%，这将促进实现可持续发展目标 8（体面工作和经济增长）、可持续发展目标 9（工业、创新和基础设施）和可持续发展目标 17（促进千年发展目标的伙伴关系）。"一带一路"倡议与可持续发展目标的结合将有助于中国实现其人类命运共同体的政策目标。联合国的可持续发展目标正是中国传达其全球愿景的完美载体。

结语

"一带一路"倡议是构筑人类命运共同体的重要实践平台，是中国提出的一项重要的外交政策。人类命运共同体深源于"家庭本位"思想，这种思想也同样显现在印度的"天下一家"外交政策中。在当前的大国对抗、零和权力游戏和冷战思维背景下，协同合作应当拉近人类命运共同体和"天下一家"的距离，促进和谐合作。"一带一路"倡议在部分国家还面临着许多挑战，中国的人类命运共同体在竞争激烈的环境中坚定推进。中国在艰难困苦中学习进步，极大程度上改进了流程和标准，成功地将"一带一路"倡议与联合国可持续发展目标接轨，设定了标准并承诺做一个负责任的全球大国，为全球作出贡献。

"一带一路"倡议下的健康丝绸之路

郑开耀（马来亚大学国际与战略研究系研究生）

罗伊·安东尼·罗杰斯（马来亚大学亚洲与欧洲研究院常务副院长）

摘要： 新冠疫情不仅是一场全球公共卫生领域的灾难，也对政治和经济造成了重大影响。中国的健康丝绸之路倡议旨在展现中国负责任地应对全球卫生问题的决心。本研究试图探索中国在打造健康丝绸之路时考虑了何种因素，并分析中国在其中所面临的挑战以及所采用的策略，以助于更好地理解中国推动健康丝绸之路建设的方式，以及对中国全球形象的影响。

关键词： "一带一路"；新冠疫情；健康丝绸之路

一、研究背景

发展软实力是中国对外政策战略中的重要一环，成功帮助中国在非洲、东南亚、拉美及其他地区的发展中国家中加强影响力。其源头在于邓小平的开放政策，随后历届领导人不断推进（Parker 和 Chefitz，2018）。国际社会由此认同，中国是负责任的地区大国，中国不断增强的政治、经济和军事实力不会危及国际和平与安全。中国领导层已认识到，鉴于西方国家长期利用软实力对其他国家的政策施加影响力，为增强中国的国际竞争力需要提高软实力。因此，增强软实力已成为寻求扩大影响力的国家的优先事项之一（Wu，2018）。

中国领导人力图通过推广良好的中国叙事和更好的沟通向世界传递中国信息，让中国的国际认可度与飞速崛起的实力相对等（Liu，2016）。中国在新冠疫情背景下推行健康丝绸之路建设，引发了对其深层意图的探究。从国际关系的角度来看，学术界主要研究中国在"一带一路"倡议方面的软实力。而在全球范围内，新冠疫情被当作政治工具加以利用，病毒的起源成为中美两国外交争论的焦点，导致了疫情的政治化（Deng，2018）。

此前，学者主要在"一带一路"倡议视角下阐释软实力理论，尽管中国很早就提出了健康丝绸之路的概念，但其软实力投射的潜力在新冠疫情之后才被充分认识。在此之前，大多数政治分析家关注的都是"一带一路"倡议，而非健康丝绸之路（Zhang，2018）。新冠疫情之下，人们的注意力转移到了健康丝绸之路上，意识到了其不仅对中国经济，同时也对全球经济有重要意义。中国作为全球最大的出口国，经济复苏也依赖于有效管控疫情。2017 年，中国在世界卫生组织会议上正式宣布建设的健康丝绸之路，被视为推动全球卫生合作的良性项目。

本研究将探讨中国如何通过健康丝绸之路倡议，在应对现有挑战的同时提升自身软实力和全球身份认同，旨在明确中国在打造健康丝路时所考虑的因素，并分析中国为创造良好的国际环境和提升软实力所实施的战略。

二、中国健康丝路与抗疫援助

健康丝绸之路最初由中国政府于 2017 年在其"一带一路"倡议下提出。在疫情期间，中国通过健康丝路向受疫情波及的国家提供医疗援助，包括设备和人员。影响中国推行该方针的因素有很多，包括政治经济动机、增强软实力和国际合作的愿望，以及与部分国家的批评作斗争的需要（Wang，2021）。健康丝路也是地缘政治概念，指中国在欧亚地区医疗卫生领域为提升软实力和影响力所作出的努力，目标是加强卫生合作，改善"一带一路"共建国家的卫生状况，并提供全面的基础设施发展计划以促进亚洲、欧洲和非洲 60 多个国家的经济一体化和互联互通（Liu 等，2020）。

中国健康丝路的重点是通过向受新冠大流行影响的国家提供资源、知识和专业技术，加强全球卫生安全。其提供的方案中包含建立卫生基础设施、分发医疗设备和用品，以及交流信息和经验等。疫情期间，中国已向 150 多个国家提供了援助。此外，中国还投资研发新冠疫苗，并愿意与其他国家分享其专门技术和知识（Kickbusch 等，2020）。

三、中国软实力和国际话语权

近年来，中国软实力和国际话语权不断提升。提升软实力和强化国际合作的愿望影响了中国的健康丝路建设。中国认识到全球疫情需要共同应对，并努力将自己定位为国际社会抗击疫情行动中负责任和可靠的合作伙伴。通过健康丝路等举措，中国在促进本国卫生事业发展的同时，也为其他国家卫生系统的发展作出了贡献，并得以在全球舞台上展示其影响力，增强其软实力。

中国还通过健康丝路在国际卫生问题中影响国际话语的形成。中国以团结与合作的姿态应对疫情，在全球树立了负责任的正面形象，这有助于驳斥疫情初期对中国处理方式的批评，提高中国的国际地位。由此，中国通过健康丝路倡议加强了国际话语权，提升了在全球卫生治理中的软实力。中国通过促进卫生事业，向世界展示积极正面的形象，得以提高其全球竞争力，巩固其作为全球卫生治理主要参与者的地位。

四、影响中国健康丝路建设的因素

本文认为，影响中国推行健康丝路建设的因素，可以通过疫情暴发后经济情况变化的影响来分析。新冠疫情对全球经济造成了重大影响，各国面临多重挑战，力求克服疫情造成的经济后果（国际货币基金组织，2020）。中国在推行健康丝路时考虑了多种因素，对提升中国在经济方面的软实力和国际话语权起到了重要作用。

中国需要保护受疫情影响的国内经济，此为最重要的因素之一。中国是世界第二大经济体，也是全球贸易中的关键角色，疫情成为有可能破坏中国经济增长和供应链的重大危险，中国为此采取了各种保持经济发展竞争力的措施。国际卫生合作是中国"一带一路"倡议的重要基石，在新冠疫情暴发之后，中国政府始终强调健康丝路是建设全球命运共同体的重要组成部分。

在新冠疫情期间，中国凭借健康丝路的实施，树立了国际卫生外交的先锋形象。中国的健康丝路受到多重因素的驱动，包括保护国内经济的需要、响应全球对医疗用品和设备的需求、扩大中国在全球医疗用品和设备市场中的份额，以及推广全球经济治理的替代性叙事。这些因素有助于提升中国在经济领域的软实力和国际话语权，并可能在未来数年间继续在中国外交战略中发挥重要作用。

因此，本研究认为影响中国推动健康丝绸之路建设的主要因素共有四点，即经济利益、地缘政治利益、承担国际责任和参与全球卫生治理。同时，中国在疫情防控方面的经验，以及支持受疫情影响国家的愿望也在发挥作用（Huang 与 Zhao，2020）。作为世界主要经济大国之一，中国通过健康丝路改善了与其他国家的经济联系，树立值得信赖和负责任的合作伙伴的积极国际形象。

五、疫情对全球经济的影响

新冠大流行导致供应链、贸易和投资流遭受重创，对全球经济产生深远影响。中国作为首个受到该病毒袭击并从中恢复的国家，在应对该流行病方面取得了成功，也将此作为经济外交的工具。国际货币基金组织数据显示，2020 年全球经济预计收缩 4.4%（国际货币基金组织，2020）。新冠疫情破坏了全球供应网络，各国政府关闭边境，禁止国际旅行，对外贸易减少，由此，一些国家出现了严重的经济衰退，企业倒闭，失业率飙升。

中国作为首个受到疫情冲击的国家，在 2020 年首季度遭受了重大经济损失。但随后的第二及第三季度，经济出现恢复迹象，GDP 增长回弹至 4.9%（中国国家统计局，2020）。中国是首个采取严格手段控制病毒传播的国家，政府及时、严格的措施限制了病毒传播。成功应对疫情，成为经济复苏的主因，世界卫生组织也赞赏中国的抗疫措施有效地遏制了病毒传播。

中国推动健康丝路建设受到了包括经济利益在内的一系列因素的影响。健康丝路为中国提供了一个在"一带一路"共建国家扩大影响力和促进经济利益的机会（Eisenman 等，2020）。促使中国推动该倡议的另一个主要因素在于，中国认为这是一个将自己定位为负责任的大国，并提高自己作为可靠和值得信赖的合作伙伴声誉的机会。

在经济影响方面，健康丝路为中国提供了扩大医疗用品和设备出口的机会，并增加了对参与国卫生基础设施的投资。中国是世界上最大的出口国，出口活动推动了中国的经济增长。中国也是医疗设备和用品的主要生产国，中国的健康丝路为扩大医疗出口、提高中国在国际卫生领域的影响力提供了契机。世界银行数据显示，2019 年中国的货物出口额占 GDP 的 17.4%（世界银行，2020）。考虑到疫情扰乱了全球供应网络，降低了外贸需求，中国一直在探索保护本国经济发展的措施。此外，全球远程办公和电子商务的兴起增加了对笔记本电脑等电子产品的需求，中国的出口活动也从中受益（Tang，2020）。

中国不仅向其他国家提供上述产品以帮助防控疫情，还通过在全球范围内促进对中国制造产品的需求来实现自身经济目标。受益于此，中国已成为全球最大的医疗设备和个人防护设备供应商，向 200 多个国家出口口罩、手套和呼吸机等产品。此举也有助于中国在经济领域建立亲善关系，增强软实力（Huang 与 Zhao，2020）。

中国推动健康丝路建设的另一方面在于其需要推广关于全球经

济治理的替代性叙事。作为全球经济的主要参与者，中国对西方主导的全球经济治理模式的批评越发频繁，认为该模式由发达国家主导，未能满足发展中国家的需求。通过推动健康丝路，中国也能够推广自己基于平等互利、合作共赢原则的另一种全球经济治理模式。以此，中国得以增强其在经济领域的话语权，并框定全球经济公共议题的范围。

健康丝路的重点是改善医疗基础设施，促进国家间医疗资源和知识的交流。作为健康丝路的一部分，中国在医疗基础设施方面的投资已成为帮助其他国家发展医疗系统、实现经济目标的有益工具。兰德公司的一项研究表明，中国通过健康丝路对医疗基础设施进行投资，帮助了许多"一带一路"共建国家改善医疗服务，创造更好的医疗成果。由于其中许多国家都面临着重大公共卫生挑战，如传染病发病率高、医疗基础设施不足、基本药物和疫苗供应有限等，这一点意义重大（Liu 等，2020）。

中国向发展中国家作出提供"负担得起的疫苗"的坚定承诺，并积极参与新冠疫苗的援助工作。中国是目前世界上最大的疫苗出口国，中国政府已向100多个国家和国际组织提供了约12亿剂疫苗，彰显了中国在疫苗援助方面的积极贡献（Qi，2021）。这一成就反映了中国在疫苗研发方面的成功，以及对全球健康承诺的履行。国产疫苗的成功使用和出口，也彰显了中国在战胜新冠疫情方面的领先地位（UWD，2021）。"用数据看世界"（Our World in Data）的数据显示，截至2021年10月，中国在国内疫苗使用和全球疫苗出口方面均处于领先地位，这表明了中国致力于确保发展中国家获得"救命疫苗"的决心。

　　中国通过健康丝路对医疗基础设施的投资，也有助于促进全球医疗卫生行业的创新。通过与其他国家合作开发，以及应用新技术、实施新做法，中国能够为本国企业扩大业务、向其他国家出口产品和服务创造新机遇。这不仅有助于中国经济，也有利于推动创新和改善其他国家的医疗卫生条件。通过提供医疗援助，中国能够与受援国建立更牢固的经济关系，扩大经济影响力，由此能够加强经济合作，并将自己定位为全球经济复苏的重要参与者。

六、支持国内经济复苏

　　中国向其他国家提供医疗用品和设备，不仅有助于在全球范围内遏制疫情，还为中国制造的产品开辟了新的出口机会，为中国国内制造业创造收入。这样的做法有助于促进中国经济复苏，也符合中国推动建设世界新秩序的长远愿景。通过将经济利益与外交利益相结合，中国得以加强其在国际社会中的影响力和存在感（Zhang 与 Wei，2021）。

　　根本而言，健康丝绸之路也凸显了全球卫生与经济之间的联系。中国在全球疫情应对中将自己定位为提供医疗用品和设备的可靠合作伙伴，从而得以在世界舞台上提升自身软实力，推进战略利益。中国在卫生基础设施方面的投资为中国企业扩大业务、向其他国家出口医疗产品和服务创造了机会，促进了中国经济的发展并提高了中国在卫生行业的全球竞争力。

　　疫情期间，中国向其他国家提供医疗援助和支持，塑造了负责任的国家形象并提高了作为人道主义援助提供者的美誉（Ji，2020）。

中国的健康丝路也让该国有机会参与塑造关于其疫情防控措施的叙事，影响国际社会对中国危机处理方式的看法，有助于提升中国的国际话语权，增强中国的软实力，并且能够深化与其他国家的经济联系，巩固其在全球卫生市场中的重要地位。健康丝路倡议的长期影响还有待观察，但该倡议有可能为中国和其他国家带来巨大的经济利益，同时也有助于全球卫生系统的发展，促进全球卫生安全（Su，2020）。

七、地缘政治利益

地缘政治利益是指一个国家通过外交、经济或军事实力影响国际事务以获得的战略优势。在考虑何种因素推动中国在新冠疫情期间推动健康丝路建设时，地缘政治利益也是其中重要一环。中国政府将健康丝路视为在危机时期向其他国家提供援助和支持，从而展示其影响力及对全球卫生事业的承诺的机会（Alam 与 Ahmed，2020）。

对中国而言，健康丝路主要能带来的地缘政治利益之一是扩大其在全球卫生领域的影响力。通过将自己定位为国际医疗卫生合作的重要参与者，该倡议意图使中国成为医疗卫生行业更加值得信赖和可靠的全球合作伙伴（Breslin，2020）。考虑到目前中美关系紧张，两国在全球治理中的竞争加剧，这一点尤为重要。此外，中国还在寻求通过健康丝路扩大其在地区的外交影响力。中国在全球经济和军事领域中的崛起导致中美之间影响力和资源的竞争日益激烈，尤其是在亚太地区。通过健康丝路，中国正在寻求建立一个合作伙伴网络，扩大在地区的战略影响力。有了这一网络，中国在与美国和该地区其他大国的地缘政治竞争中将更具影响力（Huang，2020）。

中国推动健康丝路建设，着眼的另一项地缘政治利益是提升中国的软实力。软实力是指一个国家通过其文化、社会和政治价值观，而不是通过使用武力来影响他人的能力（Wang，2020）。中国在这一地区推广医疗卫生技术和专业知识，将自己定位为负责任和可靠的全球医疗卫生合作伙伴，如此中国的全球形象将得到提升，在该地区的软实力也将增加。中国也把向其他国家提供医疗用品和专业知识当成对其最早抗击新冠措施的评判声音的一种反击，并展示中方与其他国家合作应对疫情的意愿（Kai，2016）。因此，健康丝路建设为中国提供了一个与该地区其他国家建立战略伙伴关系的机会。中国正着力改善与其他国家的关系，更深入的医疗合作有朝一日可能会化作更牢固的政治和经济联系。总体而言，地缘政治利益在中国决定推动健康丝路建设的决策过程中发挥了重要作用，中国政府将其视为提升其国际形象和扩大其在全球卫生治理中影响力的机会。

八、回击批评声音

中国最初处理新冠疫情的方式遭到了一些批评，这也是中国决定推行健康丝路的重要因素之一（Yu，2021）。为了回击这些批评和负面看法，中国发起了包括健康丝路在内的积极行动，展现对全球卫生与合作的承诺（Chin，2020）。通过向其他国家提供医疗设备、信息和资金援助等形式的支持和帮助，中国提高了国际声誉，巩固了在抗击新冠的斗争中作为负责任的全球参与者的地位。中国通过健康丝路开展的系列活动不仅有助于抗击疫情，还力图改变世界对中国抗疫的看法（Zhang，2021）。通过建设健康丝路中国得以有机会回应此前遭受的一些不利批评，并重新赢得了其他国家的尊重和善意。此外，有鉴于当前的地缘政治环境，这一战略也增强了中国的软实力和全球影响力。

在世界继续努力抗击新冠及其长远影响的同时，中国在全球卫生治理和国际话语中的地位仍然是一个复杂且不断变化的问题，并将继续影响全球卫生治理和国际体系中的力量平衡（Cui，2021）。尽管存在批评意见，中国仍赢得了许多国家的民心，也通过采纳符合专业建议的政策和强调合作意愿赢得了全世界的信任。中国将继续推动健康丝路建设，以展现其对全球卫生的承诺和改善软实力的意愿（Tugendhat，2020）。

九、中国对全球卫生治理的责任

面对危机，合理的应对应当是全球合作，但新冠疫情却导致了全球混乱和分裂。抗击新冠的战争仍在继续，作为一项重大的跨国问题，其成功与否取决于有效的全球卫生治理。遗憾的是，尽管全球威胁不断增加，实质性成果却进展甚微。此外，多边和单边秩序之间的争论已将全球卫生治理推向崩溃的边缘，人们对集体机制的建设日益感到悲观，全球治理赤字增加（Jiemian，2020）。疫情发生以来，中国秉承透明、诚信、积极参与的原则，向世界表明了与国际社会合作抗击疫情的意愿。中国政府认识到参与全球卫生治理的重要性，并以实际行动表明了在全球卫生治理领域遵守国际准则、价值观和期望的承诺。

全球卫生治理被描述为一种指导和推动全球制定和实施集体决

策，以应对全球卫生问题和挑战的国际规范和原则框架。崛起的大国可以利用卫生外交和全球卫生治理，探索全球治理创新（Kickbusch与 Szabo，2014）。Lisk 与 Šehović（2020）指出，大国在全球卫生领域可通过提供关键药品、疫苗、经济和财政援助以帮助保障人员安全等方式提高软实力。这反映了全球卫生领域对外交、合作和伙伴关系的重视（Husain 与 Bloom，2020）。

可以认为，中国推动健康丝路建设是坚持履行其国际责任和支持全球卫生治理的一种尝试。作为世界上人口最多、经济实力最强的国家之一，中国一举一动可能会对世界其他国家产生重大影响。作为重要的全球大国，中国对参与全球卫生治理的兴趣与日俱增，尤其是在新冠疫情之后（Liu 等，2020）。国际责任是指一个国家参与全球治理、为国际社会谋福利的责任感和义务感。中国承认承担国际责任的重要性。就中国在新冠疫情期间推动健康丝路建设的做法而言，国际责任的概念在推动中国行动方面发挥了重要作用。在中国看来，健康丝路是履行作为国际社会负责任角色职责的一种方式，并以在疫情期间向其他国家提供医疗援助和支持的方式实现其在应对全球挑战方面的承诺（Huang，2020）。

中国对全球卫生治理的参与可以追溯到 2003 年的非典疫情，当时的疫情凸显了国际合作在应对公共卫生危机方面的重要性。从那时起，中国日益认识到参与全球卫生治理的必要性，既为了促进自身利益，也为了促进全球卫生安全（Goldizen，2016）。一项发表在《卫生政策与规划》杂志上的研究认为，中国对全球卫生治理的参与是促进健康丝路建设的主要驱动力。该研究发现，中国将这一流行病视为全球公共卫生危机，认为国际社会需要采取协调合作的应对措施，而健康丝路就是该国履行对全球卫生治理的承诺,为全球应对病毒做出贡献的一种方式(Pei,2018)。一位中国政府官员在发言中表示:"我们有责任帮助其他需要帮助的国家,尤其是在这样的危机中。"这种全球责任感也与中国大力强调创建人类命运共同体的总体目标相契合(Breslin,2018)。此外,该研究也指出,中国对全球卫生治理的参与是由多个因素驱动的,包括希望促进自身的经济和战略利益,以及为全球卫生安全作出贡献。通过向其他国家提供援助和支持,中国能够建立新的合作伙伴关系,并可能在未来产生经济利益(Pei,2018)。

中国的目标是成为国际医疗卫生合作的先驱,向其他国家提供医疗设备和专业知识的做法彰显了对该目标的坚定追寻。中国的全球责任感深刻影响了该国对新冠疫情的应对措施以及推动健康丝路建设的做法,并为自己树立了一个负责任的国际社会成员的良好形象。因此,中国在疫情期间推动健康丝路建设的主要原因之一是为了表明其对全球卫生合作的承诺,并为全球应对疫情作出贡献(Yu,2021)。疫情对全球卫生安全构成了重大威胁,维护国际体系的稳定与安全也符合中国的利益。

总而言之,中国推动健康丝路建设考虑了多个因素,包括加强国际影响力、通过为中国制造的医疗用品和设备创造新的出口机会来支持其国内经济复苏、提高其作为负责任的全球参与者的声誉,以及通过国际合作和援助来回应批评等。中国政府认识到,要减缓疫情蔓延,将其对国家和国际经济的影响降至最低,拿出决心应对全球卫生危机至关重要。

十、中国战略的矛与盾

中国政府应对新冠疫情的策略是积极进取型的。一方面，中国政府试图将自己塑造成一个负责任的抗击全球疫情的模范参与者，向有需要的国家提供必要的医疗援助和物资。另一方面，中国的新冠外交战略构成了提升国家软实力和全球影响力的广泛努力的一部分。

新冠疫情持续肆虐全球，许多国家都在努力确保有足够的医疗用品储备，保护本国公民，减少病毒传播。在此背景下，中国采取了向其他国家提供医疗援助的战略。中国寻求通过这些行动建立友谊，提升其作为负责任的全球形象，同时增强其软实力和全球影响力。在本部分中，笔者将探讨中国提供医疗援助的努力、其战略对全球卫生的影响以及其做法的潜在长期影响。

疫情初期，许多国家医疗用品短缺，中国挺身而出，向世界各国提供口罩和其他设备。这种做法被认为是中国展示其全球责任感的一种方式，同时也提升了中国作为负责任大国的形象。2020年2月下旬，当中国政府在全国范围内逐步控制住疫情后，北京立即承担起了提供救援的角色，因为世界上绝大部分口罩工厂都在中国，而一些工业化国家已经将储备用作向武汉提供的帮助（Zhao，2022）。研究发现，新冠疫情期间，为数众多的国家收到了中国提供的口罩和其他医疗援助物资。

中国自新冠暴发以来积极开展疫苗援助，也是中国致力于建设健康丝路和落实全面国家安全观的体现。中国政府提供的疫苗在保护世界免受新冠病毒侵袭方面发挥了至关重要的作用，该做法的主要目的不仅是为了抗击疫情，也是为了与受援国建立更密切的关系并赢得好感。

在一些情况下，中国将分发疫苗作为更大规模的卫生援助和支持计划的一部分，进一步扩大了中国在受援国的影响力（Luo 等，2021）。

　　中国致力于建立健康丝路，鼓励"一带一路"共建国家在公共卫生领域开展合作。2017 年，作为"一带一路"倡议的一部分，中国与世界卫生组织签署了《卫生合作谅解备忘录》。中国通过参与全球卫生治理，提供疫苗援助应对新冠疫情，为建设健康丝路提供了绝佳机会。中国将疫苗定位为国际公共产品，并采取行动在健康丝路伙伴国提供疫苗接种或本地化疫苗生产，缩小"免疫差距"。例如，中国与哈萨克斯坦、泰国、哥伦比亚等 28 国共同发起了"一带一路"新冠疫苗合作倡议，倡导在疫苗接种方面开展国际合作。在接受中国直接提供疫苗的四大地理分区中，亚太地区接受的数量最多，也正是因为该地区是健康丝路预期发展的区域（Martin，2021）。此外，中国已承诺向东盟国家提供 1.5 亿剂疫苗，并向东盟抗疫基金捐款 500 万美元（Zhao，2022）。中国的疫苗援助已成为与其他国家，尤其是"一带一路"合作国建立和加强双边关系的工具。

　　简而言之，中国政府通过医疗援助与其他国家建立并加强友好关系，在欧美等与中国外交关系紧张的国家和地区尤其如此。有鉴于此，可以认为中国的口罩和疫苗援助取得了了不起的成就，为其"一带一路"叙事增添了实质内容，并夯实了中国作为一个负责任的全球大国的地位（新华社，2020）。

结语

　　本研究分析了影响中国推行健康丝路倡议的经济、地缘政治、外部批评、国际义务和全球卫生治理等因素，以及中国在此过程中使用的策略，如提供援助和医疗服务、投资和扩大与卫生相关的基础设施、合作开展医学研发等。然而，健康丝路也遇到了一些挑战，中国采用了多种方法应对这些挑战，包括强化外交接触、投资尖端技术及疫苗开发、加强供应链管理和协调，以及强化国际卫生伙伴关系等。

总而言之，中国推动健康丝路建设背后存在多种决定性因素，中国的目标是借此在促进经济和地缘政治利益的同时，展示在全球卫生治理中的影响力和责任感。新冠疫情给全球卫生事业发展造成了巨大影响，也给各国提供了合作的机会。中国通过健康丝路为此做出了巨大的贡献，引来了国际社会关注的目光。中国与其他国家继续通力合作，可确保健康丝路有助于创建更高效、更公平的全球卫生系统。所有国家和利益攸关方也都应携手合作，共同应对世界卫生问题。

人文交流："一带一路"建设基础支柱

——从全球视野探讨西中关系

苏傲古

（西班牙拉曼鲁尔大学埃萨达商学院教授）

摘要：本文通过梳理多种观点，提出人文交流是"一带一路"建设的基础支柱。"一带一路"是值得称赞的重大倡议，是推进多极化的关键因素，其背后因素根植于各种人文联系、共有的世界遗产及当地文明经验。这是 150 多个与中国合作的国家参与共建"一带一路"的基础，也是维持并优化"一带一路"倡议的可持续发展和良性循环的关键。

关键词："一带一路"；人文交流；西中关系

一、道路："历史决定人性"

自 2013 年中国首次提出包容性的"一带一路"倡议以来，一直向所有国家开放，通过合作项目建立连接共建国家的合作平台，促进共建国家经济发展和人文交流，播撒友好和团结的种子。

近十年来，"一带一路"倡议使各大洲的国家、人民和企业更加紧密地联系在一起，促进了地理上的互联互通。事实上，它为全球南方国家提供了更广泛的发展机会和选择，并为发达国家提供了更多的互联互通潜力，从而有助于转变"国际社区"的概念。一直以来，"国际社区"都是指北半球的少数国家。

中国有句传统谚语："要想富，先修路。"这提供了一个视角来看待"一带一路"倡议鼓舞人心的力量。"一带一路"倡议阐明了数字时代地缘经济现况——即需要改变的不是地理本身，而是认知和行动的方式。中国将这一前提应用于我们的时代，其中包含了共同繁荣和扩大双赢机会的明确内涵。

十年过去了，人们对于"一带一路"抱有越来越高的期望，当然也有随之而来的风险。基础设施是建立个人联系、商业、就业、旅行和其他社会需求以及金融服务的物质基础。因此，它可以为减贫作出贡献——这是中国在过去一代人中最能引起共鸣的成功。亚洲基础设施投资银行行长金立群强调，到2035年，全球对基础设施的需求预计将达到14万亿美元，融资缺口将达到4.3万亿美元。因此，国际社会需要持续的协同行动。

2014年，中国国家主席习近平在访问巴黎联合国教科文组织总部时表示："文明因交流而多彩，文明因互鉴而丰富。文明交流互鉴，是推动人类文明进步和世界和平发展的重要动力。"因此，特朗普主义引发的贸易战、疫情、冲突、投资撤退和全球供应链中断等问题应更多被视为相对阻碍。中国在应对挑战时往往是从当前、中期和长期三个维度出发，随着时间推移，已经较为稳妥处理了这些挑战。熟悉中国的知名政治家亨利·基辛格认为，中国的战略思想和政策范围涵盖过去、现在和未来。

二、地图连线：梦想成真

20 世纪 90 年代，某些西方分析人士得出结论，非洲非常贫穷，即使她沉入海底，国际经济也不会受到影响。这一评论表明，西方公然无视真实情况，即非洲大陆的能力和资源、其自身的外交网络，尤其是与中国的关系，没有考虑到中国的力量会影响全局。

例如，在 20 世纪 70 年代——对中国经济来说，这是一个特别困难的时期。尽管如此，北京还是设法修建了一条近 2000 公里的铁路，连接坦桑尼亚印度洋港口城市达累斯萨拉姆和位于内陆的赞比亚。此外，自"一带一路"倡议提出以来，中国参与了苏丹梅洛韦大坝、南苏丹通往印度洋的管道建设，并计划重建肯尼亚通往维多利亚湖的铁路。同样值得一提的是，尽管世界银行一直在为战后重建提供资金，但在 20 世纪 60 年代之后，其援助重点已经偏离了基础设施，忽视了非洲大陆的基础灌溉、运输和电气化系统。"一带一路"倡议通过良性建设填补了这一空白，为中国赢得了"共赢伙伴"的称号。

除了亚洲和非洲，"一带一路"倡议的影响在拉丁美洲也很明显。十年中，通过已进行的基础设施建设，以及通过大西洋和太平洋的海底光缆，"一带一路"倡议将在安第斯山脉和亚马孙地区拥有更大的影响力。从 2001 年起，该地区与中国的贸易增长了 17 倍多，这也反映出中国－拉美关系的日益密切。

"一带一路"倡议被一些西方国家视为单方面的倡议，反映出这些国家或集团缺乏持续的全球影响力。耐人寻味的是，欧洲在冷战结束后推出了类似的互联互通举措，这在东欧、高加索和中亚地区尤为明显。该地区启动了各类以基础设施和能源为重点的项目，其中一些似乎是为了效仿古老的丝绸之路。但由于 2008 年的经济危机、欧盟东扩以及 2016 年的英国脱欧，欧洲与中亚互联互通计划的进程大大减缓。与此相对，2014 年，"一带一路"义乌至马德里铁路运输开通，这一项目的列车在进入西班牙并抵达马德里之前，途经哈萨克斯坦、俄罗斯、白俄罗斯、波兰、德国和法国，对沿线经济产生了巨大影响。

另一方面，在奥巴马政府期间，中国曾邀请美国加入"一带一路"倡议，但遭到美国的拒绝，美国考虑到这是对世界秩序具有重大意义的倡议，而目前世界秩序正在经历重新定义的过程。随后，特朗普竭尽全力抵制奥巴马的政策，转而推行目光短浅的孤立主义。此后，他的继任者拜登采取了自己的政策，但作为一个在冷战高峰期开创职业生涯的人，拜登迄今为止主要通过地缘政治措施体现存在，其中通常都包括军事措施。截至目前，他所做的一切都无法与富兰克林·罗斯福在 20 世纪 30 年代宏伟的新政计划或二战后重建欧洲的马歇尔计划相提并论。对拜登倡导的全球基础设施倡议未来将如何演变，我们将拭目以待。

在这十年间，面对日益紧迫的应对气候变化势头，互联互通这一广阔领域同样存在重要空间。"一带一路"倡议也有重要的"绿色"要素，在气候工作组的领导下发起一项倡议，以促进发展中国家的双多边合作，可以成为在此方面迈出的重要一步。各国应加强与中国合作，扩大这种绿色效益。以此持续强化"一带一路"倡议的协同效应，扩大亚太地区的双赢局面，进而扩大欧亚大陆、非洲和拉丁美洲的多赢局面。

三、十周年纪念：在中国和西班牙之间缩小的欧亚大陆

西班牙外贸统计数据显示，2023 年初，中国首次成为其主要货

物供应国，领先于德国、法国和美国。目前，西班牙从世界其他地区购买的商品中，有 11% 来自中国。造就这一数字的部分原因是中国的能动性，"一带一路"倡议的地缘经济分支"义乌－马德里"列车发挥了重要作用。

今年恰逢"一带一路"倡议提出 10 周年，也正值西班牙和中国建交 50 周年，这是欧亚事务中的一个里程碑。西班牙首相佩德罗·桑切斯和中国国家主席习近平于 2023 年 3 月 31 日在北京确认双方建立并发展全面战略伙伴关系。几乎同期，在义乌和马德里两地对开中西建交"纪念号"班列，路线贯穿义乌、新疆和西班牙。

此前，欧亚地区铁路线覆盖范围很小，基本上只有本地价值。但十年前，中国开通了连接义乌和马德里的真正欧亚列车，让世界大为震惊。这列路线全长 13052 公里，途经 8 个国家，累计向西班牙方向行驶了近 300 次。这些年来，全程耗时从大约 20 天缩短到了 16 天，并改进了冷链运输服务能力。在目的地设置方面，不仅有杜伊斯堡和马德里，还增加了伦敦、米兰这些西欧的主要枢纽。

总而言之，从趋势来看，无论是疫情还是冲突，都无法阻挡能够让西班牙和中国以及数十个国家共赢的列车。毫无疑问，这列火车将作为平衡双边贸易的开放因素，继续发挥重要作用。例如，西班牙农业、渔业和食品部与中国海关总署已就允许向中国出口西班牙杏仁和柿子的植物检疫协议达成一致。

另一个机会之窗——尤其应当让那些认为"一带一路"倡议主要有利于中国的人了解其整合互联互通的可能性。这不仅有助于改变陆地贸易格局，还有助于改变海洋贸易格局，将两者融合在一起。六年前，西班牙国家港口当局派遣一个贸易代表团，在上海物流展会上展示了西班牙的解决方案。巴塞罗那、毕尔巴鄂、卡塔赫纳、韦尔瓦和巴伦西亚等港口以及地中海航运公司（MSC）、和记黄埔航运公司（Hutchison）、中国远洋运输公司（COSCO）和韩进海运公司（Hanjin）等大型航运公司和知名港口运营商出席了展会。他们的目标是宣传地中海是"一带一路"倡议的一部分。具体而言，他们认为西班牙港口是中欧更好、更快连接的理想选择。在展会上，他们解释说，通过西班牙港口进入欧洲可以节省四天时间，这比通过传统北欧大型港口阿姆斯特丹和汉堡进入欧洲腹地的路线要短得多。而且，如果仔细评估西班牙提出的数字和数据，就会认识到这在节省大量时间的同时，也会减少运输货物对环境的影响。

观察人士认为，西班牙首相今年对中国的访问表明，双方高度重视两国关系的健康发展。这也是欧洲领导人对中国进行一系列访问以及对全球局势进行更广泛反思的开端。西班牙、欧洲、中国和世界都处于人工智能进化的门槛上，如深圳等中国科技发达城市，都在规划开发各类智能交通系统。

在更广泛的范围内，正如桑切斯总理最近访问中国时所说，"欧洲和亚洲必须携手应对全球挑战，抓住一切机会促进对话与合作"。实际上，这是与中国对话的另一种说法。

四、元首访问，以及外交官、学者、商界等渠道人文交流

人文交流如何促进中欧相互了解？这一答案集中体现在古丝绸之路的古老精神及其历史效应中。古丝绸之路曾经连接着中欧，这显然引发了习近平主席 2014 年访欧期间在联合国教科文组织总部发表

的演讲，其主题是保持和加强跨文化交流与对话的重要性。

四年后，在两国建交 45 周年之际，习近平主席访问西班牙。他在抵达前发表于西班牙媒体的一篇文章指出，两国都拥有丰富的文化遗产，值得在文物保护方面进行更深入的经验交流。习近平主席还表示，汉语和西班牙语都是全球重要的语言。就在 2018 年，西班牙语已被纳入中国的中等教育课程，越来越多的西班牙年轻人在西班牙中国文化中心和孔子学院学习中国语言和文化。习近平主席的文章还特别提到了我们杰出的汉学家艾丽西亚·雷林克，她在 2017 年因翻译中国古典文学名著而获得中国政府颁发的特别图书奖。在文学方面，习近平主席还提到了西班牙最著名的文学大师塞万提斯，以及何塞·奥尔特加·加塞特。因此，文化和人文交流在元首外交中显得尤为重要。

从更广阔的视角来看，促进东西方、南北方理解的文化和人文交流是萨马兰奇担任国际奥委会主席期间的重要举措。萨马兰奇在北京被确定为 2008 年奥运会主办城市方面发挥了重要作用。

在调动资源、促进与中国高层有效商业互动和人文交流方面，上海浦东中欧国际工商学院名誉院长、巴塞罗那教授佩德罗·雷诺所做的工作同样引人注目。成千上万的中国和国际学生毕业于中欧国际工商学院，并接受国际化教育。雷诺为扩大中国的全球商业影响力所做的努力使他被列入习近平主席新上任时会面的邀请名单，他在现场表达了他对中国政策优先事项的看法，并分享了世界其他国家对中国的看法。雷诺于 2007 年获得了上海市政府颁发给外国人的"白玉兰"荣誉奖，并于 2009 年获得中华人民共和国友谊奖，这是中国政府授予"为国家经济和社会进步做出杰出贡献的外国专家"的最高奖项，以表彰他 30 年来所做的杰出贡献。

前欧盟外交与安全政策高级代表、前北约秘书长索拉纳也投入了大量时间和精力，在东西方对话领域推动西班牙与中国的关系更好发展。

对于推动持续的跨文明对话价值，索拉纳表示，这种对话就像花园中的鲜花一样需要不断滋养，这是他基于几十年来对北京的多次访问以及与中国政府互动中得出的结论。"西班牙在深化欧中关系方面发挥着关键作用"，索拉纳在习近平主席访问马德里时表示。索拉纳现在是欧洲最有影响力的埃萨达商学院（ESADE）经济与地缘政治中心的主席，也是埃萨达商学院的教授。他还是普拉多博物馆的主席，该博物馆与马德里的蒂森－博内米萨国家博物馆和索菲亚王后博物馆共同构成了西班牙首都中心著名的"艺术金三角"。

"艺术金三角"这处广阔空间体现了17、18世纪人们创建乌托邦社会的愿望，与在拉丁美洲产生重大影响的开明知识民主化概念相联系。它还涵盖了一批重要的政治和金融机构，以及展出欧洲独特艺术品的画廊。这相当于北京的中轴线，同样是联合国教科文组织认定的世界文化遗产，同样拥有一些最具国际吸引力的文化热点，同样积累了数百年的文明交流和对话积淀，同样吸引了"一带一路"共建国家、欧洲精英和决策者的关注。

五百年前，被广泛认为是最伟大的西班牙语大师和西方经典作家之一的塞万提斯的梦想之一，便是搬到中国，了解东亚文明，并在那里教授西班牙语。虽然梦想并未实现，但他激励了千百万的拉丁美洲读者。当从太平洋彼岸审视当今中国时，他们显然和他一样有决心，不允许遥远的地理距离阻止他们探索未知世界。中国是美洲大陆很大一部分西语国家的最大贸易伙伴，这些国家也是"一带一路"倡议的参与者。

无论是在政界还是在企业中，合作伙伴之间持续的人员交流都是至关重要的。加强外交和互联互通的努力，也取决于文化之间的相互理解。"一带一路"倡议在欧亚大陆的上述案例，体现了文化和人文交流相互促进的重要性。

五、博物馆和城市：以中轴线为例

有着数百年历史的北京中轴线体现了深厚的中华文化和精湛的建筑美学，这是丝绸之路沿线文明对话的焦点。

仅北京就有六处"具有突出普遍价值"的遗址被列入《世界遗产名录》，其中大部分位于北京的历史中心线。根据有关世界遗产地的国际保护条例，中国政府制定了一项为期三年的行动计划（2020年7月至2023年6月），涉及数十个项目，以更好地保护古中轴线的完整性，并突出其文化价值。它们包括保护文物、改善环境和管理各种建筑。许多中国传统文化价值观都体现在中轴线上。

中轴线的起源可以追溯到元朝（1271-1368），当时北京被称为大都。它在随后的王朝统治期间得到了进一步的发展，是中国城市生活、设计、建筑和哲学的缩影。它的早期建造和演变时间，正与中国探险家和海军将领郑和在1405年至1433年间的马拉松式海外游历相重合。郑和的船队树立了一个典型案例，即在没有征服或暴力的情况下，推动了文明交流。事后看来，即使不涉及陆地，他的努力也被认为是早期海上丝绸之路的一部分，是当前"一带一路"倡议的先声。

北京中轴线还体现了中国文化重视在包容和多元中寻求和谐的

理念。作为古都历史和社会变迁的见证者，中轴线见证了中国以独特方式与世界的交往。按照其演变历史，参照中国现代的发展以及与世界其他地区的接触方式，"一带一路"倡议的延伸就是例证。

目前，除了梵蒂冈城，世界主要国家的首都极少拥有中心轴线，它是几个世纪高层外交、文明相遇和文明对话的积淀所在。紫禁城对东亚其他地区的文化和建筑发展产生了广泛影响。

最能捕捉到中国文明多面性的欧洲知识分子如意大利传教士利玛窦和西班牙牧师庞迪我（Diego de Pantoja），他们分别生活在 16 世纪和 17 世纪的中国。利玛窦和庞迪我均通晓中文。这些欧中文明对话的西方先驱以北京人的身份生活，沿着中轴线往返移动。几个世纪后，在中轴线附近生活过的美国记者埃德加·斯诺在 1937 年出版的经典著作《红星照耀中国》中首次向外界讲述了中国共产党领导的军队的长征。

在中轴线附近生活过的其他知名人士包括诺贝尔文学奖得主、北京大学教授伯特兰·罗素。另一位诺贝尔奖获得者、智利诗人巴勃罗·聂鲁达，他是 1952 年智利 – 中国文化协会的创始人之一。与欧洲文化有着最深厚渊源的美国汉学家乔治·N.凯特写了《富足的岁月：北京，1933–1940》，对他在这座古老皇城的岁月进行了深入的文化描述。他被认为是第一个在西方传播关于北京中轴线起源的现代西方人。法国知识分子安德烈·马尔罗作为东亚哲学的鉴赏家的案例再次表明，在促进各国之间的相互理解方面，文化可以发挥巨大作用。在理查德·尼克松总统前往中国拜会毛泽东主席并恢复中美关系之前，马尔罗是在西方提供有关咨询的关键人物。正是在这次访问中，美国代表团是从长安街进入中南海的，而长安街构成了北京城的东西主轴线。

　　20 世纪 80 年代，笔者参观了位于天安门广场东侧的中国国家博物馆。从那时起，中国和我的国家（以及我）之间的交流持续发展到今天。文化作为人类发展的创造性成果，可以激励各大洲的人们相互交流，文明互鉴。

丝绸之路的复兴及其向拉丁美洲的延伸

高文勇

（巴西瓦加斯基金会巴中研究中心主任）

摘要：与 20 世纪末中国对世界开放以吸引外国投资的外交政策不同，21 世纪的中国是世界的主要投资提供者。习近平主席提出的"一带一路"倡议以符合中国国家利益的标准、方法和理念，为我们理解中国特色外交提供了素材。"一带一路"倡议是旧丝绸之路的中国化、现代化和大众化。通过"一带一路"倡议，中国政府寻求通过基础设施项目促进市场一体化，这些项目符合"双循环"政策，补充和加强中国经济。同时，"一带一路"倡议不是中国的"独奏"，而是各国共同演奏的"交响乐"。建议将"一带一路"倡议与拉丁美洲现有区域一体化项目相结合，打造拉丁美洲的丝绸之路。

关键词：丝绸之路；"一带一路"；拉丁美洲

一、丝绸之路过去与现在的联系

2012 年末，习近平主席提出并号召中国人民实现"中国梦"。

中国媒体和学术界就这个梦想的内容与"美国梦"的区别展开了讨论。在探讨两者之间的差异时，他们总结出中国社会的独特性，分析中国社会走上与美国不同发展道路的原因。

"中国梦"与民族复兴的理想相契合。这一理想与中国当前的发展理念和发展阶段相符合，也与其自清末民初以来恢复民族地位的愿望相一致。习近平主席在2012年11月29日的一次讲话中说："实现中华民族伟大复兴，是近代以来中华民族最伟大的梦想。"中国历史学家们能在他的讲话中发现19世纪末和20世纪初革命家和共和改革家们的政治演讲痕迹，当时中国就已经在提倡自强。民族"复兴"或"振兴"是五四运动（1919年）中，中国学生和知识分子受到西方思想的影响，迫切希望中国走上独立、团结和发展的道路。五四运动三十年后，中国共产党团结带领中国人民建立了新中国。2019年，在纪念五四运动100周年大会上，习近平主席号召青年"要继续发扬五四精神，以实现中华民族伟大复兴为己任"。

"振兴"和"复兴"这些词语也出现在文艺复兴时期的表达中。欧洲文艺复兴对当时的文化、政治和欧洲社会产生了深远的影响，也是启蒙运动的先驱。但历史也表明，文艺复兴是中亚集市贸易和远东通过丝绸之路致富的结果。用弗兰科潘的话来说，这些道路就像"世界的中枢神经系统"，几个世纪以来，它们将不同的民族和地方联系在一起，促进了犹太教、基督教、伊斯兰教和佛教等伟大宗教诞生地思想文化的深入交流。

13世纪末，一位名为马可·波罗的威尼斯商人讲述了他为寻找商业机遇而前往中国的旅程。据记载，在他之前，西汉一位名叫张骞的使者奉汉武帝之命前往中亚，与该地区的各个王国建立联系。

虽然在张骞之前，西域与中国的贸易就已经存在，但中国使者的外交任务被认为是开辟丝绸之路的里程碑。丝绸之路兴于汉代、唐代和元代。明代初期，由于航海技术的发展，而且海上航线更安全，海上丝绸之路便逐步取代了中国西部陆地交通。

中国航海在明朝初年达到顶峰。太监郑和曾七次下西洋，到达过亚洲和非洲 30 多个国家和地区的港口。

但是，明朝经历了海路发展，也目睹了海路衰落。明政府随后的禁海政策是中国航海衰落的关键因素。当时仅存的开放口岸是广州，这是自宋元以来中国最大的具有国际地位的商业口岸。随着中国减少海洋运输，并对港口实行限制，其他沿海国家特别是欧洲的沿海国家，开始探索海洋运输并主导地区和海洋贸易。

"丝绸之路"一词直到 1877 年才由德国地理学家和地质学家费迪南德·冯·里希特霍芬在其著作《中国：我的旅行结果及其研究》的第一卷中提出，指公元前 114 年至公元前 127 年间从长安（西安）穿过中亚到印度的丝绸贸易路线。德语中的"Seidenstrasse"结合了"Seiden"（丝绸）和"Strasse"（路线）两个词，后来被另一位德国地理学家奥古斯特·赫尔曼在 1910 年出版的《中国与叙利亚，古代丝绸之路》一书中使用，被瑞典人斯文·赫丁在 1936 年出版的作品《丝绸之路上》中推广。"丝绸之路"一词被用来指代当时存在的一组贸易路线，有学者指出，通过中国丝绸了解中国可以追溯到公元前 400 年，希腊历史学家凯塔·平查斯在其著作《历史与地理书》中称中国为"Seres"，意思是"丝绸之国"。在主要交通工具方面，分为陆上丝绸之路（客船）和海上丝绸之路；在交换物品方面，分为"玉石之路""青铜之路""茶道""瓷器之路"和"丝绸纺织之路"等；

在交通路线方面，除"沙漠之路"外，还有"草原之路""古唐吐蕃通道""中印缅之路"和"交趾之路"等。从广义上讲，上述交通路线的名称统称为"丝绸之路"。

通过这些多元路线，中国古代的伟大发明也得以传播，如造纸术、印刷术和火药。当时除了交换货物和交流知识，丝绸之路还促进了艺术交流，如甘达拉艺术被引进中国。

丝绸之路这一文化遗产由多个国家共享，其中许多国家都是有着相互交织的共同记忆，这也是 14 至 16 世纪文艺复兴历史的重要组成部分。

二、习近平领导下的丝绸之路新时代

2013 年 9 月 7 日，习近平主席在哈萨克斯坦共和国纳扎尔巴耶夫大学发表讲话时，提出了共建"丝绸之路经济带"的重大倡议。同年 10 月 3 日，他在印尼国会发表讲话，提出共建"21 世纪海上丝绸之路"，旨在通过中国南海、南太平洋和印度洋将中国海岸与欧洲连接起来，加强与东盟国家的互联互通。参与这条新丝绸之路的国家几乎占世界人口的三分之二（约 44 亿人），占全球 GDP 的 30%（超过 30 万亿美元）。从那时起，中国领导人一直致力于向推广这个倡议。

2015 年 2 月，"一带一路"建设工作领导小组成立，同年 3 月，经中国国务院批准，中国国家发改委、外交部、商务部发布了《推动共建丝绸之路经济带和 21 世纪海上丝绸之路的愿景与行动》（以下简称"愿景与行动"），明确阐述了其以政策沟通、设施联通、贸易畅通、资金融通、民心相通为主要内容的合作重点。

　　"一带一路"倡议并非中国政府预先制定的一个完整、不可分割的一揽子计划（单一承诺）。属于"一带一路"倡议范围的项目，不论在运输业、物流、港口、贸易便利化等方面，都可以单独谈判和商定，同时也会考虑到每个国家的具体情况和需求。根据《愿景与行动》，"一带一路"倡议在努力寻求国际合作和全球治理新模式。

　　为促进各国积极参与"一带一路"倡议，中国政府于 2017 年 5 月在北京举办了首届"一带一路"国际合作高峰论坛。来自 29 个国家的国家元首和政府首脑以及来自 130 多个国家和 70 个国际组织的 1500 多名代表出席了此次活动。来自拉丁美洲的智利时任总统米歇尔·巴切莱特和阿根廷时任总统毛里西奥·马克里出席了论坛，G20 各国均有代表出席。国际组织的官员包括联合国秘书长安东尼奥·古特雷斯、时任世界银行行长金墉和当时的国际货币基金组织总裁克里斯蒂娜·拉加德。当时，习近平主席宣布将向丝路基金新增资金 1000 亿元人民币，鼓励金融机构开展人民币海外基金业务，规模预计为 3000 亿元人民币。2017 年 10 月 18 日，中国共产党的十九大报告将"一带一路"倡议建设列为"优先事项"之一。第二届"一带一路"国际合作高峰论坛于 2019 年 4 月举行。约有 5000 人参加了会议，超过了上届论坛各国和国际组织代表的人数。联合国秘书长安东尼奥·古特雷斯和时任国际货币基金组织总裁克里斯蒂娜·拉加德再次出席。来自拉丁美洲的时任智利总统塞巴斯蒂安·皮涅拉出席。

　　根据中国主要经济规划部门国家发展改革委的数据，截至 2022 年 7 月底，中国已与 149 个国家和 32 个国际组织签署了 200 多个"一带一路"项目合作协议。2021 年，中国与"一带一路"共建国家的商品贸易总额达到 11.6 万亿元人民币，占中国外贸的 29.7%，创历史新高。中国在"一带一路"共建国家的直接投资总额为1384.5亿元,占全部境外投资的14.8%。"一带一路"共建国家对华直接投资112.5亿元,创历史新高。"一带一路"倡议不只是一个冠冕堂皇的名字,而是一项拥有具体成果的外交政策,正处于倡议国和参与国不断适应和扩大的阶段。

三、新丝绸之路和拉丁美洲

由于"丝绸之路"一词在各国人民交流史上的象征性意义,自20世纪80年代以来,各国和国际组织都提出了受"丝绸之路"启发的项目。1988年,联合国提出了"丝绸之路综合研究:对话之路(1988-1997)"。1993年,世界旅游组织(UNWTO)与联合国教育、科学及文化组织(UNESCO)共同提出了"丝绸之路旅游方案",将古丝绸之路重新设计为在25个国家旅游的概念。2003年,联合国发起了"丝绸之路倡议",旨在促进丝绸之路国家在贸易、投资、旅游和文化方面的合作。2006年,联合国开发计划署(UNDP)在中国西安举办了丝绸之路投资论坛。一些国家也使用了"丝绸之路"这一表述。美国在1999年和2006年提出了"丝路战略",并在2011年提出了《新丝绸之路计划》,旨在重建被数十年冲突摧毁的阿富汗基础设施,从而恢复中亚的贸易路线,以符合奥巴马政府的政策调整,这是为了将美国外交政策的战略重点从伊拉克战争和阿富汗恐怖主义转移到亚太地区。2012年,阿富汗、印度和伊朗讨论了"南方丝绸之路"的提议,而俄罗斯则在2013年提出了"丝绸之路铁路项目"。1997年,日本提议与中亚和南高加索的八个国家进行政治对话,被称为"丝绸之路外交",目的在于促进有关国家的基础设施建设。这些项目都有自己的版本,但它们都承认中亚是连接欧洲和亚洲大陆的经济和政治的关键所在。

"一带一路"倡议涵盖但不限于古丝绸之路地区，它向所有国家以及国际和区域组织开放。出席首届"一带一路"国际合作高峰论坛的国家元首和政府首脑通过的《"一带一路"国际合作高峰论坛领导人圆桌峰会联合公报》证明，"一带一路"倡议扩大并超越了原有的地域范围。

自 2008 年发布关于拉丁美洲和加勒比地区的政策文件以来，中国政府从战略规划中看待与拉丁美洲和加勒比海地区的关系，涵盖了各个领域的合作。在习近平主席的领导下，这种关系变得更加重要。2013 年至 2022 年，中国国家领导人多次访问拉丁美洲。2015 年，中国—拉共体论坛首届部长级会议在北京举行，这是中拉关系的一个重要里程碑。习近平主席在活动中提出，双方共同努力，实现十年内中拉贸易规模达到 5000 亿美元，中国在拉美的直接投资存量达到 2500 亿美元目标。同年，中国国务院总理李克强访问了巴西、哥伦比亚和秘鲁。中国两位主要政治领导人在不到一年的时间里访问拉丁美洲，证明中国政府对该地区的重视。2016 年，习近平主席访问智利、厄瓜多尔、秘鲁，出席在秘鲁利马举行的亚太经合组织领导人第二十四次会议。同年 11 月，中国政府发布了关于中国对拉丁美洲和加勒比政策的第二份文件，表示将合作"提高到一个新的水平"。

2018 年 1 月，在智利圣地亚哥举行的中拉论坛第二届部长级会议上，习近平主席邀请拉美国家参与"一带一路"倡议，并回顾了中国正在该地区进行的 80 多个合作项目。这次会议批准的文件包括《圣地亚哥特别宣言》，中国在宣言中声明，拉丁美洲和加勒比国家是海上丝绸之路自然延伸的一部分。

中拉论坛已成为中国与整个拉美和加勒比地区对话和外交合作的主要渠道。在本次论坛的背景下,中国－拉美合作组织在多领域举办论坛,如中国－拉美基础设施合作论坛、中国－拉美商业高峰论坛、科技与创新论坛、中非合作组织数字技术抗击新冠肺炎论坛、中拉空间合作论坛、中拉智库论坛、中拉减贫与发展论坛、中拉法律论坛、中拉媒体论坛等。

对于拉丁美洲人来说,"丝绸之路"指的是地理上遥远的亚洲地区。然而,中国与拉共体国家的贸易和投资,以及中拉各对话论坛,都是一个个非常具体的现实。拉共体 33 个国家中有 21 个国家签署了参与"一带一路"倡议的声明,这并非巧合。"一带一路"倡议自然而然延伸到拉丁美洲和加勒比地区。在南美洲,玻利维亚、智利、厄瓜多尔、圭亚那、秘鲁、苏里南、乌拉圭、委内瑞拉和阿根廷等国家加入了"一带一路"倡议,而巴西、哥伦比亚和巴拉圭是中国大量投资的受益者。根据美国企业研究所和传统基金会的"中国全球投资跟踪",2005-2021 年期间,中国在拉丁美洲和加勒比地区的投资总额为 1400 亿美元,主要集中在能源和基础设施领域,其中巴西为最大的接受国,为 640 亿美元,秘鲁为 250 亿美元。值得注意的是,阿根廷、巴西、智利、厄瓜多尔、秘鲁和乌拉圭是中国发起的多边发展机构亚洲基础设施投资银行(AIIB)的成员。玻利维亚和委内瑞拉则是亚投行的潜在成员。另一方面,中国是美洲开发银行(IDB)和加勒比开发银行(CDB)的投票成员。2005 年至 2020 年间,中国国家开发银行和中国进出口银行共向拉丁美洲各国政府提供了约 1370 亿美元的贷款,主要用于资助能源和基础设施项目。中国商业银行还通过中国工商银行(ICBC)、中国银行(BOC)、中国建设银行(CCB)

和中国农业银行（ABC）增加了在拉丁美洲和加勒比地区的业务。

中国与阿根廷、巴西、智利、厄瓜多尔、墨西哥、秘鲁和委内瑞拉建立了战略伙伴关系，并与拉丁美洲和加勒比地区一些国家签订了双边自由贸易协定。中国已成为巴西、智利、秘鲁和乌拉圭的主要贸易伙伴，也是拉丁美洲和加勒比地区大多数其他国家的第二大贸易伙伴。与拉丁美洲的贸易额从 2010 年的 1800 亿美元跃升至 2021 年的 4500 亿美元，中国保持着 70 亿美元的顺差。有分析人员预测，到 2035 年，中国与拉丁美洲和加勒比地区的贸易额可能超过 7000 亿美元，中国有可能超过美国成为该地区的头号贸易伙伴。

尽管拉丁美洲国家主要向中国出口自然资源，特别是矿石、大豆、燃料和石油、肉类和铜，但中国对该地区的出口主要是机械和电气设备、机械工具、零部件和汽车，拉丁美洲人对此表示关切。该地区政府和公司面临的挑战是在与中国的双边关系中调整与中国的关系，使其有利于本国的技术和工业发展。除了出口重新定价的风险，与中国的贸易扩张帮助一些拉丁美洲经济体积累了外汇，能从容面对新冠肺炎疫情对经济的冲击。

质疑声音认为，中国的贷款可能会导致"债务陷阱"，增加拉丁美洲国家的经济依赖性，中国对关键基础设施的控制可能对拉美国家安全构成风险，中国公司采用相对较低的劳工和环境标准等。在这些方面，中国公司有了很多改进，特别是推进劳动法规执行力度，并在应对环境恶化方面采取了很多新措施。

推进国际智库合作的实践与路径研究

阿根廷公平与发展公共政策执行中心（CIPPEC）

摘要： 阿根廷的政治和经济环境给其社会带来了复杂的挑战，智库和民间社会组织在解决这些问题中发挥着至关重要的作用。公平与发展公共政策执行中心（CIPPEC）已成为阿根廷最重要的智库之一，它为阿根廷政府提供相关政策建议并影响其在各种议题上的决策，同时促进了阿根廷的国际合作，让世界上优秀的实践和创新理念"落地"阿根廷。

关键词： 阿根廷；国际智库合作；CIPPEC

引言

多边主义是国际关系的基本原则，重点强调各国加强合作以应对共同挑战。在经济发展中，多边主义促进了各国在贸易协定、发展援助和金融稳定方面的合作。作为一个力求推动经济增长和发展的国家，阿根廷积极参与多边倡议和组织活动，并从中受益。

阿根廷的政治和经济环境给其社会带来了复杂的挑战，在此背景下，智库和民间社会组织在解决这些问题中发挥的作用至关重要。

作为全球南方的一员，阿根廷智库必须从南方的角度，讨论与我们社会息息相关的话题，并制定适用于自身情况的解决方案，为融入国际作出贡献。拉丁美洲的智库必须要从南方国家的共同经验中建立我们自己的标准。因此，国际合作对于发挥阿根廷各智库的集体力量，提高阿根廷决策的质量和效果至关重要。

此外，作为全球政策格局的重要塑造者，智库有能力促进合作，为复杂的国际问题提供创新解决方案。智库在国家决策过程中发挥重要作用，能向关键参与者提供信息参考和政策建议。

公平与发展公共政策执行中心（CIPPEC）已成为阿根廷最重要的智库之一，是阿根廷政策领域的关键机构，它为阿根廷提供了相关的政策建议并影响了阿根廷政府在各种议题上的决策，为阿根廷的发展做出了贡献。CIPPEC还促进了阿根廷的国际合作，让世界上优秀的实践和创新理念，妥善应用于阿根廷的环境。

多边主义与联合国可持续发展目标（SDGs）

多边体系依旧是最具包容性的框架，可以有效地处理各国之间相互依存关系，扩大国家和全球福利。气候危机、社会不平等和其他错综复杂的全球性挑战，并非一个国家或地区就能有效应对。当务之急是各国之间协调一致、共同努力，智库等民间社会机构可以就此需求进行讨论（联合国开发计划署，2023）。

鉴于此，多边合作可以帮助决策者为最具挑战性的议程制定解决方案，这些议程代表了世界上大多数国家的共同利益。在可能的解决方案中，17个联合国可持续发展目标（SDGs）代表了前所未有的、旨在解决当今人类面临的一些最紧迫挑战的全球性努力（Brown&Schaller，2019）。这一综合框架涵盖了一系列广泛的问题，包括消除贫困、性别平等、气候行动等。可持续发展目标的实施是拉美国家与中国"一带一路"倡议互联互动的重要机遇，两个地区都有其独特的挑战和优势，在拉丁美洲和中国民间社会机构的参与下，他们可以互鉴互学，为推动全球南南合作作出贡献。

阿根廷拥有丰富的自然资源，在实现清洁能源、保护生物多样性和推动可持续农业等许多与环境可持续性相关的方面发挥着至关重要的作用。"一带一路"国家寻求经济发展与环境保护之间的平衡，阿根廷可以与这些国家分享在自己这些领域的专业知识。

另一方面，"一带一路"倡议以基础设施建设和互联互通为重点，可以帮助拉美国家改善交通运输和物流网络，也可以促进贸易、经济增长和区域一体化，有助于实现与经济繁荣和减少不平等相关的可持续发展目标。

通过认识到可持续发展目标与"一带一路"倡议之间的协同作用，并促进地区之间的合作，可以建立一种强大的伙伴关系，在区域范围甚至是全球范围内，加速可持续发展的进程。

南南合作

鉴于此视角，必须强调南南合作的作用。南南合作是指两个或两个以上的发展中国家共同努力，通过交流知识、技能、资源、技术专长以及区域内和区域间合作来实现其单独或共同目标的过程（Lechini，2009）。

在拉丁美洲和加勒比地区，南南合作以其平等、互惠、公平、双向合作、共同责任、坚守道德价值观、多方面联系和尊重主权等核心原则而引人注目。它通常采取适应性较强的综合途径，以加强民族国家为核心，旨在改善人民的生活条件，并坚持所有参与伙伴应共同制定促进发展的解决方案（Fernández-Sánchez，2023）。这是一种旨在加强国家自主性的合作形式，可能会在贸易投资、国防、安全和民间社会机构等各个领域产生溢出效应（Lechini，2009）。

在此情况下，智库等民间社会实体在影响总体概念和政治话语方面具有重要意义。这些民间社会实体起到两个关键的作用：进行研究、开发和宣传可替代概念和政策议程。此外，这些民间社会组织往往是学术界和政治决策界之间以及政府和民间社会之间的重要纽带。他们公平公正地为公众利益服务，将应用研究和基础研究转化政策制定者和公众可理解、可信赖和容易懂的语言。

智库必须在国家、区域和全球层面上建立伙伴关系，同时不断创新并创造新的平台，向包括全球公民、政策制定者和企业在内的不断扩大的受众提供产品和服务。

阿根廷案例：通过国际贸易提升经济矩阵的机遇

在此全球背景下，阿根廷智库有机会参与多边主义，并为国际政策商讨作出贡献。

阿根廷智库可以与国际同行们建立伙伴关系和合作关系，包括其他智库、研究机构和多边组织。这些伙伴关系能够促进知识交流与合作，实现共同目标。鉴于此，阿根廷智库应该参加多边组织实施的旨在提高其资源和能力的各种倡议，并与其他发展中国家的智库开展南南合作，进行经验交流，参与区域对话。尤其是在亚太地区与拉美国家之间，合作尚不发达，存在很大的发展空间。

公平与发展公共政策执行中心

CIPPEC（公平与发展公共政策执行中心）是一个独立的非营利性和无党派组织，致力于为制定和实施更好的公共政策提供专业知识和建议。CIPPEC 的使命是通过应用研究、公开对话和与公共行政部门的合作，对公共政策产生影响，从而促进公平发展，加强民主体制。CIPPEC 期望助力阿根廷建设成为一个繁荣发达、分配公平、机会平等、稳定且运转高效的国家，建立一个向世界开放的公正、民主的社会，在这个社会中，所有人都可以自由发展。

我们进行（1）公共政策分析，以确定需求和问题，从而更好地实施公共政策；（2）提供政策实施方面的专业援助，与各级政府合作，直接参与新公共政策的制定和实施；（3）监督和评估公共机构和政策方案落实的情况，并提供公民监督国家运作的工具；（4）宣传，向更广泛的受众传播清晰简单的信息。

CIPPEC 以双重视角定义其主题和战略：即地方议程的需求和全球背景下的机会。前者是指我们希望帮助解决那些在阿根廷的发展及其公民的生活质量方面发挥重要作用的问题，这些问题大部分亟须解决，且存在结构性障碍；后者是指近年来的全球背景让我们面临着新兴挑战，这些挑战也不是任何国家或地区所独有的。

我们通过政策项目（社会保护、教育、经济发展等）来应对这些挑战，这些项目与阿根廷和世界各地的研究网络一起，以跨学科的方法提供政策依据和建议。

CIPPEC 与阿根廷的学术界、私营部门、政府机构、工会、其他非政府组织和地方社区等众多合作伙伴有着密切的合作关系，并以其在这些不同利益相关者之间的明确作用以及将不同观点与更好、更明智的公共政策联系起来的能力而闻名。

我们在国家、区域和国际层面上广泛开展合作，与公共政策中心、大学、公司、民间社会实体以及来自世界各地的机构建立伙伴关系，并通过这些伙伴关系推动了针对各种问题的多年期项目。CIPPEC 认为，通过国际合作者、国家、个人捐助者、私营部门等各方的广泛支持，能够更好地履行任务，确保独立性和可持续性。自成立以来，CIPPEC 积极促进阿根廷和世界各地的智库、机构和组织之间的合作，扩大合作网络，分享专业知识，与世界共享全球视角和实践经验。

在这方面，CIPPEC 与当地和国际智库进行了公开对话和信息交流。2018 年，CIPPEC 在阿根廷共同主持二十国集团智库会议（T20），与来自世界各地的专家和组织合作起草公共政策文件。之后，CIPPEC 继续参与 G20 利益小组，为地方议题的讨论带来全球视角。此外，CIPPEC 还参与了由多边组织和机构实施的其他倡议，以提高其研究能力和政策影响力，将优秀的国际实践经验引入地方，并向国际机构提供建议。CIPPEC 对"一带一路"等多边倡议的贡献包括为政府、多边组织、外国投资者和非政府组织提供有价值的洞见，并促进他们对阿根廷的全面了解。

CIPPEC 在阿根廷的各个政策领域进行了严谨的研究和分析。这样基于本土的专业知识使国际参与者能够深入了解阿根廷的社会、经济、政治和文化背景。此外，CIPPEC 以其基于实证的政策建议而闻名，它提供的建议对于领导者采取明智的决策和投资策略具有重要意义。

通过考量阿根廷实施公共政策的挑战和风险，CIPPEC 的成果可以帮助国际组织评估其项目在阿根廷和拉丁美洲的影响。CIPPEC 期待通过创新建议以促进公众讨论，从而改善公共政策和社会福祉。CIPPEC 也在美洲开发银行（IDB），拉美开发银行（CAF），美国国际私营企业中心（CIPE），联合国开发计划署（UNDP）或法国开发署（AFD）的支持下制定了这些建议。CIPPEC 的调查可以对其他机构的工作进行补充，帮助其理解未来投资的影响以及各种建议的有效性，从而强化"一带一路"倡议等多边合作所带来的影响。

CIPPEC 期待未来能够不断开展研究，专注解决气候变化、可持续经济发展、教育和社会保护等问题，以为阿根廷应对全球挑战提供创新的政策构想和解决办法，并已经着手展望未来 40 年民主政府的构想，分析阿根廷的未来发展趋势并确定了十项具体建议。从技术、政治和财政的角度来看，这些建议在该国是可行的。

民主 40 年倡议

阿根廷正在庆祝其实行民主制度 40 周年。为纪念这一里程碑，CIPPEC 发起了"民主 40 年"倡议，这是一系列公共对话，旨在就我们的未来构建一种协作的、跨代的、跨部门的对话。

智库在引导这种前瞻性思维中发挥着至关重要的作用，尤其是在提出行动建议方面。具体政策可以作为重建信任的基石，减少不确定性。但要使这些政策有效发挥作用，相关工作需要具备以下三个要点：

1. 超前思维

可以使用不同的方法：预测法、回溯法等。不管所选择的方法是什么，关键是将预测的情况（包括对其成本和收益的分析）与目前的情况进行比较。

2. 应用研究

任何智库的主要支柱都应该是应用研究。不仅仅需要关注在一系列特定的公共问题中什么有效，为什么有效及其因果机制，还要考虑目前解决这些问题的限制，在不久的将来应该做些什么。

3. 其他行动者

这些过程需要其他行动者的参与，包括所有相关的政治力量，他们会在确定政策制定和执行等方面起关键作用。此外，我们面临的大多数问题还需要私营部门、工会、媒体等除了政治领导之外的其他行动者的投入。

我们需要具有以下两个特征的领导者：

（1）地方视角，具有地方知识，特别是在讨论可以适用于当地的政策时。

（2）跨代代表，主要针对需要长期解决方案的结构性问题的讨论上。实施这些解决方案的期间，领导层可能会进行更替，如果我们要维持已经规划的路线，那么新领导人需要承担解决方案的部分责任。

即使在不稳定的时期，也可以有效预测未来——智库在这一目标的实现中发挥着至关重要的作用。我们不仅可以有效预测未来，也必须这么做。只有这样，我们才能采取切实行动，摆脱看似不可避免的悲观预测，走向乐观的前景。

结　论

　　智库参与全球讨论可以让阿根廷受益,因为它将国际优秀实践经验和洞见引入国家政治舞台,这也是 CIPPEC 通过参与 T20 和中国"一带一路"倡议等全球论坛投入的努力。

　　阿根廷的智库可以通过制定工作文件、报告、建议和宣传材料来协助阿根廷践行国际承诺和协定,力求让全球经验适用于当地情况,确保这些政策在地方层面产生切实和积极的影响。

　　此外,民间社会机构是通过影响地方和国际政策制定者,从而参与全球议程建构的重要行为体。因此,智库可以与国际相关机构,包括促进合作的多边组织和全球倡议建立伙伴关系,与其他智库面对面交流,以加强智库在全球共同问题上的合作。

　　鉴于此,CIPPEC 提议在本国和国际的民间社会机构的支持下,推动阿根廷实施几项基于实证的、从地方和国际经验中收集的公共政策建议。本组织的使命是向阿根廷的决策者、论坛和多边组织提供参考,通过应用研究、公开对话和与公共行政部门的密切合作影响公共政策的实施。南南国家之间智库和民间社会机构的合作是在全球化的世界中规划和思考我们国家的关键。"一带一路"等来自全球南方的倡议可以促进合作,通过优惠政策鼓励各方为应对全球挑战制定创造性的解决方案,特别是在拉丁美洲等南部地区缩小贫富差距、发展基础设施和互联互通等方面。

共建"一带一路"的发展密码

柳　丝

（新华社研究院研究员）

摘要：从肯尼亚蒙内铁路到中泰新丝路塔吉克斯坦农业纺织产业园，从中埃·泰达苏伊士经贸合作区到巴基斯坦卡洛特水电站，共建"一带一路"给世界带来了丰富的成果和机遇，正孕育着新的发展密码。

关键词：共建"一带一路"；发展学；共同发展

新华社国家高端智库发布的《"一带一路"发展学——全球共同发展的实践和理论探索》（简称《"一带一路"发展学》）报告指出，共建"一带一路"提供了一种由"发展"破题的新思路，为深化国际合作、完善全球治理、推动人类和平与发展事业提供了新的理念和行动方案，成为构建人类命运共同体的坚实实践平台，并且正在孕育产生一种更具包容性、实效性的发展学——"一带一路"发展学。

打通发展经脉

"以前我们的运输状况很糟糕，只能用卡车运输土豆，赶上下雨被困在泥里，会在内罗毕困住好几天。现在情况好多了，我可以在两小时内到达内罗毕。"肯尼亚土豆种植户埃迪非常庆幸有了蒙内铁路。

在东非国家肯尼亚，土豆是重要的粮食作物。2017 年，由中国企业承建的蒙内铁路开通运营。6 年多来，肯中部地区的土豆等农产品能够快速、便捷地远销外地市场。这条联通了东非第一大港蒙巴萨和肯尼亚内陆地区的标轨铁路，是中肯共建"一带一路"的重要成果之一，也是东非铁路网北部走廊的重要组成部分，使东非内陆国家经由肯尼亚的海路货运更顺畅。

蒙内铁路的故事是一个缩影。"要致富先修路"的中国经验，在共建"一带一路"的实践中得到进一步验证。

人类开启工业化进程以来，铁路、公路、港口等基础设施在经济社会发展中扮演着日益重要的角色。《"一带一路"发展学》报告指出，无论是工业化先行者还是追赶者，如今仍面临不同程度的"基建赤字"，交通设施、电力能源、通信网络等基建供给严重不足的问题在广大发展中国家尤为突出。联合国项目事务署和牛津大学 2018 年一项研究表明，基础设施状况影响了 92% 的可持续发展目标。

共建"一带一路"致力于构建以经济走廊为引领，以大通道和信息高速公路为骨架，以铁路、公路、机场、港口、管网为依托，涵盖陆、海、天、网的全球互联互通网络，有效促进了各国商品、资金、技术、人员的大流通。这有助于打破制约大多数发展中国家经济发展的主要瓶颈，打通经济全球化大动脉，还在促进国际投资方面发挥了催化剂作用，为全球经济注入新活力。

比利时布鲁盖尔研究所的相关研究表明，"一带一路"沿线铁路、航空及海上运输成本每分别降低10%，能分别提高国际贸易约2%、5.5%和1.1%。基础设施互联互通有助于发展中国家打破发展瓶颈。

世界银行报告显示，共建"一带一路"这十年，仅通过基础设施建设，就使全球贸易成本降低1.8%，使参与国贸易增长2.8%到9.7%，全球贸易增长1.7%到6.2%，全球收入增加0.7%到2.9%。

激活发展动能

"我刚来时，这里还是一片沙漠。我从未想到，我们可以把这个地方从沙漠变成一个综合区。"39岁的娜赫拉·伊马德是埃及泰达特区开发公司首席执行官，她的事业与中埃·泰达苏伊士经贸合作区一同成长。

红海之滨，荒漠之中，中埃·泰达苏伊士经贸合作区生机勃勃地书写着发展故事。这是埃及综合环境最优、投资密度最大、单位产出最高的产业园区之一，迄今已形成新型建材、石油装备、高低压设备、机械制造四大主导产业集群，成功吸引130多家企业入驻，直接解决就业4000余人，相关产业带动就业约5万人。合作区对接中国企业巨石成立的巨石埃及公司，使埃及玻纤行业从无到有，并使埃及一举成为世界玻纤生产大国。"合作区带动了周边地区的发展，让整片区域都焕发活力。"伊马德说。

发展是人类社会的永恒主题。共建"一带一路"聚焦发展这个根本性问题，着力解决制约发展的短板和瓶颈，为共建国家打造新的经济发展引擎，创建新的发展环境和空间，增强了共建国家的发展能力，提振了共建国家的发展信心，改善了共建国家的民生福祉，为解决全球发展失衡问题、推动各国共同走向现代化作出贡献。

在塔吉克斯坦，中泰新丝路塔吉克斯坦农业纺织产业园，帮助当地从棉花种植向棉纺织全产业链跨越；在印度尼西亚，青山工业园区将曾经偏僻的小渔村变成了全球重要的镍矿开采冶炼和不锈钢产业基地；在哈萨克斯坦，建在粮食产区北哈州的爱菊农产品物流加工园区采取"订单农业"方式，有效解决当地农民"卖粮难"问题，在提升农业加工能力之后，园区与中欧班列形成联动，进一步扩大哈萨克斯坦农产品出口规模……

《"一带一路"发展学》认为，世界各国资源禀赋各异、发展阶段有别，具有各自比较优势，存在相互借力、协同增效的巨大潜力。共建"一带一路"推动各国协同规划基础设施、产业合作等重大项目，引导整合各方资金、技术、产能、资源，服务各自发展优先事项，产生"1+1 ＞ 2"的合作效果。

追求共同发展

如何在经济增长的同时让更多民众、更多国家分享到发展的果实，是长久以来的发展课题。当今世界，和平赤字、发展赤字、安全赤字、治理赤字有增无减，全球性问题和挑战层出不穷，人类社会需要新的思想和理念。

英国社会学家马丁·阿尔布劳在《中国在人类命运共同体中的

角色》一书中指出，共建"一带一路"最大的特点是坚持不懈地将各种相关理论构想同解决人类面临的实际问题密切结合。

《"一带一路"发展学》认为，共建"一带一路"通过以基础设施互联互通为主的"联通"（Connection）带动经济要素自由流通，通过以产业合作为主的"赋能"（Enablement）实现全球生产链价值链的优化与重塑，通过以政府间合作、规则标准对接为主的"协同"（Coordination）增进合作效能，由此形成"CEC发展动力模型"，致力于解决全球发展两大关键问题——增长动力不足与发展持续失衡，并通过推动动力模型有效运行促进全球共同发展。

经过十年实践积累，一幅关于全球发展与治理的新愿景随着共建"一带一路"铺展。

十年间，共建"一带一路"拓展了广大发展中国家发展方案的选择范围，实现了更多人口的减贫脱贫，汲取了更加强劲的发展动力。世界银行预测，到2030年，共建"一带一路"相关投资有望使共建国家760万人摆脱极端贫困、3200万人摆脱中度贫困。

十年间，共建"一带一路"追求更加均衡和可持续的发展，不断迸发新的生机活力。在巴基斯坦，中国企业在建设卡洛特水电站点亮千家万户的同时，还修公路、建小学，让当地适龄儿童得以上学；在马来西亚，中国的云计算和数字技术运用在农作物种植中，进一步提升了农业效率，也为促进粮食安全发挥着重要作用；在非洲，中非携手打造"数字非洲"，助力非洲国家消除"数字鸿沟"……每一个项目，都对应众多受益者，印证了"一带一路"是造福各国、惠及世界的"幸福路"。

共建"一带一路"源自中国，成果和机遇属于世界，是各方的大合唱，倡导并践行真正的多边主义。共商共建共享原则，在共建"一带一路"过程中得到积极践行。亚洲基础设施投资银行的决策机制就是例证之一。亚投行行长金立群说，在亚投行，"不管股份、投票权多少，有事大家商量"。

尼日利亚中国研究中心主任查尔斯·奥努纳伊朱说，广泛合作与交流的趋势是人类历史进程发展的客观轨迹，因此，"一带一路"任何有意义的发展都必须从全球共有的角度出发。"一带一路"集中体现了全球化最广泛意义上的协调、包容和参与。

天下一家，命运与共。共建"一带一路"正以美美与共的方式，奔向下一个金色十年，开创人类更加美好的未来。

（参与记者：黎华玲、姚兵、蒋超）

下　篇

高质量共建"一带一路"观点集萃

编者按

2023 年 10 月，在习近平主席提出共建"一带一路"倡议十周年之际，第三届"一带一路"国际合作高峰论坛智库交流专题论坛、"一带一路"国际智库合作委员会全体大会、"一带一路"国际智库合作委员会 2023 年理事会会议在北京顺利召开，来自 40 多个国家和地区的 300 多名国际前政要、智库机构代表、知名学者出席。与会嘉宾回顾总结十年来共建"一带一路"取得的成就和经验，深入探讨"一带一路"倡议背后的发展理念与精神智慧，认真建言高质量共建"一带一路"的实践路径和发展方向。这些发言既有高瞻远瞩的全球视野，也有脚踏实地的真知灼见，既有鞭辟入里的犀利洞见，也有擘画蓝图的雄伟想象，不仅对高质量共建"一带一路"贡献了巨大的智慧力量，也从不同侧面对《"一带一路"发展学》作出了补充、支撑和印证。现将嘉宾观点集萃于此，以飨读者。

一、"一带一路"与区域共同发展

伊沃·约希波维奇（克罗地亚前总统）："一带一路"倡议改变了世界。

在经济方面，"一带一路"倡议产生了巨大的经济影响，这对于中国来讲很重要，因为中国在不断地自我发展，对于所有共建国家来说也非常重要，有超过 150 个国家参与"一带一路"倡议，全球化市场的步伐越来越快。我的国家克罗地亚虽然国土面积很小，但是很美丽，我们也有"一带一路"的项目，很多都已经完成。比如佩列沙茨大桥，它在非常短的时间内建成，让人叹为观止。中国还建设了一些公路，给我们留下非常深刻的印象。

在政治方面，"一带一路"倡议和全球化、多边化连接在一起，有希望帮助恢复一些国际组织特别是联合国的关键职能。联合国的权威性下降，而且缺乏实际执行力，因而增强联合国的效力十分重要。另外，几乎所有的非洲国家都和欧洲、美国建立了连接，现在他们在转变，和中国还有其他的国家也建立起联系，这对各方都有利。我们不能只依赖任何一个超级大国，或者任何一个经济体，重要的是要把权力分散，"一带一路"在这方面起到了很大的助益作用。

此外，人文交流也非常重要，在"一带一路"倡议提出来之前，贸易就是贸易，现在还有很多文化交流，比如孔子学院和各种文化展览等，这些都使人们更加深入地理解彼此，联系更加紧密。

"一带一路"是我们共同的项目，我们现在生活在一个全球经济体当中，如果我们想要让国家的经济更加强大，让人民有更高水平的生活，各自为政将越来越不奏效。希望我们能够和谐地生活在一起，中间可能会有一些曲折，但是总体应该朝着一个和谐的方向前进，相信"一带一路"倡议一定会有更多的兄弟姐妹和更多的实践成果。

姆拉登·伊万尼奇（波黑前总统）："一带一路"取得了丰硕的成果，西方应消除对其偏见与歧视。

"一带一路"倡议在不同国家都取得了瞩目的成就，包括新建的铁路、桥梁、高速公路、港口以及新的贸易增长等，尤其是在欠发达国家，我们非常清晰地看到了"一带一路"的成果。如果没"一带一路"倡议，从倡议当中获益的这些国家就不可能受益，他们只能求助于国际货币基金组织和世界银行这样的国际金融机构，但是这些金融机构并不能提供足够的资金支持这些国家发展。我想这是"一带一路"倡议非常大的成就。

"一带一路"倡议在全球范围内是非常稀缺的，尤其是在疫情暴发的困难时期，中国承诺继续推行"一带一路"非常难得。当时世界上绝大多数国家只考虑自己的利益，很多国家甚至没有一剂疫苗，大多数疫苗都在富国手中。"一带一路"倡议在疫情期间能够继续推行，对于大多数国家有非常积极的影响。目前，一些国家尤其是西方国家对中国和"一带一路"倡议有很多偏见和歧视，把中国当成竞争者甚至是敌人来看待，我们要携起手来来改变这些偏见，支持那些积极的想法和意见。

伊琳娜·博科娃（联合国教科文组织前总干事）："一带一路"倡议有助于实现"2030 可持续发展议程"。

中国已经成为世界舞台上不可或缺的重要角色，不仅是在面对全球性挑战方面，而且还包括共同寻求尊重所有人利益的应对措施，这些都响应了联合国可持续发展议程目标，即我们都决心做到"一个都不能少"。在落实联合国可持续发展目标方面，"一带一路"倡议非常重要，这一点也得到了联合国的广泛认可。联合国秘书长安东尼奥·古特雷斯在首届"一带一路"国际合作高峰论坛上发言时，将中国"一带一路"倡议和可持续发展目标进行了比较，他表示"这两者都根植于同一个愿景"。

伊日·帕劳贝克（捷克共和国前总理）：中国的成功案例是非常宝贵的，为其他国家提供了重要借鉴。

新中国是在 1949 年建立，当时是比较落后的，文盲率也很高。在过去的三四十年中，中国在教育方面取得了非常大的进展，为国家社会发展提供了极大的智力支持。通过利用各种先进的、自动化、智能化的创新技术，极大地推动了经济发展。中国与五大洲 150 多个国家、30 多个国际组织进行了紧密的合作，在全球和平与发展、减贫、妇女儿童保护等方面做了很多工作。我非常希望各国能够参考中国所选择的道路，因为这条道路可以提高人民的生活水平。

伊斯梅尔·萨拉杰丁（世界银行前副行长）："一带一路"倡议帮助全球和平与安全、新多边主义规则、全球应对气候变化、落实可持续发展目标等各个方面实现更广泛的国际合作。

中国的领导力是至关重要的，而且日益得到各方的认可，事实上我们都必须要牢记，正是中国在 2000 年至 2015 年期间在其境内基本消除极端贫困的显著成就，帮助世界实现了将全球贫困人口减半的千年发展目标。自从 2013 年习近平主席提出"一带一路"倡议以来，至今已经有十年了，这是对于历史上古丝绸之路的一种全新的和富有远见的构想，必将转变为 21 世纪的全球愿景，加强陆上和海上的联系，促进贸易与合作。

捷米尔·萨里耶夫（吉尔吉斯斯坦前总理、吉尔吉斯斯坦工商会主席）："一带一路"倡议有助于更快地突破全球发展瓶颈。

当我们讨论习近平主席提出的"一带一路"倡议时，还必须考虑到当前全球所面临的各种挑战，包括政治、军事、气候、经济、人口和文化。在这方面，"一带一路"倡议的全球影响力会凸显，它有助于更快地突破全球发展瓶颈。"一带一路"应成为全球安全、信任和公正的地区或空间，围绕这三个发展的基本要素，各国可以团结起来，寻求新的世界秩序，包括更多的投资和贸易、更具现代化和突破性的技术、更多公平和互利的合作。

伊日·帕劳贝克（捷克共和国前总理）："一带一路"倡议为共建国家人民生活水平提高作出了重大贡献。

"一带一路"倡议实施以来，给很多国家带来了新的希望，它投资建造了一系列新的基础设施，包括高铁、公路、港口等，这些项目使很多地理位置相对较偏僻的国家（地区）能够与世界更好地联系起来，比如中老铁路项目就是一个成功范例，它带动了当地就业，促进了双边贸易进一步发展，也促进了周边地区几十个国家的经济发展，对于这些国家人民的生活水平提高作出了重大贡献。

马凯硕（新加坡国立大学亚洲研究所卓越院士、"一带一路"国际合作高峰论坛咨询委员会委员）："一带一路"倡议让世界更好地联结在一起。

十年之前中国就已经预测到了世界需要什么样的倡议，能够把人类联结在一起，这是多么伟大的远见卓识。十年之后，我们现在看到世界越来越紧密地联结在一起，"一带一路"倡议作出了很多实际的贡献，比如说中老铁路、克罗地亚大桥等，会有更多游客到来，当地经济就会更快发展。

约翰·罗斯（中文名：罗思义）（英国伦敦经济与商业政策署原署长、中国人民大学重阳金融研究院高级研究员）："一带一路"倡议成功的答案是在于互利共赢。

首先我们看一下中国，"一带一路"倡议十年，已拉动近万亿美元投资，这主要是在世界其他国家进行的，也是"一带一路"倡议能够运行下去的动力。然后是美国，在 2023 年前 6 个月，美国消耗的资本比它生产的更多。各个国家有不同的政治体制，之所以都想参加"一带一路"，原因并非一些西方媒体所说的，他们支持中国，反对美国。我觉得这种说法是不成立的，全球大部分国家都希望跟美国和中国同时交好，并不是像西方一些媒体说的这么狭隘。各个国家都想要实现发展。"一带一路"倡议下，中国不仅自身受益，也帮助其他国家发展，促进了全球资本流动，这就是它的特别之处。

苏廷德拉·库尔卡尼（印度"新南亚论坛"创始人）："一带一路"倡议有巨大的潜力来改善世界，为创造人类命运共同体贡献力量，创造和平、繁荣、和谐。

"一带一路"倡议是基于中国文明非常深远的智慧，也是中国领导人习近平主席对世界的一个承诺。印度政府并没有参加"一带一路"倡议，所以我在这里也感到很遗憾，鉴于中国－印度－巴基斯坦之间的关系，我相信如果我们能够很好地合作，一定能够带来新的机遇。印度和中国应该是合作伙伴而不是对手，在这样一个新的世界秩序当中，我们只有合作才能够更好地共享未来。

孟大为（南非约翰内斯堡大学非洲－中国研究中心主任）："一带一路"倡议和非洲发展高度契合。

"一带一路"是21世纪的一个伟大倡议，也是推动变革的重要驱动力。世界进入到多极化发展阶段，"一带一路"不仅仅代表着商品的流动，还包括文化交流、青年人发展等更为广泛的议题。非洲大陆是"一带一路"倡议的重要参与者，特别是在基础设施建设方面，我们看到了"一带一路"和非洲的发展之间高度契合。相信通过团结一致的合作，我们能够打造一个更美好的世界。

查尔斯·奥努奈局（尼日利亚中国研究中心主任）："一带一路"倡议在非洲成果丰硕。

全球化是一个不可逆转的趋势，但是我们仍然还面临着非常多的局限性和挑战，包括全球化的参与度不足。我认为"一带一路"倡议给非洲提供了一个非常好的机会，让我们以切实的方式参与到全球化的过程。"一带一路"倡议在非洲成果丰硕，是有目共睹的。在尼日利亚"一带一路"倡议帮助建立了拉各斯莱基深水港，带来了很多就业机会和投资，让我们有了一定发展优势。另外有阿卡铁路的建设，让我们更好地连接非洲各国。有了这些我们现在在非洲发展经济就更加容易。目前我们正在建设自由贸易区，构建非洲的大市场。希望我们能够深入参与"一带一路"倡议，进一步推进非洲发展。

何塞·卡瓦尼亚斯（古巴国际政策研究中心主任）："一带一路"倡议愿景与当前世界需求是非常一致的。

"一带一路"倡议弥合一些现存的鸿沟，尤其是在一些经济发展并不能帮助他们实现自身目标的国家。在这些国家，"一带一路"是一个非常开放的倡议，它的原则是"共商共建共享"，工作方式是要确保所有的国家都能够以共赢的方式加入进来，而且是非常务实的。在过去的这些年当中，我们没有看到任何一例中国将自己的政治主张强加于其他国家的情况。人类现在正在步入新的秩序，或者说缺乏一种新的秩序，"一带一路"倡议代表了全球发展合作的新的模式，为人类整体作出了很多积极的贡献，包括对人类物质生产、发展模式和各种机制制度方面，无论是对人类还是其他物种、生态环境都带来了积极的影响。

胡鞍钢（清华大学国情研究院院长）："一带一路"倡议为世界提供全球性、区域性公共产品。

一是发动了一场世界性的交通革命，重塑世界经济利益。到2019年，中国铁路货运量居世界第一，航空货运量中国居于世界第二，排在美国之后，相当于美国的45.6%。如果按照班轮运输相关指数，早在 2004 年中国就为 100，因此它就成为世界的标准。到 2021 年已经达到了 171.2，始终居世界第一。如果再考虑到香港地区达到 90.6%，居世界第七，两者合计是 261.8%，分别大大高于韩国、新加坡、美国等国家。如果按照货柜码头吞吐量、集装箱数量计算的话，中国一直是居于世界第一。可以说中国有能力通过"一带一路"向全世界提供我们所说的公共产品。二是发动了前所未有的电力革命，消除无电人口。到目前为止，2021 年中国的电力占世界总量的 30.0%，相当于美国的 2 倍。第二个指标就是通电率，早在 2013 年中国就达到了 100%，消除了无电人口。但世界目前的低收入国家，中低收入国家以及还包括中等收入国家无电人口现在大约超过 10 亿人。所以说中国"走出去"以后，能够为帮助这些国家消除无电人口作出重大贡献，帮助这些国家能够更好地利用绿色能源、绿色电力。三是发动了数字革命，消除数字贫困人口。中国已经成为世界最大的数字用户国，无论是移动电话等方面的主要这些指标，包括手机的指标等方面来看，都是居于世界首位。因此在这样的一个背景下，中国能够帮助发展中国家去消除所谓的数字贫困人口，进而消除信息鸿沟、数字鸿沟。四是重塑中国经济地理。中国"一带一路"的倡议本质上就是为共建国家特别是发展中国家重塑他们的经济地理。它的经济学含义是非常清楚的，就是要重塑中国经济地理到重塑亚洲区域经济地理，进而重塑世界经济地理。五是基础设施现代化。因为"一带一路"倡议中，基础设施的互联互通可以说是一个优先的领域，中国正在大规模的或者说超大规模重塑世界的经济地理。特别是中国的对外承包工程业务，仅 2022 年就达到了将近 1550 亿美元。电信企业、港口、机场等等，十年来累计的对外承包工程折算下来应该是 5800 亿美元。

二、"一带一路"与中国式现代化

郑永年（香港中文大学[深圳]前海国际事务研究院院长）："一带一路"倡议不仅是中国为国际社会提供的公共产品，也是中国为全球提供的一种现代化路径选择。

基于数十年全球化进程所赋予中国的发展机遇，以及中国迥异于西方殖民主义的现代化方式，中国有意愿与动力帮助其他国家实现现代化，共享发展的成果。在全球南北差距不断扩大、发展中国家追赶难度持续增加的背景下，"一带一路"倡议为发展中国家提供了一条实现现代化的现实选择。其中，基础设施建设是现代化的重要一环，这既是中国的优势，也是中国走向世界的优势。"一带一路"倡议所推动的基础设施建设，不仅在物质层面推动了相关国家的现代化进程，而且与中国"睦邻、安邻、富邻"的外交基本方针一脉相承。如同少数群体的富裕不会带来社会的长治久安，少数国家的富裕也不会带来世界的公平与稳定，可以说，"一带一路"倡议体现了中国对于现代化的深刻理解和独特视角，即现代化不仅是物质生活的提升，更是社会全面的进步，其核心价值和实践目标对全球发展具有越来越重要的意义。

张维为（复旦大学中国研究院院长）：中国式现代化助推高质量共建"一带一路"。

1949 年新中国成立后的前 30 年，奠定了中国式现代化的政治、经济和社会基础，1978 年改革开放以来的 40 多年，中国取得了现代化建设的腾飞，以几乎十年左右完成一场工业革命的速度，实现了"集四次工业革命为一体"的崛起,并且已经站在第四次工业革命的最前沿。中国也因此成为为数不多的突破了全球"外围-中心"依附体系的国家,而且是一个超大型的社会主义国家。今天的中国,已经同时是外围国家(发展中国家)和中心国家(西方国家)最大的贸易、技术和资金伙伴,这深刻改变了中国,改变了世界。

以"集四次工业革命为一体"的实力和对"外围-中心"依附体系的突破,中国发起了"一带一路"倡议,它已成为推动改革现有的不合理的世界秩序的主要引擎。

这个引擎既有"硬实力"又有"软实力"。就"硬实力"而言,中国具有世界最大规模的全产业链优势,可以为外部世界的许多行业提供"整体解决方案"(total Solution),从基础设施到重化工业到数字革命都是这样。过去十年中,中国在非洲参与建设了6000多公里铁路、6000多公里公路、80多个大型电力设施。仅两年左右的时间里,中国就帮助苏丹、乍得、土库曼斯坦等国建立起上下游一体化的现代石油石化工业体系。中国可以向外部世界提供从第一次工业革命到第四次工业革命几乎所有的产品和服务,同时中国也是世界最大的消费市场,可以吸收和消化共建国家的大量产品。"一带一路"、金砖国家等多边合作机制带动的全球南方崛起已经震撼世界。

就"软实力"而言,"一带一路"坚持的"共商共建共享"原则就是推动改革旧秩序的主要"软实力",它源于中国式现代化的伟大实践,也源于源远流长的中华文明,它是一种全新的全球治理观,也是国际政治民主化的重要实践。它背后的逻辑与西方奉行的"分而治之"(divide and rule)截然不同,它是中国人笃信的"合则兴"(unite and prosper)及"天下为公"(The tianxia is for all)的逻辑,中国式现代化就是这样一路走来并取得成功，"一带一路"也是这样一路走来，取得了丰硕的成果。实践证明，"共商共建共享""合则兴""天下为公"等理念代表了越走越宽广的人间正道。

整个非西方世界的"软硬实力"结合，一定会加速旧秩序的深刻变革、造福最广大的国家和人民。

鲍里斯·塔迪奇（塞尔维亚前总统）："一带一路"彰显了"和谐"的现代化理念，并对世界现代化作出重要贡献。

中国从 20 世纪 70 年代到现在一直在进行改革，为增强世界的稳定性作出了贡献。中国让 8 亿人脱离了贫困，这样的成就无疑是巨大的。中国的改革也对全球带来了非常积极的影响，值得国际社会的尊重和支持。

西方国家的现代化基本上就是新的技术进展，但是中国的现代化更多是关于和谐。和谐对于世界来说，尤其是当今的世界来说非常重要。我们需要和谐，否则未来就会有更多的冲突、更多的紧张局势，"一带一路"倡议在和谐方面作出很多贡献。有些人批评"一带一路"倡议，认为它"让穷国陷入债务危机"，我完全不同意，中国能够通过国际关系的和谐化在全球创造很多机遇，如果没有这种经济和社会的和谐，就不可能有真正的进步。这就是中国所承担的巨大责任，中国就是希望。

捷米尔·萨里耶夫（吉尔吉斯斯坦前总理、吉尔吉斯斯坦工商会主席）：基于"一带一路"倡议，欧亚大陆各国的高质量合作不仅形成了新的现代化经济体系，还间接促进了现代化社会发展。

　　一系列大规模的、现代化的新型交通运输与物流网络、贸易和生产链等的建设，构建了未来全球经济与国际关系的基础。我相信对于吉尔吉斯斯坦以及其他共建国家来说，这一倡议对其自身的现代化发展、双多边贸易、技术提升等，具有十分重要的意义。作为一个内陆型国家，吉尔吉斯斯坦对开辟新的贸易路线和参与跨境货物运输有着浓厚的兴趣。建设中国 – 吉尔吉斯斯坦 – 乌兹别克斯坦铁路等大型项目，从计划走向实施，都极为重要。在此方面已经做了很多工作，但以后还会有更多的工作要做。

三、"一带一路"与全球治理升级

　　陈乐提（柬埔寨国务大臣，经济、社会和文化理事会主席）："一带一路"倡议让我们看到了希望的灯塔。

　　如今人类站在紧要的关头，面临着危及生存的两大威胁：第一大威胁是"人类世"，这个术语体现在眼下环境的深刻变化。第二个威胁是环境变化带来的社会经济影响，导致不平等、资源稀缺和潜在的冲突，以及地缘政治方面的挑战。我们看到了一个希望的灯塔，那就是"一带一路"倡议。在"一带一路"倡议框架下，我们建立了研究网络，主要研究和倡导可持续、负责任的解决方案，来应对这些紧迫的全球挑战。这是一项使命，是一种责任，它需要通过成员的专业知识和奉献精神创造一个可持续的未来，让人类受益。

　　翁诗杰（马来西亚交通部前部长、马来西亚新亚洲战略研究中心主席）："一带一路"倡议在全球越来越具有吸引力，验证了"一

带一路"倡议在全球治理当中的重要性。

事实证明，此倡议已经非常成功地改变了世界，不仅是促进了基础设施、道路与物流连通方面的转型。更重要的是，此倡议也给我们树立了一个非常独特的模式，一个成功的模式，它的特点非常具有象征性，并且是很包容的，是多边合作的成功模式。在这个倡议下，没有任何附加条件。在过去这些年中，中国还提出了新的倡议：全球发展倡议、全球安全倡议、全球文明倡议。这三项倡议将会是非常有意义的"一带一路"倡议支持平台。这些倡议可以形容成是中国话语中的"交响乐"，既考虑到自身的发展，又考虑到全球的发展。有了这样的倡议，全球南方国家才能够有渠道发声。

安德烈·贝斯特里茨基（俄罗斯智库瓦尔代国际辩论俱乐部发展基金会董事会主席）："一带一路"的倡议是关于人的倡议。

有一位非常著名的生物学家曾经说过，人类真正的问题就是我们有中世纪的体制，科技又是比较现代的，这种结合对于我们来说是一个很大挑战。"一带一路"倡议是一个非常重要的发展倡议，但是我们也需要考虑在这个过程中人的维度，即谁是最终的受益人？我们现在有150多个国家加入了"一带一路"倡议，我们需要重视人民、社会、国家之间的沟通问题，要重视可信赖信息，要考虑新的体制机制安排，因为现在各个国家之间的相互依赖程度更高了。

毛托尔奇·捷尔吉（匈牙利国家银行［央行］行长）："一带一路"倡议将我们带向一个基于人类共同利益的世界新秩序。

全球秩序需要重组，不论是联合国，还是布雷顿森林体系，都是近80年前设计的组织和机制，当时的世界与今天是截然不同的，更不用说明天的世界将会有多不同了。中国在这些问题上的参与，可以将我们带向一个基于人类共同利益的世界新秩序，而不是依赖于军事或者经济联盟。基于人类共同利益的世界新秩序，将确保强者保护弱者、富人帮助穷人。世界需要中国的参与，建立一个重塑全球世界秩序的新体制。

鲍里斯·塔迪奇（塞尔维亚前总统）："一带一路"有助于构建新的国际秩序。

"一带一路"倡议是国际社会在过去几十年中非常少见的促进共赢合作的倡议。近年来的各种地区冲突意味着我们需要新的国际秩序，这种国际秩序建立起来之后，将会影响未来的几代人。由于国际政治在过去几十年间中一直存在的"双重标准"问题，新秩序的建立一定会面临很多困难，因此我们需要进一步促进多边合作、增进彼此关系，在国际社会当中落实一些有效的原则和标准。世界正面临着多重挑战，双赢的合作凤毛麟角，在这样的情况下，中国提出的"一带一路"倡议十分宝贵。我们非常需要这种具有远见的合作倡议，这对于未来世界的和平与发展非常重要。

捷米尔·萨里耶夫（吉尔吉斯斯坦前总理、吉尔吉斯斯坦工商会主席）："一带一路"应成为全球安全、信任和公正的地区或空间。

当我们讨论习近平主席提出的"一带一路"倡议时，还必须考虑到当前全球所面临的各种挑战，包括政治、军事、气候、经济、人口和文化。在这方面，"一带一路"倡议的全球影响力会凸显，它可能有助于更快地突破全球发展瓶颈。"一带一路"应成为全球安全、信任和公正的地区或空间，围绕这三个发展的基本要素，各国可以团结起来，寻求新的世界秩序，包括更多的投资和贸易、更具现代化和突破性的技术、更多公平和互利的合作。这些都是我们需要遵循的原则和指导方针，吉尔吉斯斯坦也要本着这些原则方针继续开展合作。

四、"一带一路"与人类文明转型

胡鞍钢（清华大学国情研究院院长）："一带一路"倡议是实现共赢主义的康庄大道。

党的十八大以来，习近平主席提出了始终不渝地走和平发展道路，提出共建"一带一路"倡议，建立新型国际关系，应对全球挑战。这相当于中国先是提供了地区性公共产品，进而普及到全世界，这就是"一带一路"。其目标或者说更长远的角度来看，就是走向共赢主义，所以可以称之为康庄大道。如果再经过十年、二十年甚至更长的时期，中国秉承一个长期主义，不会像一些所谓的西方国家搞机会主义，将不断地为全世界提供更大的公共产品，推动人类社会共发展、共繁荣。

于江（习近平外交思想研究中心专职副秘书长、中国国际问题研究院副院长）：人类命运共同体理念必将持续彰显引领作用和超越时空的思想伟力。

人类命运共同体理念基于深厚的中国文化底蕴，源于中国式现代化的道路实践，继承弘扬新中国外交的优良传统，吸收借鉴人类社会优秀文明成果，体现着中国共产党的世界情怀。人类命运共同体理念把推动新型经济全球化、走和平发展道路、构建新型国际关系、践行真正的多边主义、弘扬全人类共同价值作为实现路径。中国既是人类命运共同体理念的倡导者也是行动派。共建"一带一路"倡议是构建人类命运共同体的生动实践，是我们为世界提供的广受欢迎的国际公共产品和国际合作平台。当今，人类命运共同体理念已在国际上凝聚起团结合作的广泛共识，汇聚起应对挑战的强大合力。

王治河（中美后现代发展研究院执行院长）："一带一路"背后蕴含"通"的哲学智慧。

在中国传统文化和哲学中，"通"的概念起着至关重要的作用。在某种程度上，"通"是中国文化的DNA，自古就已经浸透到中国人的血液中，当今，"通"在一定意义上解释了中国过去30年的崛起奇迹，也让中国走出生态困境，踏上生态文明的康庄大道。习近平主席亲自擘画的以"政策沟通、设施联通、贸易畅通、资金融通、民心相通"为特征的"一带一路"倡议，更是集中体现了"通"的理念，彰显了"通"的大智慧。"通"不仅是一种古老的哲学，也是一种最新的后现代智慧，其原则就是尊重他者——不仅包括他人，其他文化和文明，还包括自然万物和一切有情众生。相信随着"一带一路"倡议的拓展，"通"哲学将成为一种普适智慧，被越来越多的人接受和欣赏，令越来越多的人受益。

郑永年（香港中文大学[深圳]前海国际事务研究院院长）："一带一路"倡议是中国"共同富裕"发展理念由内而外的延伸。

共同富裕是中国式现代化的重要组成部分，也是我们推动社会发展、实现全体人民共享发展成果的重要目标。共同富裕不仅是内向的，也是外向的，它的实现离不开全球化的背景和国际合作的支持。在"一带一路"倡议的推动下，我们正在向世界展示中国的"共同富裕"理念。我们所说的"共同富裕"，不是财富的绝对平均，而是先富裕起来的社会群体不能垄断获取财富的机会，让其他尚未富裕起来的社会群体也有机会实现富裕。同理，先富裕起来的国家不能垄断财富或阻挠别国的正常发展，而应实现跨国的包容性增长。实际上，今天世界的乱局，无论是地缘政治问题还是贸易保护主义，都是和世界的不公平关联的。中国对于共同富裕的追求让我们有意愿与动力帮助其他国家实现现代化，共享发展的成果。

五、"一带一路"与文化交流互鉴

叶小文（中国［深圳］综合开发研究院理事长）：要发挥多元文化交流互鉴的"滴灌"作用。

无论"丝绸之路经济带"还是"21世纪海上丝绸之路"，都是文明交往之路。古代丝绸之路是一条贸易之路，更是中华民族跟其他民族交往形成的友好之路。以"和平合作、开放包容、互学互鉴、互利共赢"为核心的丝路精神，本身就是从中华文明和世界其他文明交流互鉴的视角提出来的，是人类文明交流互鉴结果带给中国对外合作理念的最好启迪。

"一带一路"倡议所要实现的"五通"，既包括基础设施和看得见的经济元素，更是涵盖人文元素，反映了精神财富的积累和文化多样性以及人类共同价值观的追求。正因如此，习近平主席在论述"一带一路"倡议内涵的时候，特别强调"'一带一路'建设，倡导不同民族、不同文化要'交而通'，而不是'交而恶'，彼此要多拆墙、少筑墙，把对话当作'黄金法则'用起来，大家一起做有来有往的邻居。"

大家同在一个"地球村"，应当做个好邻居，共同倡导尊重世界文明多样性，以文明交流超越文明隔阂，以文明互鉴超越文明冲突，以文明包容超越文明优越；共同倡导弘扬全人类共同价值，以宽广胸怀理解不同文明对价值内涵的认识，不将自己的价值观和模式强加于人，不搞意识形态对抗；共同倡导重视文明传承和创新，充分挖掘各国历史文化的时代价值，推动各国优秀传统文化在现代化进程中实现创造性转化、创新性发展；共同倡导加强国际人文交流合作，探讨构建全球文明对话合作网络，丰富交流内容，拓展合作渠道，促进各国人民相知相亲，共同推动人类文明发展进步。

中华民族一贯强调"己所不欲，勿施于人""己欲立而立人，己欲达而达人"，这就是我们与世界各民族、各国家为邻为友的相处之道。中华民族优秀传统文化注重以人为本、以和为贵，讲仁爱、重民本、守诚信、崇正义、尚和合、求大同。这在市场竞争条件下尤其弥足珍贵。这是因为，如果想要建立一个完备的市场制度，除了需要有效的产权和法律制度外，还需要在诚实、正直、合作、公平、正义等方面有良好道德的人去操作这个市场，把"资本"的冲动与"诚信"的建构相结合，形成守信光荣、失信可耻的社会氛围。"处世以真诚为本，待人以宽厚为主"，今天在实现民族伟大复兴的路上迅跑的中华民族，正是如此真诚宽厚、坦坦荡荡立足世界，处事待人厚德载物。

中华优秀传统文化的内核与现代市场经济的伦理精神是一体两面、殊途同归的，在共建"一带一路"和人类命运共同体的过程中，也能够以润物细无声的"滴灌"作用，发挥独特优势，以多元文化交流互鉴，实现文明的新形态和可持续发展，促进贸易大繁荣、投资大便利、人员大流动、技术大发展。

布鲁诺·马萨埃斯（欧盟对外关系委员会委员）："一带一路"虽然是一项经济和基础设施的工程，但是在塑造人类命运共同体中发挥着关键作用，促进了互联互通、文化交流、环境可持续性、政治合作和国际合作。

在全球挑战需要集体行动的时候，"一带一路"倡议的愿景与更互联和谐世界的愿望是相契合的。"一带一路"倡议规模庞大，与各有其文化规范的众多国家互动，是颇为复杂的。这次交流中我惊讶地发现，"一带一路"的内容及其涉及的国家和区域更加广泛，基本上每一个文化和区域都包括进来。理解并适应不同文化差异，对促进积极关系和实现互利共赢是至关重要的。

娄玮（故宫博物院常务副院长、研究馆员）：发挥故宫世界文化遗产优势，助力"一带一路"交流互鉴。

故宫博物院拥有世界上规模最大、保存最完整的古代木结构宫殿建筑群和 186 万余件文物珍品，是中华五千年文明的重要承载者，中华优秀传统文化的汇聚地。作为故宫世界文化遗产的保护管理机构，故宫博物院深入落实新时代文物工作方针，以"平安故宫、学术故宫、数字故宫、活力故宫"建设为支撑，深入阐释故宫世界文化遗产及院藏文物蕴藏的中华优秀传统文化精髓，推动中华优秀传统文化创造性转化和创新性发展，为高效推动和落实"一带一路"建设贡献积极力量。

为加速推动中外文化交流，故宫博物院深入开展"一带一路"建设，积极配合国家大局及重要外交活动，举办国内外交流展览、国际论坛等，持续扩大中华文化国际影响力，实现成为文明交流互鉴的中华文化"会客厅"这一愿景。展地选择上，积极拓展与俄罗斯、希腊等"一带一路"共建国家和地区的合作。展览主题上，在已形成国际品牌效应的传统宫廷历史、艺术类主题基础上，增加古建空间营造、数字化成果、文化创意、宣教活动展示等内容，全方位、立体化展示故宫蕴含的中华优秀传统文化。

故宫博物院在海外考古、国际合作、人才交流等方面的对外交流也不断拓展加强，考古事业蓬勃发展、队伍不断壮大，积极参与"一带一路"共建国家考古项目，赴阿联酋、肯尼亚、乌兹别克斯坦等国联合开展实地考古、文物修复等工作，开展中外文化遗产交流研究，努力讲清楚中华文明的灿烂成就和对人类文明的重大贡献。这些交流互动展现了中华文明的悠久历史和人文底蕴，也力促世界读懂中国、读懂中国人民、读懂中国共产党、读懂中华民族。

当前，推动"一带一路"建设正处于迈向高质量发展的关键阶段，需要以更加具有前瞻性的思维不断巩固发展成果，应对挑战。在这样的重要节点，故宫博物院将继续增强历史自觉、坚定文化自信，全面深入阐释故宫文化遗产蕴含的多元价值，加强国际合作和成果共享，为建设中华民族现代文明，构建人类命运共同体作出应有的贡献。

赵声良（敦煌研究院党委书记）：推动敦煌文化研究服务共建"一带一路"。

敦煌研究院数十年传播弘扬敦煌文化的实践，使我们深深认识到，以敦煌石窟文化为代表的中华优秀传统文化，本身包含着极其丰富的内涵，我们要努力挖掘其文化价值，把它放在人类文化的大环境中，从中看到中华文化千百年来所取得的伟大成就以及对人类文明的巨大贡献。未来，我们真诚希望并邀请国内外的专家学者与我们一道，共同推动人类文化遗产的保护与开放、研究与合作，共同推动敦煌文化走向世界，传播中国声音，为人类文明的进步贡献力量。

六、"一带一路"与科技人文沟通

格热戈日·科沃德科（波兰前副总理兼财政部长、科兹明斯基大学经济学教授）："一带一路"倡议是一个巨大的工程，不仅是基础设施建设，它还有很多"软"的内容。

我很高兴看到习近平主席提出的扩大"一带一路"倡议的提议，非常注重软性的"一带一路"，而不仅专注于铁路、公路、港口等"硬件"基础设施，也重视教育、文化、科研等方面的合作。这也展示出了"一带一路"倡议是如何进一步促进全球化，并且使得全球化成为一种共享的全球化。"一带一路"倡议使这种不可逆的全球化趋势有更好的前景。

邓鸿森（世界知识产权组织总干事）：世界知识产权组织做好了准备，要和中国一起通过"一带一路"和其他全球倡议，共同实现我们的目标。

在 2017 年"一带一路"国际合作高峰论坛期间，中国政府与世界知识产权组织签署了《中华人民共和国政府和世界知识产权组织加强"一带一路"知识产权合作协议》，它突出了我们之间强烈的连接，至今已过了五年的时间。中国作为世界知识产权组织的合作伙伴，在创新创造和可持续发展方面一直都有着良好的合作。在这五年里，中国成功进入创新型国家行列，产生了很多全球顶级科技创新成果，在世界上位居前列。中国智慧给很多国家带来了利益，如亚洲、非洲等一些国家和地区，能够使用这些新兴技术来改善农村人民的生活。世界知识产权组织非常荣幸能够获得中国一些中小企业的认可和支持，并产生了非常积极的社会影响。

希沙姆·齐迈提（埃及前外交部长助理、埃及外交事务委员会秘书长）：科技发展使地球上的任何地方都更好地联系在一起了，数字"一带一路"非常重要。

数字技术发展影响了人们的工作、生活和互动的方式，包括在教育、商业、媒体等方面。数字平台促成了新的经济发展模式，使我们的生活更加方便了。所以，数字"一带一路"是非常重要的，尤其是人工智能以及机器人自动化的技术，现在已经成为主流，包括无人驾驶、辅助驾驶和先进的自动制造，所有的这些都会影响我们未来工作的方式。

林尚立（中国人民大学校长）：推动青年交往，培育"一带一路"发展新世代。

全球青年有理想、有担当，人类就有未来，和平与发展的崇高事业就有希望。"一带一路"建设犹如一扇机遇之门，为青年搭建起梦想和友谊的桥梁。高质量共建"一带一路"建设呼唤青春力量，青年身上的开放气质、创新精神、奋斗品格，必将伴随"一带一路"建设的推进，更深刻地影响文明进程。"一带一路"共建各国高等教育界同人要一起扛起大学的责任，激发青年的力量，拓宽交流的路径，推动共建"一带一路"高质量发展，为构建人类命运共同体注入新的更大动力！

七、"一带一路"与国际智库合作

鸠山由纪夫（日本前首相）：智库应用事实帮助公众理解"一带一路"倡议。

在"一带一路"倡议中，我认为智库最重要的作用就是向公众、向社会提供基于事实的各种观点。以与"一带一路"倡议密切相关的亚洲基础设施投资银行（AIIB）为例，日本大多数民众对亚投行持负面看法，认为它是中国谋求霸权的手段。然而许多发展援助专家都认为，亚投行大部分投资项目都是与亚洲开发银行和世界银行等成熟的国际开发金融机构共同出资的，具备稳健性且符合国际标准。因此，智库的重要作用之一就是宣传事实，消除公众误解。

高翔（中国社会科学院院长）：智库和研究机构成为推动高质量共建"一带一路"的重要力量。

智库合作既是共建"一带一路"国际合作的重要内容，也为这一长周期、跨国界、系统性工程的顺利实施提供了有力支撑。一是吸收优秀传统文化智慧，推动人类共同实现现代化。共建"一带一路"要开辟人类共同实现现代化的新路径，不仅要吸收中华优秀传统文化智慧，还要撷取包括古丝绸之路沿线文明在内的人类一切文明成果的精华，通古今之变、聚八方之智，形成系统指引"一带一路"建设更好造福世界的思想理念。在这方面，各国关注"一带一路"合作的智库和研究机构大有可为、责无旁贷。二是汲取改革开放实践经验，为中国和世界打开新的机遇窗口。"一带一路"倡议倡导的开放理念，强调超越国界阻隔、超越意识形态分歧、超越发展阶段区别、超越社会制度差异、超越地缘利益纷争，强调对现有国际机制做有益补充和完善，强调坚持多边贸易体制的核心价值和基本原则，建设开放、包容、普惠、平衡、共赢的经济全球化等，都是中国改革开放实践的经验总结，智库和研究机构有必要进一步凝聚包容开放共识，为发展国际社会普遍受益的开放型世界经济创造新机遇。总之，"一带一路"建设越是拓展成熟，越需要群策群力，来应对各种困难和风险挑战，通过高质量的共商共建共享，让共建"一带一路"越来越繁荣、越走越宽广。

陈波（中国国际问题研究院院长）：以高质量智库合作服务高质量共建"一带一路"。

十年来，各国智库立足不同视角，对"一带一路"建设展开持续跟踪研究，贡献了大量有价值的研究成果，成为共建"一带一路"的重要力量。面对国际社会对高质量共建"一带一路"的热切期待，各国智库需要进一步加强合作，推动更广泛、更深入的学术交流，除增加面对面的交流、开展传统的学术研讨活动之外，可考虑开展更多的联合研究和其他多种形式的合作。希望进一步加强"一带一路"国际智库合作委员会的机制性建设，为智库合作搭建更多平台，为成员间扩大相互合作牵线搭桥、形成合力，以高质量的学术研究和政策咨询服务高质量共建"一带一路",为共建国家实现共同发展繁荣提供更大动力。

陈刚(新加坡国立大学东亚研究所副所长):"一带一路"国际智库合作委员会为各国智库沟通搭建良好平台。

当前,世界局势愈加复杂,但复杂的形势也能够为智库研究带来新的机会,特别是智库的高质量发展。此前,智库更偏向一种研究机构,从事的大多是内部政策研究,但近年来,智库已拥有更广泛的影响力。特别是在新技术和社交媒体广泛应用的环境下,我们可以很便捷地获取信息,如何分析这些信息以及如何从信息当中形成观点,对于媒体和智库都是新的机遇。媒体仍然可以负责收集信息、报告新闻,但对于智库,我们要更多思考它的社会影响力和政策影响力。因此,未来不同国家的智库要加强沟通,开展联合研究。"一带一路"国际智库合作委员会是一个良好的平台,助力各国都加入开展联合研究,共同组织活动。

顾学明(商务部国际贸易经济合作研究院院长、首席专家):为推进高质量共建"一带一路"行稳致远提供更多智力支撑。

进一步深化重点领域的研究。以十周年为起点,开展下一个十年重点领域的课题研究,特别是在数字治理、规则标准、绿色发展等重要议题和关键领域推出更有战略性、系统性、前瞻性、专业性和可操作性的智库研究成果,进一步加强对决策的服务能力。增强"一带一路"国际智库合作委员会平台的开放性、融合性,创新合作研究方式,激发成员单位热情,形成多层次、多元化的智库成果,进一步扩大国际交流合作。加强共建"一带一路"发展理念和实践经验的交流和分享，讲好"一带一路"故事，传播好"一带一路"声音，向各国展现真实、立体、全面的"一带一路"，实现更高质量的共商、共建和共享。

严宁（中信改革发展研究基金会副秘书长）：实现"一带一路"共建国家的"政策沟通"和"民心相通"是智库专家的职责使命。

当今世界处于西方话语体系之下太久，受弱肉强食的丛林法则的影响太大，让一种新的合作理念和合作方式得到广泛认知并非易事。并且，"一带一路"建设不遵循单一模式，可以根据合作对象的国情灵活地选择或创新各种模式。衡量好项目的标准，应该是是否得到所在国政府、社会与人民的广泛认同。这就需要我们深入了解对方的国情、社情、民情，对方的所思、所愿、所忧。因此，"一带一路"共建国家首先要加强相互了解，找准利益契合点，实现"政策沟通"和"民心相通"，这正是智库专家的共同责任和使命。

扎哈里·扎哈里耶夫（保加利亚"一带一路"全国联合会主席）：建立更多对话机制，推动"一带一路"建设。

保加利亚支持"一带一路"倡议，在 2024 年中保建交 75 周年这个重要时点，我们希望两国关系能有更多发展，最大限度地发挥保中关系的潜力。首先，习近平主席在达沃斯的发言中曾提到，只有建立内部循环中国才能够抵御国际局势的复杂变化，实现经济和社会的可持续发展。在这方面，中国的经验对于保加利亚极为重要。其次，我们希望在中国朋友的支持下，组织一个关于"一带一路"倡议的大型论坛，邀请来自黑海以及中东欧部分国家参加，建立黑海国家之间的国际合作，共同推动"一带一路"的建设。最后，保中两国要建立更多"姐妹城市"之类的合作机制，弥补单纯官方合作的不足。

迟福林（中国 [海南] 改革发展研究院院长）：推动共建"一带一路"高质量发展，离不开思想沟通与文化交流。

要充分发挥以加强思想沟通与文化交流为重点的智库作用：1. 发挥智库在开展国际交流中的重要作用。通过建设智库联盟和国际合作网络，支持相关智库积极搭建"一带一路"政策互鉴平台、政商沟通平台、学术交流平台，开展多层次人文交流。2. 支持智库走出去、积极发声。目前，这方面的需求越来越大，也越来越迫切。建议中国政府加大对智库走出去的支持力度，支持国内智库设立国外分支机构、开展合作研究与人员交流、组织能力建设等，提高中国智库的国际影响力，增进了解和互信。3. 支持智库建立多种形式的研究基金，更好地开展共建"一带一路"的相关活动。建议以多种形式支持智库建立研究基金，为合作研究研讨、人才交流等提供稳定的财力支持。

张冠梓（中国社会科学院国家高端智库秘书长、中国社会科学院信息情报研究院院长）：为推动共建"一带一路"高质量发展贡献智库力量。

"一带一路"倡议同全球发展倡议、全球安全倡议、全球文明倡议等，为推动全球治理提供了中国理念和中国方案。作为"一带一路"国际智库合作委员会理事会成员单位，中国社会科学院国家高端智库坚持以习近平新时代中国特色社会主义思想为指导，深入贯彻习近平总书记关于共建"一带一路"的重要讲话精神，扎实推进共建"一带一路"理论研究和宣传阐释。当前，共建"一带一路"正处于高质量发展的关键时期，需要更具前瞻性的思维，进一步巩固发展成果。中国社科院国家高端智库愿在"一带一路"国际智库合作委员会的指导下与各智库一道，进一步聚焦共建"一带一路"深入开展理论研究，推出更多含金量更高的研究成果，深化国际交流合作，为推动共建"一带一路"高质量发展贡献智库力量。

张晓强（中国国际经济交流中心常务副理事长）：以高质量研究和智库交流为共建"一带一路"贡献智慧。

中国国际经济交流中心（CCIEE）高度重视共建"一带一路"相关的智库交流工作，充分发挥国家高端智库的独特优势。我们与东南亚、非洲、拉美等"一带一路"共建国家智库开展了多种形式的交流对话，成功举办了金砖国家智库圆桌对话会和RCEP智库圆桌对话会。今年9月，CCIEE常务副理事长毕井泉先生率团出访欧洲，与比利时、法国、欧洲多家知名智库就构建人类命运共同体等议题开展深入交流，达成了许多共识，与有关国家一起深化了对共建"一带一路"的相互理解，收到了良好的效果。未来，CCIEE将继续发挥智库的重要作用，着力加强"一带一路"理论研究，加强与世界各国，特别是"一带一路"共建国家智库交流，增进国际社会的认识理解，广泛凝聚共识，推动共建"一带一路"高质量发展，共同为构建人类命运共同体的伟大实践作出积极贡献。

于佳（北京大学新结构经济学研究院国际发展合作部主任）：知行一体，推动"一带一路"经济发展落到实处。

正如林毅夫院长一直倡导的"知行一体",我们不仅要做扎实的学术研究,还要建设好智库团队,把理论运用于实践。只有真正推动国家发展目标的实现,才能证明理论的有效性。因此,我们在吉布提、埃塞俄比亚、贝宁、尼日利亚、塞内加尔、几内亚等很多非洲国家,都有落地的政策咨询项目,致力于通过推动工业化来实现创造就业和出口创汇两大目标。此外,我们还集纳"一带一路"共建国家的实践经验,出版《绿色"一带一路":建设新结构经济学国际实现手册》;发布有关中国对非债务有效性的研究报告,揭示大量基础设施建设的长期利好;成立经济结构转型全球研究联盟,对全球发展领域的重要议题展开讨论并积极对外宣介。未来,一方面我们会继续秉承"落地"的理念和目标,推动落后地区的工业化发展,尤其是在撒哈拉以南非洲国家,我们会基于现有的成功项目,进一步促进目标的实现。在这个过程中,我们还要加强和包括欧美国家在内的多边合作。共建"一带一路"并不排斥发达国家,我们也希望在实践中更多地推动第三方合作。

胡必亮(北京师范大学"一带一路"学院执行院长):推动"一带一路"国际合作做实、做深、做透。

北京师范大学"一带一路"学院目前是全国唯一一所"一带一路"学院,主要承担三项职能。一是人才培养,"一带一路"要行稳致远、走深走实,离不开教育和人才的支持,学院成立五年来,共培养了来自91个"一带一路"共建国家的575名学生,为其开设领导力、工商管理、公共管理等相关课程,并聘请国际知名前政要、国际组织负责人等30多位特聘教授授课教学。二是理论创新,过去五年我们出版著作30余本,发表论文200多篇,其中就包括为庆祝"一带一路"

十周年最新推出的高质量共建"一带一路"系列丛书。三是智库建设，我们广泛开展调研并撰写报告，相关研究成果受到政府部门重视。针对未来工作计划，我有五点建议：一是"一带一路"国际智库合作委员会每年举行一次年会，可在成员单位国家间轮流举办，增进交流和对话；二是开设"一带一路"政策参考，充分转化理事单位的研究成果，为政府部门提供决策参考；三是办一本"一带一路"研究刊物，推动"一带一路"理论研究和学术交流；四是讲好"一带一路"故事，充分利用新媒体手段，突出"一带一路"的经济逻辑，淡化地缘政治色彩；五是加强"一带一路"调研，了解并反映"一带一路"真实的发展情况，推动相关国际合作做实、做深、做透。

叶小文（中国［深圳］综合开发研究院理事长）：中国智库应进行全方位的创新与合作。

共建"一带一路"和人类命运共同体，中国智库应该更好地发挥作用。一是要凝聚集体智慧，在话语体系建设上进行多层次和全方位的制度创新、理念创新、形式创新，真正发挥出中国智库在公共外交和文化与价值观传播中的重要作用。二是以全球共有价值观为参照讲好"中国故事"，交流互鉴以彰显中国文化自信，提高"一带一路"建设的国际接受度。三是与"一带一路"共建国家智库机构一道，构建国际合作网络，突出国际视角看中国，让国际社会能多听到中国声音。

哈桑·坎尼杰（肯尼亚非洲之角战略研究所主任）：智库要共同建立一个更好的世界、更加公正的世界。

　　智库是生成思想的一个机构，思想是很重要的，我们不能够说只是去生产产品，我们也应该去影响政策，形成一个公共的意志，来引导我们共同的未来。更重要的是，智库的言论和观点一定会对于我们的世界有很大的影响，也会对我们所共同面临的一些挑战给出一些解决路径。作为政府的一个支持机构，智库能够在政策的制定方面提供一些资源。过去"一带一路"倡议的成功解决了很多历史上面的一些难题。很多人害怕多样性，不太愿意加入"一带一路"倡议，他们自己失去了很多可以抓住的机遇。对于一些反对意见，我们需要形成一个联盟，共同去反驳这些谬论。我们需要利用好我们比较的优势，不仅是展现出我们的团结，而且需要采取切实的行动，无论在近期还是中长期，都要不断地支持"一带一路"倡议的实施。

八、"一带一路"与企业社会责任

　　陈刚（新加坡国立大学东亚研究所副所长）：中国可再生能源产业快速发展，助推东南亚国家建设绿色"一带一路"。

　　东南亚地区一方面是气候变化的影响者，另一方面也是受害者。绿色"一带一路"倡议带来了非常好的机会，能让东南亚地区实现低碳发展，以期本世纪中叶实现碳中和。首先中国已经成为世界上最大的可再生能源生产国，可再生能源的装机容量尤其是太阳能、风能以及水能等领域的装机容量是世界上最大的。中国也是可再生能源设备的最大生产国，比如说太阳能的光伏板以及风机等。还有电动汽车，今年年底中国可能成为最大的电动汽车出口国。所以我认为中国有非常巨大的比较优势。习近平主席最近在联合国的大会上宣布，不会再建新的燃煤发电项目，这是非常强大的承诺。中国未来在本国外所进行的能源投资将会从传统能源项目转向可再生能源项目，尤其是在东南亚地区。东南亚地区需要更多能源项目，需要更多的低碳项目，所以我认为现在的时机很关键。

邢丽（中国财政科学研究院副院长）：加快能源转型合作，共建绿色"一带一路"。

随着国际社会对气候变化问题的共识逐步加深，加之地缘政治冲突所带来的能源安全风险，越来越多的国家正在积极发展可再生能源产业，以更低碳、更安全、更可持续的方式满足能源需求。加强绿色低碳清洁能源领域的经贸、技术和投资合作，是促进共建国家经济发展、帮助中低收入国家摆脱经济困境、优化共建国家和地区营商环境的重要选择。

十年来，"一带一路"能源合作取得了丰硕成果，一大批能源合作项目落地生根，为促进世界经济繁荣和能源合作提供了新动能，清洁能源已成为推进共建"一带一路"绿色发展的关键领域。当前，全球能源转型进程加速推进，世界各国正积极推动能源生产和利用方式的深度革新，"一带一路"能源合作面临全新的发展机遇。一是能源新技术、新业态蓬勃发展，中国可以和共建"一带一路"国家在更多领域实现融合发展。二是清洁能源的价格优势和能力优势日益凸显，将成为"一带一路"共建国家实现低碳转型的重要驱动力。三是中国拥有巨大市场优势，可与周边国家电力互联互通，推动更多能源转型项目落地。当然，我们还需认识到，"一带一路"能源合作仍面临诸多不确定性，包括全球经济复苏动能减弱、单边主义和保护主义明显上升等,当前复杂的国际形势一定程度上减弱企业"走出去"内生动力。因此,推动"一带一路"能源合作转型升级,不仅要创新模式、提高能力,还要围绕一系列重难点,牢牢把握合作机遇与挑战,多措并举、系统谋划、全面升级。一是拓展"一带一路"能源伙伴关系和合作机制。二是健全金融服务体系,引导能源转型投资。三是深化共建国家能源转型国际合作。

孙昌军(中联重科副总裁):以本地化深耕海外市场为共建"一带一路"增色添彩。

中联重科通过产品出口、海外并购、绿地建厂等方式让产业、资本、文化、管理一起持续走出去。一是高标准的产品和技术是中国企业"走出去"的基础。我们的产品出口到"一带一路"共建国家,客户体验良好,普遍称赞中国工程机械产品性能强、质量好、性价比高,并且交付周期短。这些产品和技术为客户创造了更大价值,也推动了共建国家和地区各类工程快速建成。二是本土化深耕当地市场,是企业出海走得稳、走得深的重要条件。我们先后并购6家欧洲企业,我们尊重当地文化与规则,通过供应链、市场等多方面的协同,实现了和谐发展、合作共赢。目前,我们在海外的分子公司、制造基地、旗舰店中的外籍员工队伍超过3000人,减少了文化冲突、拉近了客户距离,也提高了企业效益。我们在共建"一带一路"中积极主动承担环保责任、廉洁合规运营以及公司所秉持的文明观、责任观、义利观,受到各方高度认可。

吴爱国（中建一局党委书记、董事长）：央企应勇做高质量共建"一带一路"的先锋。

在党和国家"走出去"战略、中建集团"海外高质量发展"战略引领下，中建一局坚定不移、全力以赴参与共建"一带一路"。一是精准对接当地发展需求，努力提供高品质的建设服务。我们充分发挥建筑领域专业优势，坚持"品质为先"，在"一带一路"共建国家为当地百姓建幸福家、修致富路、架连心桥，不断促进当地社会经济发展，持续为当地人民拓展幸福空间。二是积极推动建造技术"出海"，努力为共建国家和地区贡献中国智慧。我们不断攻关建筑领域关键核心技术，持续发展新型建筑工业化技术，大力研发绿色低碳建造技术，积极探索建筑产业数字化技术，积极推动建造技术"出海"，与所在国共享建造经验。三是坚定履行社会责任，努力提升共建国家和地区民众的获得感。我们努力推动实现"民心互通"，坚持履责担当，努力提升属地民众的获得感，坚持人与自然和谐共生，努力为共建国家守护绿色家园。

余国（中国石油集团经济技术研究院执行董事）：油气合作是共建"一带一路"的先行产业、重点领域和重要引擎。

"一带一路"倡议提出以来，中国与共建"一带一路"国家油气合作"朋友圈"持续扩大，在保障共建国家能源安全、稳定全球能源市场、优化能源结构、促进技术创新等方面发挥了重要作用，为促进世界经济社会发展、增进民生福祉提供了新动能，为推动全球能源治理体系变革提供了新方案。中国与共建国家建成了伊拉克米桑油田、沙特延布炼厂等一批标志性工程；新签并建设了一批典型油气项目，如亚马尔LNG、巴西里贝拉深水开发项目。这里面既有中石油、中石化、中海油等大型企业，也有新奥燃气、北京燃气等民营和地方企业。可以说，油气在共建"一带一路"中扮演着重要的角色，发挥了重要的作用。要推动共建"一带一路"油气合作高质量发展。下一步"一带一路"油气合作的主要领域和方向主要有以下几个方面：1. 深化传统能源合作，拓展新能源合作。推动能源企业以油气业务投资带动新能源业务发展，加大在传统能源清洁化利用、风光发电、绿电制氢、先进核电、海水淡化等领域合作。2. 深化贸易投资合作，拓展产业链供应链全链条合作。加大在石油勘探开发和炼化化工，拓展在运输航道的安全保障合作，加强在国际油气市场的沟通协调。3. 深化产业合作，拓展金融领域的合作。巩固扩大石油优化天然气的贸易，积极开展本币结算。4. 深化大项目合作，建设更多"小而美"项目。大项目和"小而美"的项目协同互促，在共建国家打造民生示范项目。5. 深化能源经济合作，拓展能源智力合作。加强能源企业在氢能、储能、风电光伏等新一代清洁低碳能源技术领域的科技研发合作，开展多层次、多方位、多双边的能源智库交流与研究合作，促进政策的协调、规划的对接和机制的设计，建立能源科技机构的联盟。

崔伟（中国交建集团董事会办公室主任）：聚焦"共建共享"，深化"互联互通"，为高质量共建"一带一路"贡献中交力量。

"一带一路"坚持真正的多边主义，践行共商共建共享的全球治理观，为国家间交往提供了新范式，为中国企业参与国际竞争合作提供了新机遇。中交集团将秉持"让世界更畅通、让城市更宜居、让生活更美好"的发展愿景，与各方一道，在共建"一带一路"的新征

程上深化合作、发展共赢:

一是始终筑牢"互联互通"基础。设施互联互通是"一带一路"的优先领域。"一带一路"建设已经进入深耕细作的新阶段,要继续把互联互通作为重点,降低贸易成本、畅通物流通道。新时代新征程,中交集团将发挥交通基础设施建设全产业链和综合服务一体化优势,深化布局"六廊六路多国多港""丝路海运",高质量建设"一带一路"基础工程,以"硬核实力"推动深度互联互通,助力国内国际双循环、服务新发展格局。

二是始终遵循"数智绿色"理念。高质量共建"一带一路",数智化是方向、绿色化是内在要求。要始终坚持新发展理念,把数智化、绿色化融入共建"一带一路"各方面、全过程。新时代新征程,中交集团将坚持科技领航、智慧引路,数智赋能、绿色发展,加快物联网、大数据、人工智能等前沿技术与装配式建筑集成应用,加快建设智慧交通等新型基础设施建设,助力打造数字丝绸之路、绿色发展之路。

三是始终坚持"合作共赢"目标。把"一带一路"打造成合作之路、发展之路、繁荣之路,中国企业尤其是中央企业肩负着重要使命。新时代新征程,中交集团将大力推动属地化、全球化发展,建设更多"小而美"的惠民生项目,提供更多急需的公共产品,帮助共建国家和地区拓展发展新机遇和新空间,建设更加紧密的利益共同体、发展共同体,讲好中国故事、传播中国理念,展现中国智慧、体现中国担当。

附　录

第三届"一带一路"国际合作高峰论坛主席声明

2023 年 10 月 18 日　北京

前言

一、2023 年 10 月 18 日，第三届"一带一路"国际合作高峰论坛在北京举行。中华人民共和国主席习近平，阿根廷总统费尔南德斯，智利总统博里奇，刚果共和国总统萨苏，印度尼西亚总统佐科，哈萨克斯坦总统托卡耶夫，肯尼亚总统鲁托，老挝国家主席通伦，蒙古国总统呼日勒苏赫，俄罗斯总统普京，塞尔维亚总统武契奇，斯里兰卡总统维克拉马辛哈，土库曼斯坦民族领袖、人民委员会主席库·别尔德穆哈梅多夫，乌兹别克斯坦总统米尔济约耶夫，越南国家主席武文赏，柬埔寨首相洪玛奈，埃及总理马德布利，埃塞俄比亚总理阿比，匈牙利总理欧尔班，莫桑比克总理马莱阿内，巴基斯坦总理卡卡尔，巴布亚新几内亚总理马拉佩，泰国总理赛塔，尼日利亚副总统谢蒂马，联合国秘书长古特雷斯与会。法国、阿联酋、希腊等国领导人高级别代表与会。共 150 多个国家的代表参会。习近平主席在开幕式发表主旨演讲。

二、高峰论坛主题是"高质量共建'一带一路',携手实现共同发展繁荣"。论坛期间举行三场高级别论坛,议题分别是:(一)深化互联互通、建设开放型世界经济;(二)共建绿色丝路、促进人与自然和谐共生;(三)发展数字经济、挖掘经济增长新动能。论坛期间还举行六场专题论坛,讨论贸易畅通、海洋合作、廉洁丝路、智库交流、民心相通、地方合作等。论坛开幕前举办了"一带一路"企业家大会。

三、今年是"一带一路"倡议提出 10 周年。十年来,"一带一路"合作网络从亚欧大陆延伸到非洲和拉美,150 多个国家、30 多个国际组织和中国签署"一带一路"合作文件。中国举办了三届"一带一路"国际合作高峰论坛,与合作伙伴在铁路、港口、金融、税收、能源、绿色发展、绿色投资、减灾、反腐败、智库、媒体、文化等 20 多个领域建立了多边对话合作平台。

四、十年来,"一带一路"倡议以互联互通为主线,推动构建以经济走廊为引领,以大通道和信息高速公路为骨架,以铁路、港口、管网为依托,涵盖陆、海、天、网的互联互通网络,促进了各国商品、资金、技术、人员的流通。中国与各方合作开展了 3000 多个务实项目,拉动近 1 万亿美元投资。

五、各方认为,"一带一路"倡议传承了和平合作、开放包容、互学互鉴、互利共赢的丝路精神,坚持共商共建共享、开放绿色廉洁、高标准惠民生可持续的合作原则,推动各国政策沟通、设施联通、贸易畅通、资金融通、民心相通,为世界经济增长提供了动力,为国际经济合作搭建了平台，为全球共同发展开辟了空间，成为广受欢迎的国际公共产品，是构建人类命运共同体的重大实践。

六、各方期待继续加强合作，推动共建"一带一路"进入高质量发展的新阶段，为促进国际合作、推动全球经济增长、加速落实联合国 2030 年可持续发展议程作出更大贡献，共同开辟和平、发展、合作、共赢的美好未来。

高峰论坛主要成果

七、在高峰论坛开幕式上，习近平主席宣布了中国支持高质量共建"一带一路"的八项行动如下：

（一）构建"一带一路"立体互联互通网络。中方将加快推进中欧班列高质量发展，参与跨里海国际运输走廊建设，办好中欧班列国际合作论坛，会同各方搭建以铁路、公路直达运输为支撑的亚欧大陆物流新通道。积极推进"丝路海运"港航贸一体化发展，加快陆海新通道、空中丝绸之路建设。

（二）支持建设开放型世界经济。中方将创建"丝路电商"合作先行区，同更多国家商签自由贸易协定、投资保护协定。全面取消制造业领域外资准入限制措施。主动对照国际高标准经贸规则，深入推进跨境服务贸易和投资高水平开放，扩大数字产品等市场准入，深化国有企业、数字经济、知识产权、政府采购等领域改革。中方将每年举办"全球数字贸易博览会"。未来 5 年（2024–2028 年），中国货物贸易、服务贸易进出口额有望累计超过 32 万亿美元、5 万亿美元。

（三）开展务实合作。中方将统筹推进标志性工程和"小而美"

民生项目。中国国家开发银行、中国进出口银行将各设立 3500 亿元人民币融资窗口，丝路基金新增资金 800 亿元人民币，以市场化、商业化方式支持共建"一带一路"项目。本届高峰论坛期间举行的企业家大会达成了 972 亿美元的项目合作协议。中方还将实施 1000 个小型民生援助项目，通过鲁班工坊等推进中外职业教育合作，并同各方加强对共建"一带一路"项目和人员安全保障。

（四）促进绿色发展。中方将持续深化绿色基建、绿色能源、绿色交通等领域合作，加大对"一带一路"绿色发展国际联盟的支持，继续举办"一带一路"绿色创新大会，建设光伏产业对话交流机制和绿色低碳专家网络。落实"一带一路"绿色投资原则，到 2030 年为伙伴国开展 10 万人次培训。

（五）推动科技创新。中方将继续实施"一带一路"科技创新行动计划，举办首届"一带一路"科技交流大会，未来 5 年把同各方共建的联合实验室扩大到 100 家，支持各国青年科学家来华短期工作。中方将在本届论坛上提出全球人工智能治理倡议，愿同各国加强交流和对话，共同促进全球人工智能健康有序安全发展。

（六）支持民间交往。中方将举办"良渚论坛"，深化同共建"一带一路"国家的文明对话。在已经成立丝绸之路国际剧院、艺术节、博物馆、美术馆、图书馆联盟的基础上，成立丝绸之路旅游城市联盟。继续实施"丝绸之路"中国政府奖学金项目。

（七）建设廉洁之路。中方将会同合作伙伴发布《"一带一路"廉洁建设成效与展望》，推出《"一带一路"廉洁建设高级原则》，建立"一带一路"企业廉洁合规评价体系，同国际组织合作开展"一带一路"廉洁研究和培训。

（八）完善"一带一路"国际合作机制。中方将同共建"一带一路"各国加强能源、税收、金融、绿色发展、减灾、反腐败、智库、媒体、文化等领域的多边合作平台建设。继续举办"一带一路"国际合作高峰论坛，并成立高峰论坛秘书处。

八、高峰论坛期间形成了458项成果，包括：（一）各方发起了一系列国际合作倡议、决定举办系列国际会议，主席国汇总形成了多边合作成果文件清单。（二）各国政府、金融机构、地方政府、企业商定一系列务实合作项目、双边合作协议等，主席国就此汇总后形成了务实合作项目清单。

高级别论坛讨论情况

九、在高级别论坛上，与会各方就互联互通、数字经济、绿色发展等领域的合作进行了深入讨论，主要观点如下：

（一）深化互联互通，建设开放型世界经济

基础设施是互联互通的基石，加强互联互通有利于帮助各国更好融入全球供应链、产业链、价值链。各国需要建设和维护高质量、可靠、可持续和有韧性的基础设施，应确保基础设施在全周期内切实可行、价格合理、包容可及、广泛受益。欢迎多边开发银行和各国金融机构通过公私伙伴关系、混合融资等金融工具，为基础设施项目提供更多资金支持。

加强交通、能源资源、水利、信息通讯设施等领域合作，有助于完善全方位、复合型的互联互通网络，发展相互兼容和多式联运的交通，不断提升国际运输便利化水平和国际运输大通道韧性。鼓励开展基础设施规则、规制、标准等方面国际合作，推动形成普遍认可的规则标准和最佳实践，提升"软联通"水平。中国及相关参与方共同发布了《深化互联互通合作北京倡议》。

（二）共建绿色丝路，促进人与自然和谐共生

各方回顾联合国2030年可持续发展议程、《联合国气候变化框架公约》及其《巴黎协定》、《生物多样性公约》及"昆明—蒙特利尔全球生物多样性框架"，支持共同推进建设绿色丝绸之路，实现人与自然和谐共生。

采取气候行动、应对气候变化应遵循公平、共同但有区别的责任和各自能力原则。"一带一路"合作伙伴支持在生物多样性保护与污染治理、循环经济、绿色基础设施、绿色交通、荒漠化和沙尘暴防治等领域加强合作，鼓励开发有效的绿色金融工具。"一带一路"绿色发展国际联盟会同合作伙伴发起绿色发展投融资合作伙伴关系，为发展中国家绿色发展提供充足、可预测和可持续融资。中国及相关参与方共同发布了《"一带一路"绿色发展北京倡议》。

（三）发展数字经济，挖掘经济增长新动能

缩小"数字鸿沟"有助于使数字经济成果普惠于民。应营造开放、公平、公正、非歧视的数字发展环境，打造数字资源共建共享、数字经济活力迸发、数字治理精准高效、数字安全保障有力、数字合作互利共赢的数字丝绸之路。

"一带一路"合作伙伴支持建设和完善区域通信、互联网、卫星导航等信息基础设施。支持推进数字技术同实体经济深度融合，推动制造业、农业、零售业、教育、医疗、保健、旅游和专业服务等领域数字化转型实践交流，深化区块链、人工智能等技术在金融、航运、

商贸、文化等领域的创新应用，努力实现更具包容性、赋能、可持续、有韧性和创新驱动的数字化转型。支持加强网络空间国际治理和网络法治领域交流合作。

中方在高峰论坛期间提出了《全球人工智能治理倡议》，呼吁各国在人工智能治理中加强信息交流和技术合作，共同做好风险防范，形成具有广泛共识的人工智能框架和标准规范，不断提升人工智能技术的安全性、可靠性、可控性、公平性。中国及相关参与方共同发布了《"一带一路"数字经济国际合作北京倡议》。

专题论坛讨论情况

十、在专题论坛上，与会各方表达了如下观点。

（一）促进贸易畅通

各方支持以世贸组织为核心、以规则为基础、非歧视、开放、公平、包容、公正和透明的多边贸易体制，反对单边主义和保护主义措施。支持推进世贸组织必要改革，实现多边贸易规则与时俱进。

"一带一路"合作伙伴同意进一步提升贸易和投资自由化便利化水平，支持开展通关便利化和执法领域合作，特别是推进"经认证的经营者"国际互认、国际贸易"单一窗口"、国际贸易单据数字化、推进航运贸易数字化、跨境电商监管创新等合作，并在农食产品检验检疫领域开展合作。支持优化营商环境，依法保护投资者权益，完善多双边经贸合作机制，共同维护产业链供应链稳定，深化双向投资，强化重点产业合作，支持世贸组织达成《投资便利化协定》。鼓励三方或多方市场合作。认识到税收对于跨境投资的影响，同意扩大税收协定网络，加强税收合作，特别是"一带一路"税收征管合作机制框架下的合作。中国将支持在有条件的地方建设服务贸易国际合作区，高质量建设自由贸易试验区、海南自由贸易港。中国及相关参与方共同发布了《数字经济和绿色发展国际经贸合作框架倡议》。

（二）加强海洋合作

海洋日益成为世界经济发展的"蓝色引擎"，应支持以清洁生产、绿色技术、循环经济为基础，促进海洋产业发展和转型升级，发展可持续、有韧性和包容性的蓝色经济。鼓励创新蓝色经济金融平台、产品、标准和服务体系，发挥蓝色债券、保险、基金等工具的作用，改善蓝色产业投融资环境。

"一带一路"合作伙伴支持推动海洋资源可持续利用，加强在海洋生物多样性保护、海洋生态系统保护和修复、海洋领域应对气候变化等方面合作。深化海洋科学技术合作，共享海洋可持续发展知识和成果，促进海洋技术标准体系对接与技术转让。提供海洋公共服务，推动海底关键基础设施建设，建立海洋防灾减灾合作机制，共建重点海域海洋灾害预警报系统。中国及相关参与方共同发布了《"一带一路"蓝色合作倡议》。

（三）建设廉洁丝路

廉洁是"一带一路"高质量发展的重要保障，对腐败应零容忍。呼吁根据各国法律法规以及各国在《联合国反腐败公约》等国际公约和相关双边条约下的义务，在追逃追赃、反贿赂、反洗钱等领域开展全面、高效的国际合作，拒绝为腐败犯罪人员及其资产提供避风港。

中方与合作伙伴发布了《"一带一路"廉洁建设成效与展望》和《"一带一路"廉洁建设高级原则》，认为"一带一路"廉洁建设成效显著，提出共商廉洁伙伴关系、共建廉洁营商环境、共享廉洁发展成果的合作原则。支持促进廉洁文化，加强企业自律意识、法律意识和责任意识，建立"一带一路"企业廉洁合规评价体系。加强反腐败领域学术交流合作，加大"一带一路"廉洁建设人员培训力度。鼓励缔结引渡条约、刑事司法协助条约和反腐败合作协议。廉洁丝绸之路专题论坛发表了主席总结。

（四）加强智库交流

学术界注意到中国发布的《共建"一带一路"：构建人类命运共同体的重大实践》白皮书、新华社国家高端智库在本届高峰论坛期间发布的《"一带一路"发展学》报告，以及世界银行、联合国经社部、联合国亚太经社会、"一带一路"国际合作高峰论坛咨询委员会发布的"一带一路"研究报告。上述报告指出，"一带一路"将推动降低全球贸易成本，助力全球减贫事业，为落实联合国 2030 年可持续发展议程作出贡献。各国智库为高质量共建"一带一路"提供了重要智力支持，应加强合作，推动信息、资源、研究成果共享，形成更多客观、公正的研究成果和具有操作性的政策建议。

各方支持智库、专家、学者发挥各自专业优势，通过开展联合研究共同探索"一带一路"实践路径和未来方向。鼓励各国智库开展"一带一路"主题活动，通过论坛、研讨会、访学等加强学术交流，拓展合作网络，分享最新研究成果，不断丰富"一带一路"研究的内容和深度。支持智库、媒体、社会组织进一步加强关于"一带一路"的公共沟通，有效应对关于"一带一路"的虚假消息和误读，增进各国民众对"一带一路"的理解认知。智库交流专题论坛发布了《关于加强"一带一路"国际智库合作倡议》。

（五）增进民心相通

民心相通是共建"一带一路"的重要基础，应秉持平等、互鉴、对话、包容的文明观，以文明交流超越文明隔阂，以文明互鉴超越文明冲突，以文明包容超越文明优越，不断增进各国人民以及不同文化和文明间的相互理解、相互尊重、相互欣赏，共同搭建全球文明对话合作网络。

"一带一路"合作伙伴鼓励各国政党、议会、民间组织、媒体、智库、工商界等各界人士在民心相通建设上发挥更大作用，期待在艺术、文化、教育、科技、旅游、卫生、体育等领域进一步开展交流和合作。

中方发布了《"丝路心相通"共同倡议》，将实施"一带一路"青年精英计划、设立"一带一路"民心相通公益基金、实施"丝路心相通"行动。

（六）开展地方合作

民间友好根在地方、源在人民。地方政府特别是友好城市是推动伙伴国民心相通的重要力量。鼓励各方坚持以人民为中心的发展理念，加强有关地方政府和友好城市交往，深化务实合作，携手将友好关系转化为惠及各自人民的丰硕成果。

"一带一路"合作伙伴支持推进地方合作平台建设，积极推动经济互补性强、产业衔接度高的地方政府缔结更多友好伙伴关系，发挥各自产业结构和资源禀赋优势，着力推动减贫发展、城市治理、数字经济、绿色创新发展、能力建设等优先领域互利合作，促进共同发展。持续深化地方人文交流，不断拓展和夯实友好关系的利益基础和社会民意基础。地方合作专题论坛发表了主席声明。

企业家大会情况

十一、共建"一带一路"坚持政府引导、企业主体、市场运作的原则。高峰论坛期间举行的"一带一路"企业家大会发布了《"一带一路"企业家大会北京宣言》。各国工商界重申将坚持开放合作，加强互联互通、绿色发展、数字经济等各领域务实合作，坚持合规经营，积极履行社会责任，为高质量共建"一带一路"贡献更多工商界力量。

下一步工作

十二、"一带一路"合作伙伴将共同落实本届高峰论坛成果，继续推进高质量共建"一带一路"，加强各自发展规划同"一带一路"倡议的对接，进一步促进基础设施"硬联通"、规则标准"软联通"、各国人民"心联通"，为促进世界经济复苏和落实联合国2030年可持续发展议程作出贡献。

后　记

2013 年秋，中国国家主席习近平提出建设丝绸之路经济带和 21 世纪海上丝绸之路重大倡议。十年来，共建"一带一路"取得了"实打实、沉甸甸"的丰硕成果，推动国际社会更加重视"共同发展"问题。这对解决当前经济全球化遇到的系列难题、落实联合国 2030 年可持续发展议程起到积极引领作用，"一带一路"倡议已成为深受欢迎的国际公共产品和合作平台。

广泛的实践伴随不断标准化的理论探索，共建"一带一路"正在孕育一种更具包容性、实效性的发展学——"一带一路"发展学。无论是概括实践新经验，还是阐述理论新启发，都需要我们进一步拓展思维视野、拉长历史纵深、更新工具方法，通过经济学、社会学和政治学等多学科多维度，对这一前所未有的创造性实践提供更系统全面深刻的分析和解释。

2023 年 10 月 18 日，在第三届"一带一路"国际合作高峰论坛智库交流专题论坛上，新华社国家高端智库发布《"一带一路"发展学——全球共同发展的理论和实践探索》研究报告，被写入《第三届

"一带一路"国际合作高峰论坛主席声明》，纳入务实合作项目清单。基于长期跟踪研究，报告对共建"一带一路"的历史逻辑、实践逻辑、理论逻辑作了深入梳理，创造性地建构了"一带一路"发展动力新模型，提出了全球发展和治理的新愿景。报告对"一带一路"的发展成就和经验作出了具有学理性的阐释，进一步丰富了"一带一路"理论研究成果，对"一带一路"发展学孕育成长具有标志性意义。

随着"一带一路"实践不断走实，相关研究也正在全球范围掀起热潮。2023 年 1 月，"一带一路"国际智库合作委员会面向全球智库发起征文活动，得到热烈响应，征集到大量优秀研究报告。2013 年 10 月，来自全球各地 40 多个国家的 300 多名嘉宾欢聚北京，参加"一带一路"国际智库合作委员会大会等系列智库交流活动，围绕高质量共建"一带一路"主题建言献策，形成"一带一路"研究新高潮。

本书从"一带一路"国际智库合作委员会 2023 年全球征文中撷取部分稿件，从"一带一路"国际智库合作委员会大会等交流活动中集萃部分精彩观点，同《"一带一路"发展学——全球共同发展的理论和实践探索》研究报告一起，汇编成册，以飨读者。

我们期待致力于"一带一路"发展学的更多智库研究和交流成果，让老百姓看到故事，让学者看到学理，促进国际社会正确认识"一带一路"，充分发挥其构建人类命运共同体的驱动作用。

本书编委会
2023 年 10 月

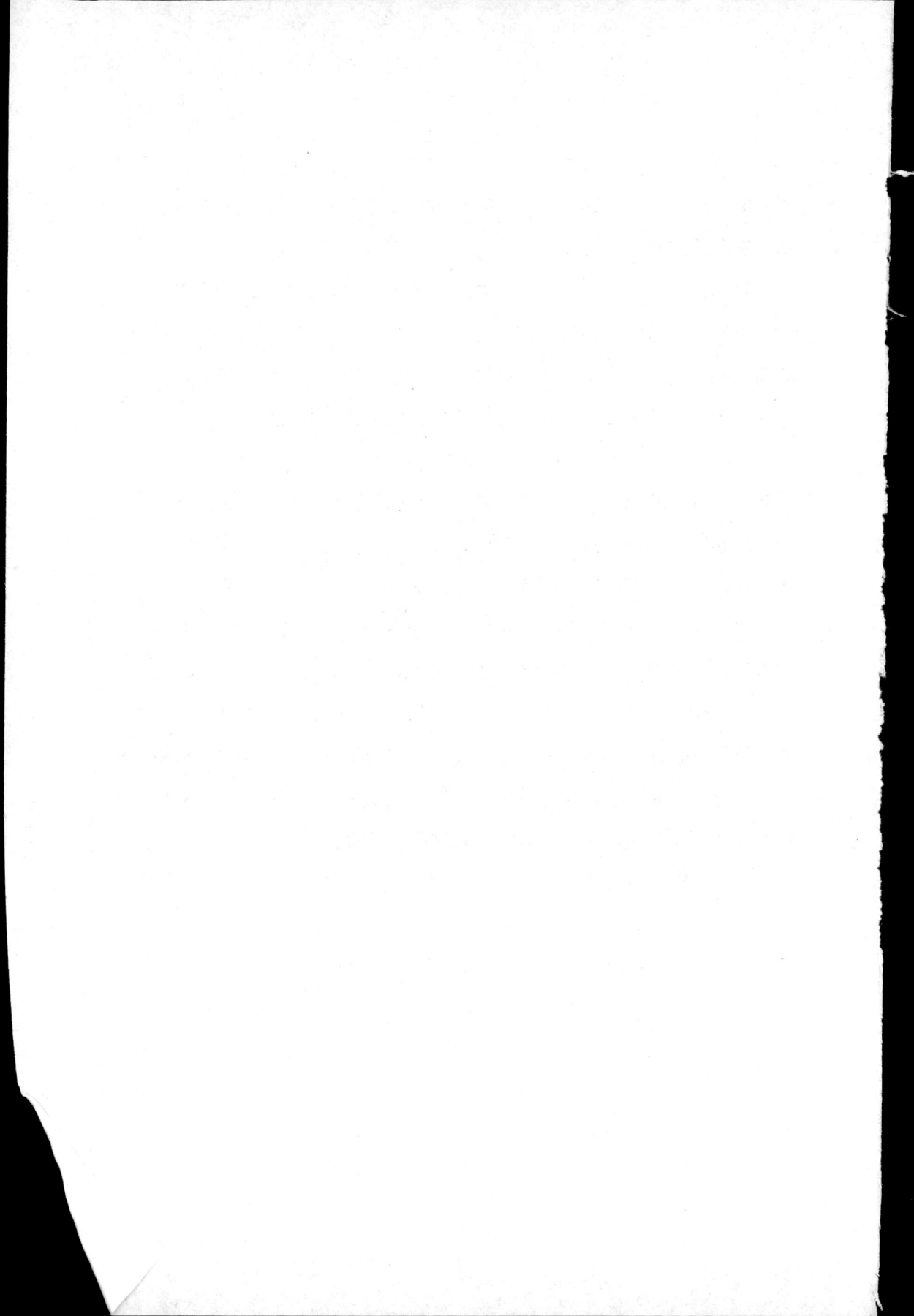